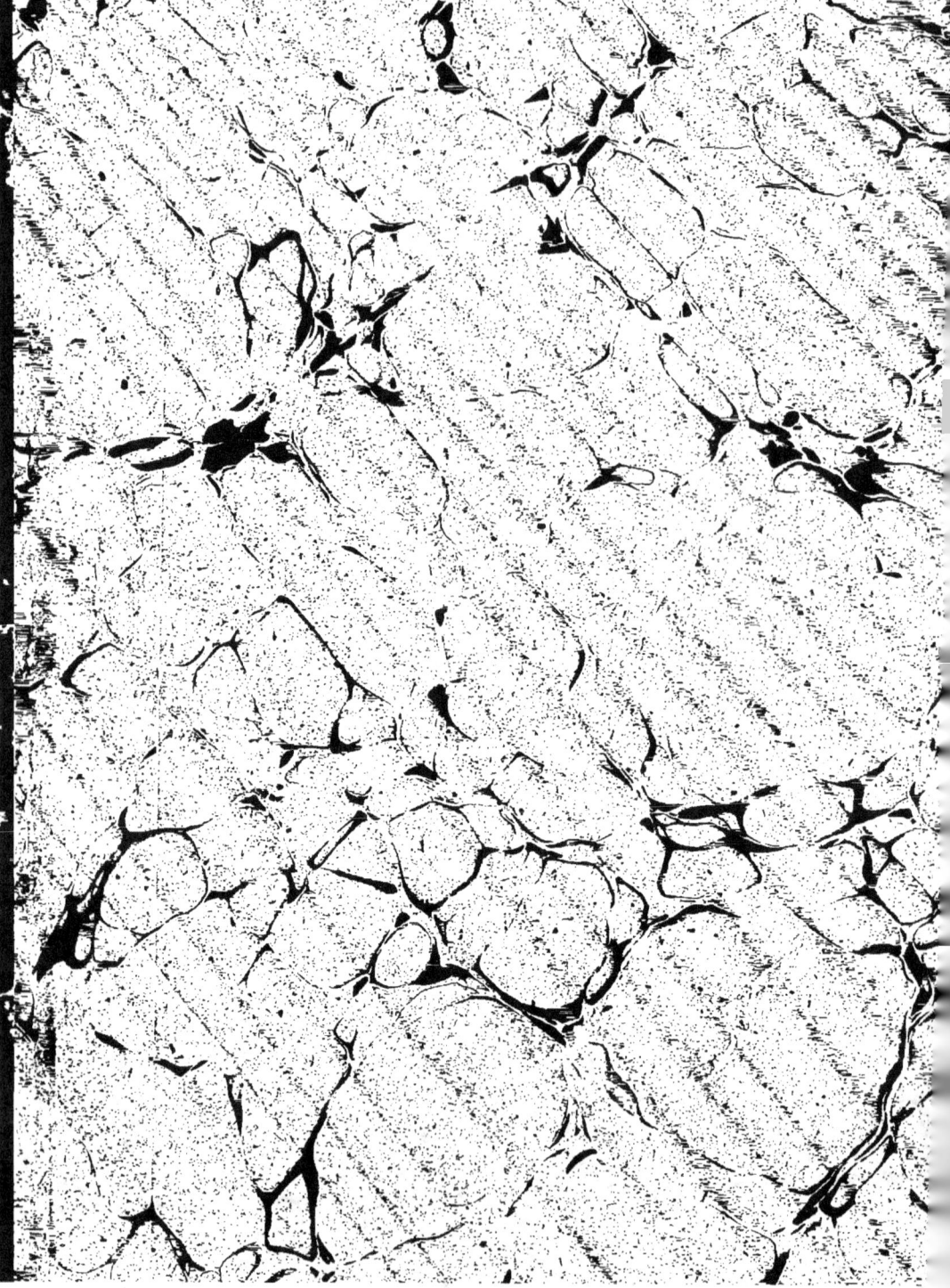

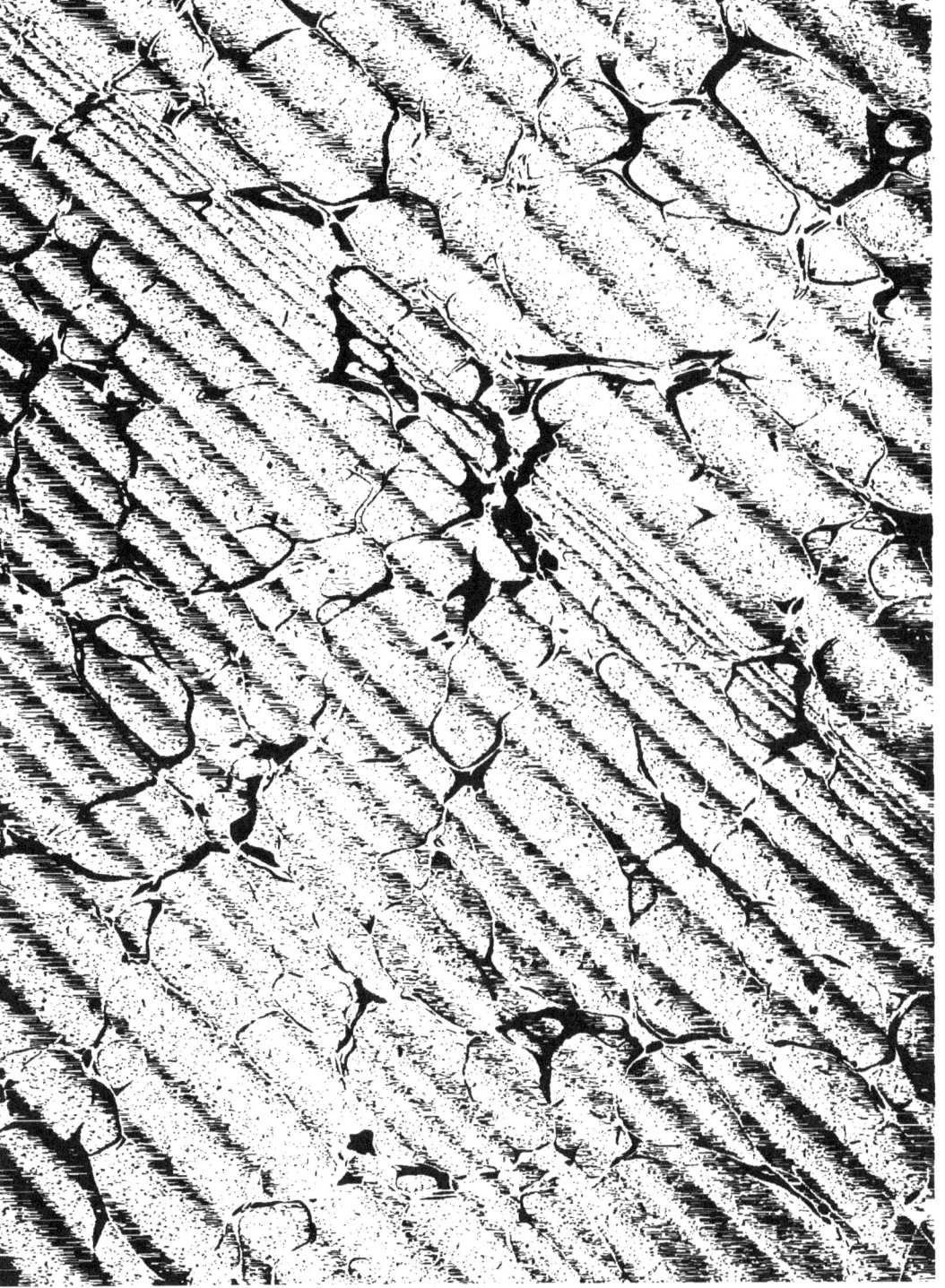

GIRARD

ÉVÊQUE D'ANGOULÊME

LÉGAT DU SAINT-SIÈGE

(vers 1060-1136)

Tiré à 200 exemplaires.

GIRARD

ÉVÊQUE D'ANGOULÊME

LÉGAT DU SAINT-SIÉGE

(VERS 1060-1136)

PAR

M. L'ABBÉ MARATU

CHANOINE HONORAIRE, CURÉ DE RANCOGNE

ANGOULÊME

F. GOUMARD, LIBRAIRE DE LA SOCIÉTÉ
ARCHÉOLOGIQUE ET HISTORIQUE DE LA CHARENTE
RUE DU MARCHÉ, 9

M DCCC LXVI

INTRODUCTION

Sur le moindre des siéges épiscopaux de l'Aquitaine était assis, dans la première moitié du XIIe siècle, un homme que ses importantes fonctions, son mérite personnel surtout, ont placé au rang des hommes les plus remarquables de son époque. Cet homme, dont un historien justement célèbre, Orderic Vital, ne craint pas de ranger la mort parmi les grands événements du temps, est Girard (1), évêque d'Angoulême. Un instant ren-

(1) Les historiens nomment notre évêque tantôt *Gérard* et tantôt *Girard;* son vrai nom, comme le prouve l'autographe publié par M. E. Castaigne dans le *Bulletin de la Société archéologique*

fermée dans les étroites limites de son diocèse, sa puissance s'étendit bientôt sur les vastes provinces de Bourges, de Bordeaux, d'Auch, de Tours et de Bretagne, c'est-à-dire sur près de la moitié de la France ecclésiastique. Des Pyrénées au rivage de la Manche, de la chaîne des Cévennes aux bords de l'Océan, archevêques, évêques, abbés, princes et peuples, tous s'inclinaient devant l'évêque d'Angoulême comme devant le lieutenant même de Jésus-Christ. Cette puissante légation, qui n'avait point de rivale en France, quatre papes la lui confièrent successivement, et pendant vingt-trois ans Girard la vit reposer sur sa tête sans conteste. Comment se fait-il que les historiens semblent n'avoir presque pas connu cet homme, qui jouissait à Rome d'une si grande autorité : *magni nominis et potestatis in romano senatu* (1)? Comment se fait-il surtout que, dans les quelques lignes qu'ils lui ont consacrées, ils ne se soient principalement attachés qu'à relever les fautes des cinq dernières années de sa vie, laissant dans l'ombre la plus

---

et historique de la Charente, année 1846, p. 121, est Girard : *Ego Girardus engolismensis episcopus et sancte romane ecclesie legatus*. C'est donc à tort que Vigier de la Pile (*Histoire de l'Angoumois*, ch. V, p. 71) l'appelle Gérard II.

(1) Orderic. Vital. *Hist. eccles.*, part. III, lib. XIII, c. XII, col. 954.

grande et la meilleure partie de son histoire? C'est pour combler cette lacune que nous publions aujourd'hui cette étude. Ce n'est point un schismatique que nous prétendons réhabiliter, c'est la vie d'un de nos évêques et d'un légat du saint-siège que nous voulons esquisser. Notre travail est facile; longues années avant nous cette vie était écrite page par page dans les livres anciens et dans les monuments authentiques. Nous pouvons donc répéter ici les paroles de l'auteur anonyme de la Chronique de nos évêques et de nos comtes : « Je « n'ai rien ajouté, je n'ai fait que transcrire fidèle- « ment les documents que j'ai trouvés dans les « vieux livres et dans les manuscrits. Que la jalou- « sie et la flatterie se taisent donc : l'une ne trou- « vera rien dans mon travail qui serve sa critique, « et l'autre, rien qui mérite ses louanges (1). »

(1) *Hist. Pont. et Comit. Engolism.*, proœmium.

GIRARD

ÉVÊQUE D'ANGOULÊME, LÉGAT DU SAINT-SIÉGE

CHAPITRE PREMIER

DE LA NAISSANCE DE GIRARD A SA NOMINATION A LA LÉGATION

(vers 1060-1107)

Naissance de Girard. — Ses études profanes et ecclésiastiques. — Son école et sa réputation comme professeur. — Son élection à l'évêché d'Angoulême. — Le nouvel évêque assiste, à Périgueux, à la donation de l'église de Saint-Médard-de-l'Abbaye, faite aux moines d'Uzerche par Guillaume d'Auberoche. — Voyage de Girard à Bourges. — Conciles de Poitiers, de Guastalla et de Troyes.

> Valdè incertum est an fuerit tam niger quam in fastis ecclesiasticis depingitur.
> Il est fort douteux que Girard ait été aussi noir que le dépeignent les *Annales ecclésiastiques*.
> (Petrus a S. Romualdo, *Chronicon*, p. 71.)

Girard naquit en Normandie, à Blay, non loin de Bayeux, dans la seconde moitié du XIe siècle. Sa naissance n'eut rien d'illustre, rien qui pût faire présager ce qu'il serait un jour. Giraud, son père, était peu favorisé des biens de la fortune ; ses revenus étaient médiocres, non de cette heureuse médiocrité que demandait à Dieu le fils de David (1) et qu'ont chantée les poëtes, mais d'une médiocrité voisine de l'indigence. Guillaume le Bâtard gouvernait alors la Normandie. Le fils de la blanchisseuse de Falaise (2) sentait couler dans ses veines le sang de Rollon, il avait l'humeur aventureuse de ses ancêtres et toute leur ambition. Robert, son père, était cousin d'Edouard le Confesseur, le jeune duc chercha dans cette parenté des droits à la couronne d'Angleterre. La Providence vint au-devant de ses désirs, et sembla les consacrer en lui livrant un rival dont la puissance contrarierait ses desseins. Harold, beau-frère de saint Edouard, faisant en mer une excursion, fut jeté par la tempête sur les côtes du comté de Penthièvre et fait prisonnier. Guy livra l'illustre lord au duc de Normandie, qui ne lui rendit sa liberté qu'après lui avoir fait reconnaître ses prétentions à la succession d'Edouard et jurer devant ses barons foi et hommage. Edouard, le saint roi, mourut, et, quand Guillaume somma son compétiteur de son serment, les vœux du peuple avaient déjà fait asseoir Harold sur le trône d'Angleterre. La que-

---

(1) Mendicitatem et divitias ne dederis mihi, tribue tantum victui mei necessaria : ne forte satiatus illiciar ad negandum, et dicam : Quis est Dominus ? aut egestate compulsus furer et perjurem nomen Dei mei (Prov., cap. XXX, 8 et 9.)

(2) Guillaume le Bâtard était fils de Robert, duc de Normandie, surnommé le Diable, et de Harlette la Blanchisseuse, fille d'un corroyeur de Falaise.

relle se vida par la force des armes. Le duc de Normandie fit publier un ban de guerre dans ses États et dans les provinces voisines. La Bretagne, le Poitou, la Bourgogne, toutes les provinces de la France lui envoyèrent à l'envi des soldats. Le 29 septembre 1066, il partit à la tête de soixante mille hommes et vint débarquer sur les côtes de Sussex. Peu de jours après, sur les hauteurs de Senlac, près d'Hastings, dans une bataille sanglante, Harold perdait à la fois son armée, sa couronne et sa vie. Le Bâtard était devenu le Conquérant.

Les habitants de la Normandie désiraient ardemment revoir leur souverain victorieux. Cédant à leurs instances, au mois de mars de l'année suivante (1067), le nouveau roi d'Angleterre mettait le pied sur le sol natal. L'enthousiasme était à son comble ; partout où passait le Conquérant les travaux de l'agriculture et du commerce étaient suspendus, et les jours de jeûne du carême universellement transformés en jours de fêtes. Tels sont les événements au bruit desquels s'écoulèrent les premières années de Girard. L'enfant grandit (on devine aisément au milieu de quelles privations) et quitta la maison de son père et son pays pour aller chercher ailleurs une existence moins pénible (1). Son travail et son génie firent le reste. L'histoire ne dit point de quel côté se dirigèrent ses premiers pas. Nous savons seulement que les lettres humaines furent l'objet de ses premières études et de ses

(1) Arnulf. Lexov., *Tract. de Schism.*, cap. 1, B.

premiers succès, que plus tard il embrassa l'état ecclésiastique. Il est cependant à présumer qu'il fit ses études à Paris. Depuis longtemps déjà les maîtres qui professaient dans cette capitale les arts libéraux et la théologie avaient au loin répandu le bruit de leur renommée. Il était alors généralement reconnu que la jeunesse ne recevait nulle part la science ecclésiastique avec autant d'éclat et d'étendue que dans cette ville célèbre, et quiconque voulait arriver sûrement au crédit et à la gloire ne manquait pas de fréquenter l'école de Paris.

Clerc, Girard comprit bien vite que les études profanes auxquelles il s'était livré avec tant d'ardeur devaient faire place à des études plus sérieuses. A partir de ce moment, la théologie et le droit canon se partagèrent ses heures. Doué des plus heureuses dispositions, ses progrès dans les sciences ecclésiastiques furent rapides, et ne tardèrent point à lui assurer une place brillante parmi les savants de l'époque. Ici commence l'étonnante fortune de Girard. A Angoulême, à Périgueux et dans les bourgs voisins de ces deux villes, où il tint successivement son école, on ne parlait que du jeune professeur. L'estime particulière qu'on faisait de son esprit et de son savoir était si grande que l'on vit accourir de toutes parts à ses leçons de nombreux disciples, dont plusieurs augmentèrent ensuite la réputation du maître en remplissant avec honneur les postes les plus éminents de l'Église, témoin l'archevêque de Cologne, Frédéric de Carinthie, dont nous parlerons bientôt. Il n'y avait pas alors en France d'universités pour instruire la jeunesse ; Pierre Lombard, Albert le Grand, saint Thomas d'Aquin, saint Bonaventure, n'avaient point encore paru. C'était le temps de Lanfranc, de saint Anselme de Cantorbéry, de saint Yves de Chartres, de Guillaume de Champeaux et d'Abélard. En ce temps-là, les disciples se groupaient autour d'un professeur célèbre, s'attachaient à ses pas, le suivaient dans les villes et dans les châteaux, dans les forêts et dans les déserts, sur les collines et dans les vallées, partout où il plaisait au maître de se fixer.

Pendant qu'il supportait les fatigues inséparables du professorat, Girard reçut un témoignage flatteur de l'estime qu'il inspirait ; partageant l'admiration de ses élèves, les chanoines de Périgueux l'agrégèrent à leur chapitre (1). Sa réputation allait toujours croissant, le professeur était à l'apogée de sa gloire, quand soudain un cri de guerre retentit dans l'Europe chrétienne : *Dieu le veut! Dieu le veut! (Diex el volt!)* Pendant que l'Allemagne épuisait ses forces dans la querelle des investitures, et que Godefroi de Bouillon prodiguait inutilement sa vie à cette cause impie, les Turcs couvraient de leurs escadrons les vastes contrées qui s'étendent entre la Perse et l'Hellespont. Le flot montait, montait toujours. Déjà les fils de l'islam s'étaient avancés jusqu'à Scutari. Du haut des remparts de Constantinople on avait vu flotter, dans les plaines voisines, l'étendard du Prophète ; on avait

(1) Baluz., *Hist. Tutel.*, Append., col. 877-878.

entendu avec effroi le hennissement des coursiers, les clameurs sauvages des guerriers échappés des rives de l'Oxus. L'empereur Alexis Ier Comnène avait jeté le cri d'alarme à l'Europe menacée, et le pape Urbain II venait de lui répondre au concile de Clermont (18 novembre 1095). L'ère des Croisades s'ouvrait. Des bandes de soldats chrétiens traversaient la France; ils volaient à la défense de leurs frères d'Orient, trop longtemps foulés aux pieds des infidèles. Les Croisés marchent de victoire en victoire, Jérusalem tombe en leur pouvoir, les Turcs épouvantés se retirent. Un royaume latin (dont l'histoire s'écrivait avec enthousiasme, et se lisait avec une sainte avidité) était fondé au delà des mers.

Au milieu de l'allégresse générale, Angoulême prenait des habits de deuil. Dans ses murs venait de s'éteindre un généreux soldat dont les Maures d'Espagne avaient plus d'une fois senti la valeur. Adhémar Taillefer était fils du comte Geoffroy et de Pétronille; frère de l'évêque Guillaume, son prédécesseur. Angoulême l'avait vu naître. Dans sa jeunesse il avait suivi le duc d'Aquitaine, Guillaume IX, en Espagne, et sous ses ordres avait fait la guerre contre les Sarrasins. Plus tard il avait embrassé la vie monastique, était devenu abbé de Lesterps, puis évêque d'Angoulême, à la mort de son frère. Notre Église n'oublia pas que sous les traits aimables de son nouveau pontife elle voyait le sang de ses comtes, l'ami du duc d'Aquitaine, le soldat heureux qui avait couru tous les hasards d'une expédition lointaine. Tant de gloire unie à tant de simplicité formant un de ces contrastes heureux qu'on admirait : *homo miræ simplicitatis* (1). Tel est l'homme auquel devait succéder bientôt, sur le siége de saint Ausone, un étranger sans fortune et sans nom. L'évêque Adhémar mourut le 31 août 1101. Son corps fut déposé dans la cathédrale, du côté du nord, près de l'évêque Guillaume, son frère : « *Hìc cum fratre jacet Willelmus episcopus Engolisme.* » Son grand manteau de laine brune, son scapulaire et sa tunique de même couleur, sa crosse, son anneau, sa palme guerrière, rien ne fut oublié (2).

Après les jours de la douleur, l'église d'Angoulême dut songer à donner un successeur au pieux évêque qu'elle venait de perdre. La discorde alors éclata parmi les électeurs, mais le mérite incontestable de Girard lui gagna tous les suffrages. Le clergé le choisit donc pour évêque, au grand applaudissement du

---

(1) *Hist. Pont. et Comit. Engolism.*, cap. XXXIII, p. 39.
(2) Le tombeau d'Adhémar, qu'un instant on avait cru violé par les calvinistes en 1568, comme le furent ceux de Grimoard de Mussidan, de Guillaume Taillefer et d'Itier d'Archambaud, a été découvert, le 12 du mois d'août dernier, sous la troisième arcade de la seconde coupole de la cathédrale. Le corps du saint évêque était parfaitement intact. On peut lire dans le n° 25 de la *Semaine religieuse* (p. 368, année 1864) le récit détaillé de cette heureuse découverte. Quatre ans plus tôt, la démolition d'une tribune du XVIIe siècle avait laissé voir, sous l'arcade voisine, le tombeau, violé et mutilé par l'hérésie, de l'évêque Guillaume, son frère. (Discours prononcé par Monseigneur l'évêque d'Angoulême, pour la nouvelle déposition des os d'Hugues Tison, p. 6 et 7.)

comte, de la noblesse et de tout le peuple d'Angoulême (1101).

Cette unanimité de suffrages n'était point une chose indifférente. Depuis longtemps il y avait entre les évêques et les comtes d'Angoulême de terribles conflits de juridiction. L'histoire a dit la lutte désastreuse de l'évêque Hugues Ier et d'Arnaud, comte d'Angoulême; la défaite du belliqueux pontife et les représailles du vainqueur (973-990); elle a dit les violences dont se rendirent coupables envers leur évêque, un demi-siècle plus tard, les sénéchaux d'Angoulême; Girard Malarte quittant en fugitif sa ville épiscopale; le diocèse tout entier sous le coup de l'interdit; le vieil évêque recueillant à ses derniers instants un reste de force pour pardonner à son peuple, et pour vouer de nouveau à l'anathème la race entière de ses persécuteurs jusqu'au dernier de ses rejetons (1022-1042). Pour mettre fin à ces funestes querelles, dont ils ressentaient toujours le contre-coup, le clergé et le peuple d'Angoulême choisirent leur évêque dans la maison même de nos Taillefer. Ainsi montèrent successivement sur le siége de saint Ausone les deux frères Guillaume et Adhémar (1043-1101). Cependant cet expédient n'eut pas tout le succès qu'on était en droit d'en attendre. Nous voyons, en effet, le premier de ces pontifes disputer longtemps, les armes à la main, à Foulques son frère, les biens de son église, dont le comte s'était emparé.

Nous ne savons absolument rien des deux premières années de l'épiscopat de Girard. Pour nous, l'histoire de cet épiscopat commence à l'année 1104. Alors Girard faisait le voyage de Périgueux, où il assistait à la donation faite par l'évêque de cette ville, Guillaume d'Aube-Roche, de l'église de Saint-Médard-de-l'Abbaye et de toutes ses dépendances aux moines d'Uzerche. Parmi les témoins de cette donation nous remarquons le grand chantre de la cathédrale d'Angoulême, Ménard Cramail, qui avait accompagné son évêque dans ce voyage (1). L'année suivante (1105), nous retrouvons Girard à Bourges parmi les témoins de la donation faite par l'archevêque de cette ville, Léger, de l'église de la Champenoise, aux moines d'Issoudun, dans la personne de Giraud, leur abbé (2).

Dans les premiers jours de l'année 1106, arrivaient en France saint Brunon, évêque de Segni, et le célèbre Bohémond, duc de Pouille et prince d'Antioche. Après les désastres d'Harran et deux années de captivité chez les Turcs, Bohémond, dont les revers n'abattaient point le courage, avait tourné ses dernières espérances vers l'Occident. Faire répandre le bruit de sa mort, s'embarquer au port Saint-Siméon, s'enfermer dans un cercueil et traverser ainsi la flotte des Grecs, qui se réjouissaient de son trépas et maudissaient sa mémoire, tel fut le stratagème imaginé par le prince d'Antioche pour échapper à ses ennemis.

(1) Baluz., *Hist. Tutel.*, Append., col. 877-878.
(2) *Gall. Christ.*, t. II, col. 158.

En arrivant en Italie, Bohémond va se jeter aux pieds du souverain pontife. Pascal l'accueille comme un héros et un martyr, écoute ses plaintes, lui donne l'étendard de saint Pierre et lui permet, au nom de l'Église, de lever en Europe une armée pour réparer ses malheurs et venger la cause de Dieu. Bohémond et saint Brunon (que le pape avait chargé de prêcher cette croisade) partent donc pour la France. Un concile est indiqué à Poitiers (26 mai 1106) (1). Au témoignage de Suger, qui était présent, les évêques et les seigneurs s'y rendirent en foule (2). L'évêque d'Angoulême assistait-il à ce concile ? La présence du légat, le motif et le lieu de l'assemblée ne permettent pas d'en douter.

Au mois d'octobre suivant, Girard faisait un voyage en Lombardie. Après l'abdication forcée de l'empereur d'Allemagne Henri IV et l'élection de son fils Henri V, la diète de Mayence avait fait prier le pape de venir, s'il était possible, aider par sa présence à la pacification de l'Empire. Pascal II s'était rendu sans peine aux désirs des députés allemands. La mort inopinée du sacrilége Henri IV (7 août 1106) hâta son départ. Le saint pontife croyait arrivés à leur terme les malheurs de l'Église. L'Allemagne, fatiguée, appelait de ses vœux la sentence qui allait terminer la grande querelle des investitures. Les circonstances

---

(1) L'*Art de vérifier les dates* (tome Ier, p. 185) place ce concile de Poitiers au 25 juin 1106.

(2) Labbe et Cossart, *Concil.*, t. X, p. 746.

étaient solennelles. Avant de franchir les Alpes, le pape sentit le besoin de consulter l'Église. Il convoqua donc un premier concile à Florence et, peu de jours après, un second à Guastalla (22 octobre 1106). Le concile, tel était le sujet du voyage de l'évêque d'Angoulême en Lombardie. La même pensée y avait amené grand nombre d'évêques, de clercs et de laïques italiens et étrangers. L'héroïne de son siècle, la fameuse comtesse Mathilde, si connue pour son dévouement à l'Église et à saint Grégoire VII, assistait à cette auguste assemblée. Pendant ce concile, les brillantes qualités de l'évêque d'Angoulême attirèrent sur lui l'attention du pape, qui lui décerna l'honneur d'en lire les décrets (1). Le premier de ces décrets était ainsi conçu : « Depuis plusieurs années,
« le royaume teutonique a été séparé de l'unité de
« l'Église, et, pendant ce schisme, le péril est devenu
« si grand, qu'à peine, dans cette vaste contrée, ce
« que nous ne pouvons dire sans douleur, trouve-
« t-on quelques évêques et quelques clercs catholi-
« ques. Au milieu de ce désastre, qui enveloppe tant
« de nos fils, la paix chrétienne demande que nous
« usions d'indulgence. A l'exemple des saints pères
« qui reçurent autrefois sans les déposer les nova-
« tiens et les donatistes, nous continuons dans leurs
« fonctions les évêques de ce royaume ordonnés dans
« le schisme, pourvu qu'ils ne soient ni usurpateurs,
« ni simoniaques, ni coupables de crimes. Nous éten-

---

(1) D. Martène, *Thes. nov. anecd.*, t. IV, col. 128.

« dons la même indulgence aux clercs de tous ordres,
« que leur vie et leur science rendent dignes de
« cette faveur (1). »

Transportée d'un saint zèle, la diète de Mayence avait, en effet, usé envers les schismatiques d'une certaine rigueur : les évêques coupables de schisme avaient été immédiatement chassés de leurs siéges, et tous les clercs ordonnés par eux suspendus de leurs fonctions, jusqu'à nouvel examen. Puis, s'inspirant des résolutions de l'assemblée de Northus, on avait fouillé les tombeaux et jeté loin des églises où elles reposaient les cendres des évêques morts dans le schisme (2). Pascal n'avait pas cru pouvoir approuver ces premiers transports d'un zèle qui lui paraissait trop amer.

Le second décret de Guastalla porte que, les auteurs du schisme n'étant plus au monde, l'Église catholique doit rentrer dans son ancienne liberté. Et, pour couper le mal dans sa racine, on renouvela les défenses faites aux laïques de donner les investitures, sous peine d'excommunication pour les laïques et de déposition pour les clercs. C'est ainsi que le pape préparait, par un juste tempérament de douceur et de sévérité, la pacification de l'Empire. Il ne tint pas à lui que cette paix si désirable ne fût signée.

Après le concile, Pascal continua sa route vers l'Allemagne. Les cardinaux italiens qui l'accompagnaient

(1) Pertz, *Monum. Germ. Leg.*, t. II, p. 180.
(2) *Chronic. Usperg.*, ann. 1106.

ne partageaient pas sa confiance : les ambassadeurs de l'empereur Henri V avaient laissé transpirer les dispositions peu favorables de leur maître sur le chapitre délicat des investitures. Oubliant, en effet, Northus et les solennels serments de sa jeunesse (1), Henri renouvelait déjà toutes les prétentions ambitieuses de son père. Pascal était ébranlé... une révolte qui s'éleva dans Véronne, et pendant laquelle les Allemands firent voir tout ce qu'on pouvait attendre de la brutalité de leur caractère, acheva de le persuader. Il comprit que *les portes de la Germanie ne lui étaient point encore ouvertes,* et sa tristesse fut grande. Délibérer à Rome, sous la main, pour ainsi dire, du parjure empereur, au milieu d'un peuple remuant et versatile comme le peuple romain, n'était pas chose prudente. Dans ces conjonctures difficiles, le pape tourna ses regards vers la France, et, sûr de sa loyauté, vint lui demander la liberté, l'indépendance nécessaire aux jugements de l'Église. Son voyage parmi nous fut une véritable ovation : princes et sujets rivalisèrent d'em-

---

(1) « Dieu m'est témoin, avait dit Henri V en recevant à
« Northus (1105) le serment des seigneurs et des évêques
« saxons, Dieu m'est témoin que ce n'est pas un motif d'am-
« bition qui me pousse à prendre en main le pouvoir. Je ne
« saurais, sans verser des larmes, songer à la possibilité,
« cruelle pour le cœur d'un fils, de voir mon seigneur et père
« déposé de la dignité royale. J'ai toujours eu compassion de
« sa désobéissance et de son opiniâtreté ; et, s'il veut se sou-
« mettre à saint Pierre et à ses successeurs, je suis prêt à lui
« obéir comme le plus humble de ses sujets. »

pressement auprès du saint pontife. A Cluny, à la Charité, à Tours, à Saint-Denis, à Châlons-sur-Marne, à Troyes, partout on vit éclater les transports de la joie la plus vive. Ce qui amena le pape dans la dernière de ces villes fut le concile qu'il y avait indiqué (5 mai 1107). Girard y fut convoqué. Nous ne dirons pas avec quel saint empressement l'évêque d'Angoulême se rendit à Troyes. C'était là que la faveur du pape l'attendait. Pendant tout le temps que dura le concile, Girard fut l'objet des attentions les plus bienveillantes de Pascal. La bonne impression qu'il avait produite à Guastalla sur l'esprit du pape n'avait pas eu le temps de s'effacer. C'est à cette bonne opinion qu'on avait de ses talents que l'évêque d'Angoulême dut de faire partie d'une commission chargée de l'examen d'une affaire assez délicate. Il s'agissait d'une querelle entre les moines de Cluny et Guillaume, abbé de Saint-Père de Chartres, qui leur disputait la celle de Saint-Denis de Nogent (1). Urbain II avait déjà donné gain de cause aux moines de Cluny. Tout semblait donc fini, lorsque la présence de Pascal II à Troyes vint ranimer tout le feu de la discussion. Espérant sans doute un jugement plus favorable, l'abbé de Saint-Père de Chartres se rendit au concile pour demander au pape d'instruire de nouveau le procès que

(1) On appelait autrefois celle (du latin *cella*) un petit établissement créé sur un fonds appartenant à une abbaye, et destiné à l'habitation des religieux chargés de faire valoir ce fonds

son prédécesseur avait jugé. Pascal voulut bien condescendre au désir de Guillaume, heureux de pouvoir enlever ainsi tout prétexte à de nouvelles contestations. Et, pour se mettre à l'abri de tout reproche de partialité, il appela à juger avec lui cette affaire : Léger, archevêque de Bourges ; Aldo, évêque de Plaisance ; *Girard*, évêque d'Angoulême ; Hildebert, évêque du Mans ; Landulphe, cardinal du titre de Saint-Laurent. Les parties furent religieusement écoutées, leurs pièces examinées avec le plus grand soin ; mais l'effet ne répondit point à l'attente des moines de Chartres : le pape confirma purement et simplement la sentence d'Urbain II en faveur des moines de Cluny. La lettre de Pascal qui nous apprend toutes ces particularités est adressée à Hugues, abbé de Cluny ; elle est datée de Souvigny (6 juin 1107) (1). C'est sans doute dans ce même concile de Troyes que Girard fut délégué par le pape pour juger, avec Richard d'Albano et Albert d'Avignon, le différend qui s'était élevé entre les monastères de la Chaise-Dieu et d'Aniane au sujet de la celle de Sainte-Marie de Gordien. Le jugement fut en faveur des moines d'Aniane (1107) (2). Longtemps après cette sentence, à la requête des moines de la Chaise-Dieu et d'Atton, archevêque d'Arles, Calixte II révisa ce procès au concile de Toulouse (mai 1119). Atton prétendait que la propriété de la celle de Gordien appartenait à son église, dont les moines de la

---

(1) Mansi, *Concil.*, XX, 1040.
(2) *Gall. Christ.*, t. II, col. 995.

Chaise-Dieu la tenaient moyennant une redevance annuelle. Sur le rapport d'une commission particulière de cardinaux, d'évêques et d'abbés, chargée d'examiner les titres des prétendants, le pape et tout le concile adjugèrent de nouveau la celle de Sainte-Marie aux moines d'Aniane (1).

(1) Mansi, *Concil.*, XXI, 227.

CHAPITRE II

GIRARD, LÉGAT DU PAPE PASCAL II

(5 mai 1107 — 18 janvier 1118)

Concile de Nantes, présidé par le nouveau légat. — Guillaume Taillefer III rend à Saint-Pierre d'Angoulême ses droits sur l'église d'Ains. — Pascal II notifie aux provinces de Bourges, de Bordeaux, d'Auch, de Tours et de Bretagne, la nomination de Girard à la légation. — Notice biographique des hommes célèbres de cette légation. — Voyage du B. Robert d'Arbrissel à Angoulême.— Lettre de Girard en faveur des religieuses de Fontevrault. — Voyage du légat à Dol. — Girard visite le monastère de Notre-Dame de Noyers. — Il est témoin de plusieurs donations faites au chapitre de Saint-Pierre d'Angoulême, et met fin à la discussion qui s'était élevée entre ledit chapitre et les moines de Saint-Martin de Limoges. — Girard dicte, au château de la Rochefoucauld, l'accord qui termine les discussions relatives à l'écluse des moulins du Châtelars. — Concile de Loudun, présidé par le légat. — Lettre de Girard à l'évêque de Clermont. — Restitution par les seigneurs de Marthon des droits de l'église d'Angoulême sur l'église d'Ains. — Bulle par laquelle Pascal II garantit à l'église d'Angoulême la propriété de ses biens. — Voyage de Girard à Marmoutiers. — Plainte de Geoffroy de Vendôme contre les seigneurs de Montoire. — Donation de l'église de

Nieuil aux moines d'Uzerche. — Voyage de Girard à Rome. — Voyage du légat à Poitiers et à Angers. — Plainte des moines d'Uzerche contre leur abbé. — Lettres de Pascal II à Girard à l'occasion de l'affaire de Baignes. — Concile de Latran. — Voyage de Girard en Allemagne. — Fin du procès de Baignes. — Les évêques d'Angoulême acquièrent de nouveaux droits sur l'église d'Ains. — Voyages du légat à Châtellerault et à Tulle. — Excommunication de Foulques V d'Anjou. — Construction de l'évêché d'Angoulême et de la maison épiscopale de Vars. — Exploits militaires de Vulgrin, fils de Guillaume Taillefer III. — Voyage de Girard à Saumur. — Séjour du légat à l'abbaye de Sully. — Il visite l'abbaye de Fontevrault. — Second voyage du B. Robert d'Arbrissel à Angoulême. — Bienveillance de Girard pour Fontevrault. — Voyages du légat en Anjou et à Fontevrault. — Concile de Châteauroux. — Voyage de Girard à Excideuil en Périgord. — Rainaud Chesnel, évêque de Saintes, donne à Saint-Pierre d'Angoulême l'église de Touzac. — Discussion au sujet du monastère de Civrac en Angoumois. — Accord relatif au bois et à la terre de Moulède. — Concile d'Angoulême. — Procès entre les abbayes de Redon et de Quimperlé au sujet de Belle-Isle-en-Mer. — Sacre de Pierre de Confolens, évêque de Saintes, et donation par ce prélat de l'église de Saint-Médard d'Auge au chapitre d'Angoulême.

La bienveillance du pape Pascal pour l'évêque d'Angoulême ne se borna pas à de vaines démonstrations d'amitié. Pendant que les suffrages du clergé, de la noblesse et du peuple angoumoisins appelaient Girard sur le siége de saint Ausone, Bordeaux voyait mourir son vieil archevêque (1102). Amat ou Aimé était évêque d'Oloron lorsque, en 1074, le pape saint Grégoire VII avait jeté les yeux sur lui pour en faire son légat. Nommer les conciles de Poitiers (1074), de Bordeaux (1076 et 1080), de Bretagne, d'Issoudun (mars 1084), c'est dire le zèle avec lequel Aimé s'acquittait des devoirs de sa charge. Saint Grégoire VII mourut (25 mai 1085), Victor III ne fit que passer sur le siége de Rome, et Urbain II, son successeur, continua à l'évêque d'Oloron les faveurs de la cour romaine. Quand la première croisade appela ce dernier pape en France, Aimé avait déjà succédé à Gosselin sur le siége archiépiscopal de Bordeaux. Sa mort faisait donc un double vide en Aquitaine. L'Église de Bordeaux se chargea de combler l'un par l'élection d'Arnaud de Chabenac (1103), le moment était venu de combler l'autre (1107). Girard n'était point un inconnu. Pascal avait admiré plus d'une fois sa prudence et sa fermeté. Avant la fin du concile de Troyes, le pape le fit son légat. L'évêque d'Angoulême eut bientôt occasion d'exercer les fonctions que le souverain pontife venait de lui confier. Pendant le concile de Troyes (1107), les moines de Saint-Martin de Marmoutiers avaient faire entendre leurs plaintes... Ils accusaient le seigneur de Fougères.

Voulant donner aux moines de Marmoutiers un nouveau gage de sa munificence (il leur en avait déjà donné plus d'un), Main de Fougères avait réglé qu'à défaut des chanoines qui la desservaient, la collégiale de Fougères et les églises qui en dépendaient (1) seraient confiées, à l'exclusion de tout autre ordre, au monastère de Marmoutiers. Raoul de Fougères avait

(1) Fougères possède une chapelle de Saint-Nicolas, en style roman, les églises Saint-Sulpice et Saint-Léonard.

souscrit sans peine à cet engagement de son père. Main mourut, et Raoul, oubliant et les volontés sacrées de son père et son propre honneur, donna ces églises aux religieux de Saint-Florent de Saumur. Marmoutiers protesta contre cette violation flagrante de ses droits. Raoul, irrité, déclara que désormais ni chanoines ni moines ne posséderaient les églises de Fougères, et immédiatement il s'en empara. Revenu bientôt à de meilleurs sentiments, il consentit à mettre les moines de Marmoutiers en possession de la collégiale, moyennant qu'ils lui donneraient deux cent vingt-cinq livres, anciens deniers de Rennes qu'on appelait antérieurement *popelicans*. Sur ces entrefaites, le pape Urbain II vint en France, où il excommunia et vendeurs et acheteurs des biens d'église (1096). Craignant d'encourir l'excommunication, Raoul de Fougères (à qui les moines de Marmoutiers n'avaient pas donné, mais seulement promis les deux cent vingt-cinq livres) transféra précipitamment à Marbode, évêque de Rennes, la propriété des églises en question. Marbode reconnut sans peine les droits de Marmoutiers, et, de l'agrément de son chapitre, donna aux religieux de ce monastère l'investiture des églises de Fougères. Raoul de son côté leur conféra tous les droits de la puissance laïque sur ces églises. Mais les bons sentiments de Raoul n'étaient l'effet que d'un moment de surprise. Revenu bientôt de sa pieuse frayeur, il donna de nouveau libre cours à son avare rapacité en s'emparant des églises de Fougères. Les moines de Marmoutiers multiplièrent en vain leurs protestations : l'oppresseur resta sourd à la voix de l'opprimé. C'est le cas de répéter avec le poëte :

> .... Quid non mortalia pectora cogis,
> Auri sacra fames?

Nous savons quelles circonstances amenèrent Pascal II en France. Les moines de Marmoutiers profitèrent de sa présence à Troyes pour faire entendre leur plainte. « Le pape mit les terres de Raoul en interdit et donna ordre à Girard, légat de la sainte Eglise romaine (qui immédiatement après le concile devait se rendre dans nos contrées), disent les moines de Marmoutiers, de nous faire rendre pleine justice, conformément au jugement prononcé à Troyes, à moins toutefois que le baron de Fougères ne prouvât son droit par de solides raisons. »

De Troyes, l'évêque d'Angoulême se rendit donc à Nantes, où, pour exécuter les ordres de Pascal, il tint un concile (1107). Raoul parut devant le légat, qui, ne trouvant pas sans doute ses raisons satisfaisantes, lui ordonna, sous peine d'excommunication, de se conformer au jugement du pape et de rendre aux moines de Marmoutiers, dans l'intervalle de quinze jours à partir du samedi suivant, les églises de Fougères et les terres qui en dépendaient. Le baron n'osa pas contrevenir aux ordres si formels du souverain pontife, de son légat et de l'évêque de Rennes, et, en présence de son épouse Avicie et avec son agrément, « il consentit à abandonner en notre faveur, disent encore les moines de Marmoutiers, les possessions des églises en litige. » L'évêque de Rennes, entre les mains de qui un ancien chanoine nommé Clamarhoc déposa cette renonciation de Raoul, donna aussitôt l'investiture des églises de Fougères à notre moine Guérin de Lanrigan. Hervé de la Chapelle renouvela ensuite cette investiture en présentant au nom de l'évêque Marbode à Hervé de Janzai, alors prieur de Fougères, la corde de la cloche du monastère (1).

Les églises de Fougères n'étaient pas la seule affaire qui appelât le légat à Nantes. Dans ce même concile (dont nous n'avons pas les décrets) furent également réglées deux autres affaires qui n'intéressaient pas moins Marmoutiers.

Une discussion s'était élevée, je ne sais à quelle époque, entre les moines de Marmoutiers et ceux de Redon, au sujet de l'église de Berhet, sur laquelle les deux communautés prétendaient également avoir des droits. « *Pendant le voyage que Girard, évêque d'An-*
« *goulême et légat de la sainte Église romaine, fit en*
« *Bretagne pour y célébrer, sur l'ordre du pape, un*
« *concile,* » dit la charte, à Nantes même, un accord fut conclu entre les parties. Guillaume, abbé de Marmoutiers, du consentement de ses religieux, donna en échange de l'église de Berhet à Hervé, abbé de Redon, et à son monastère, une terre, située dans le prieuré de Donges, qu'on appelle île d'Aire, et une chapelle paroissiale qui avait coûté vingt livres. Les

(1) D. Lobineau, *Histoire de Bretagne*, tom. II, Preuves, col. 200-201.

deux chapitres de Redon et de Marmoutiers échangèrent la ratification de cet accord, qui avait été fait en chirographe. Les témoins de la paix conclue entre les deux monastères étaient : « Le légat Girard d'Angou-
« lême ; Judicaël, évêque d'Alet ou de Saint-Malo ;
« Morvan, évêque de Vannes; Guillaume, abbé de
« Marmoutiers, et ses religieux; Guillaume, prieur ;
« Guérin de Lanrigan; Hamelin, prieur de Béré ;
« Guillaume de Passac ; Jean de Vannes ; Lambert,
« prieur de Donges ; Milon de Josselin ; Raoul, prieur
« de Josselin ; Hervé, abbé de Redon, et ses religieux ;
« Urvodius, prieur ; Moïse le Chauve ; Gautier le
« Petit; Robert, ancien abbé ; Daniel, ermite ; Gau-
« tier-Pintard; Tanguy, abbé de la Chaume; les clercs
« et les laïques suivants : François, archidiacre de
« Vannes; Rivallon, archidiacre d'Alet; Rotau, fils
« de Normand; Guyhu de Châteaubriant (1). »

Le comte Alain Fergent (*Fervens*, le Roux) et Ermengarde, son épouse, de l'agrément de leur fils Conan (2), avaient donné au monastère de Saint-Martin de Marmoutiers la forêt de Puzarlès. Puzarlès, qu'on appelait aussi bois de la Madeleine, était une dépendance du prieuré de Sainte-Croix de Quimperlé. A quelque temps de là, le duc de Bretagne fit un voyage à Nantes; il en profita pour renouveler en présence de ses barons (et ils étaient nombreux) l'acte de donation. Alain fit un second voyage à Nantes, et,

(1) D. Lobineau, *ibid.*, col. 194-195.
(2) Conan III le Gros succéda à son père en 1112.

pour assurer aux moines de Marmoutiers la possession tranquille de Puzarlès, il donna une seconde fois l'investiture de cette forêt à Guillaume, leur abbé. Conan et Geoffroy, qui étaient présents, donnèrent sans peine leur consentement à cette pieuse libéralité de leur père. Le vieux duc de Bretagne semblait donc toucher à l'accomplissement de ses désirs, lorsque deux de ses barons, Alain de Maidon et Harscoet de Saint-Pierre, élevèrent la voix pour s'y opposer. Le comte Alain (1) fut d'autant plus surpris de cette prétention que, témoins de la première donation qu'il avait faite à Nantes, ces seigneurs n'avaient pas alors manifesté le plus léger déplaisir. Faisant taire son juste ressentiment, le duc offrit de régler ce différend en justice; mais Alain et Harscoet ne voulurent rien entendre. Voyant leur mauvaise foi, Alain Fergent passa outre et, en présence de ses autres barons, confirma la donation de Puzarlès. Peu de temps après cet incident, notre évêque Girard se rendit à Nantes. Nous savons ce qu'il y allait faire. Harscoet et Alain renouvelèrent devant le légat leurs prétentions sur le bois de la Madeleine, et attaquèrent en revendication l'abbé de Marmoutiers, en présence de Raoul de Fougères, de Pierre de Chemillé, de Galuet et André, ses deux fils; de Briant, fils de Geoffroy; de Maingui, fils d'Homenez; de Briant, fils de Gouaren; des moines de Marmoutiers : Guillaume, prieur; Guillaume

---

(1) Alain Fergent était à la fois comte de Cornouailles et duc de Bretagne.

de Passac; Pierre, économe; Gilon, Lambert de Donges, et des frères lais : Pierre Bourdon et Jean, fils d'Hervé le boulanger (1). La décision du légat et du concile n'est pas arrivée jusqu'à nous. Ces trois affaires, c'est tout ce que nous savons du premier des conciles qu'a tenus l'évêque Girard.

L'année suivante (1108), nous assistons à la donation ou plutôt à la restitution de l'église d'Ains, sur laquelle Guillaume Taillefer, l'un de nos comtes, avait exercé jusque-là des droits qui ne paraissaient guère fondés.

« L'an de l'incarnation du Seigneur 1108, indic-
« tion I, sous le gouvernement de Philippe, roi de
« France.

« Moi Guillaume, surnommé Taillefer (2), par la
« grâce de Dieu comte d'Angoulême, craignant que le
« sacrilége n'exposât mon âme au péril de la damna-
« tion, j'ai abandonné entièrement et transféré à
« l'évêque d'Angoulême tous les droits que je pouvais

---

(1) D. Lobineau, *Hist. de Bret.*, t. II, Preuves, col. 264 et 265.

(2) Ce Guillaume Taillefer est le troisième du nom, le neuvième de nos comtes héréditaires. Guillaume était de taille moyenne, mais doué d'une force herculéenne, qui justifiait son titre de Taillefer. On raconte que, dans les combats, plus d'une fois d'un coup de lance il traversa de part en part bouclier, cuirasse et cavalier, et qu'il ne fut jamais désarçonné. Après maintes batailles et maints exploits guerriers, Guillaume alla visiter le saint sépulcre. A son retour, traversant l'Allemagne, il mourut dans une abbaye appelée Ducense, où il fut inhumé (1120). (*Hist. Pontif. et Comit. Engolism.*, cap. XXXIV et XXXV.)

« avoir sur l'église d'Aent, située au territoire de
« Saintes, dans la châtellenie de Matha; sur la dîme
« de ladite église et sur toutes ses appartenances,
« qui depuis longues années avaient été l'alleu de
« l'église de Saint-Pierre d'Angoulême et, en cette
« qualité, avaient fait partie de la manse des évêques
« d'Angoulême. Il était, en effet, certain que l'église
« d'Aent était l'alleu de l'église Saint-Pierre d'An-
« goulême, et qu'elle appartenait aux évêques de
« cette église. La cession de ladite église et de toutes
« ses appartenances, cet abandon des droits que je
« pouvais avoir sur elles, moi Guillaume, comte
« d'Angoulême, je l'ai fait en présentant audit évêque
« une petite verge que j'avais par hasard à la main (1);
« voulant, par cette investiture, assurer à l'évêque
« Girard et à tous ses successeurs sur le siége d'An-
« goulême la paisible possession de cette église, et
« renonçant ainsi, mes héritiers et moi, à troubler
« jamais leur jouissance, à percevoir le moindre cens
« ou le plus léger impôt à l'occasion de cette église
« et de ses appartenances. Pour que cette cession,
« cet abandon, cette donation des droits que je pou-
« vais avoir ait plus de force, j'ai commandé à mon
« fils Foulques, à qui j'avais décidé de donner la

---

(1) L'investiture était accompagnée, au moyen âge, de formalités symboliques : il y avait des symboles naturels (motte de terre, touffe de gazon, rameau vert, fétu de paille) et des symboles de convention (couronne, bannière, lance, sceptre, crosse, anneau, corde des cloches, etc.).

« châtellenie de Matha, de faire la même cession, ce
« qu'il a fait en ma présence, en plaçant dans la main
« dudit évêque, en signe d'investiture, la même petite
« verge que déjà j'avais présentée à ce dernier. Et,
« pour que cette charte ait plus de force et de certi-
« tude, j'y ai tracé de ma propre main le signe de la
« croix. Les témoins de cet accord furent : Achard,
« archidiacre; Arnoul de la Porte; Itier, fils d'Ar-
« chambaud; Raymond, chanoine; Foulques, fils du
« comte; Pierre, fils de Ranulfe, écuyer du comte;
« Guillaume de Guissale, camérier de l'évêque (1). »

Le 14 avril de la même année, du palais de Latran, Pascal II notifiait à l'Aquitaine le choix qu'il avait fait, au concile de Troyes, de l'évêque d'Angoulême pour son légat. La lettre du pape est ainsi conçue :

« Pascal, évêque, serviteur des serviteurs de Dieu,
« à ses vénérables frères les Archevêques, Evêques,
« Abbés, aux Princes des provinces de Bourges, de
« Bordeaux, d'Auch, de Tours et de Bretagne, à tous,
« clercs et laïques, salut et bénédiction apostolique.

« L'autorité du siége apostolique dont Dieu nous a
« revêtu, malgré toute notre indignité, nous oblige à
« pourvoir au salut des fidèles, tant de ceux qui sont
« près de nous que de ceux qui en sont le plus éloi-
« gnés. Ce devoir, avec l'aide de Dieu, nous nous
« efforçons de le remplir autant que nous le pouvons.
« C'est pour cela, nos frères et nos fils bien-aimés,
« que nous vous donnons à tous la bénédiction des

(1) D. Fonteneau, t. XXVII bis, p. 345.

« saints apôtres Pierre et Paul, vous exhortant dans
« le Seigneur, avec une affection toute paternelle,
« à garder toujours les sentiers de la justice, qui vous
« fera trouver dans l'éternelle gloire la suprême
« récompense de vos fatigues. C'est pour vous faci-
« liter cette tâche, pour que vous ayez près de vous,
« en temps opportun, quelqu'un à qui vous puissiez
« porter vos plaintes et vos affaires, quelqu'un dont
« les conseils et les exhortations vous aident dans
« l'œuvre de votre salut, que nous avons chargé de
« nous remplacer au milieu de vous notre bien cher
« frère Girard, évêque d'Angoulême, que nous appe-
« lons ainsi à partager notre sollicitude pour vous.
« Pour l'honneur de Dieu et le salut de vos âmes,
« obéissez-lui fidèlement comme à notre vicaire et à
« celui des saints apôtres, afin qu'il puisse faire dis-
« paraître tous les abus et assurer le bien qui serait
« déjà compromis. Ne craignez pas, nos très-chers
« frères, lorsque l'utilité de l'Eglise le demandera,
« de vous réunir à lui pour célébrer des conciles ; à
« cet effet, nous déposons en ses mains le pouvoir que
« nous avons d'en convoquer.

« Donné à Latran le XVIII des calendes de mai (14 avril) (1). »

A partir de ce jour, Angoulême va devenir le centre de toutes les affaires ecclésiastiques de près de la moitié de la France ; pendant plus de vingt ans, des

---

(1) Labbe, *Concil.*, t. X, col. 660. Paschalis papæ II epist. XXXVII,

Pyrénées aux rives de la Manche, de la chaîne des Cévennes aux bords de l'Océan, son évêque sera l'arbitre de tous les différends, l'homme de bon conseil. A la vue de tant d'honneurs accumulés sur la tête de Girard, on se demande comment, au milieu d'évêques dont les noms brilleront toujours dans les annales de l'Eglise, la pensée du pape avait pu se fixer sur l'évêque d'Angoulême. La réponse est facile : c'est que, pour me servir de la figure hardie de notre chronique, Girard était cet *astre magnifique dont l'éclat illuminait déjà tout l'Ouest de la France*. Avec lui s'était assise sur le siége d'Ausone cette grande science que le Périgord et l'Angoumois n'avaient pu s'empêcher d'admirer : *Ob insignem ipsius scientiam et honestam vitam, in Engolismensem episcopum promotus est.* « Equitable dans les jugements, sage dans les déci-
« sions, orateur éminent, affable dans ses entretiens,
« d'un esprit fin et plein d'un aimable enjoue-
« ment... (1), il avait, dit Arnoul, archidiacre de
« Séez, une grande habileté dans les affaires, sou-
« tenue par une connaissance profonde des lettres, à
« laquelle il joignait tout le charme d'une élocution
« également facile dans l'une et l'autre langue (2). »
Tel est le portrait qu'amis et ennemis nous ont laissé de l'évêque Girard. Son mérite personnel, sa réputation extraordinaire, voilà donc la cause de son élévation.

(1) *Hist. Pont. et Com. Engolism.*, cap. XXXV.
(2) *Tract. de Schism.*, cap. II, C.

Cette auréole de gloire qui environne le nouveau légat ne doit cependant pas faire oublier que, dans l'Eglise, les honneurs sont des charges, et qu'en appelant Girard à partager sa puissance, Pascal l'appelait à partager aussi sa *sollicitude.* Elle était grande, dans ces temps difficiles, la sollicitude des papes ! Qu'on se rappelle l'état du monde catholique à l'aurore de ce XIIe siècle, dont on a dit avec raison des choses si merveilleuses. L'incontinence et la simonie désolaient l'Eglise. Cette plaie hideuse s'était glissée dans le clergé à la faveur des investitures. En échange des terres, des châteaux et des villes qu'ils leur donnaient, les princes se croyaient le droit de nommer seuls les évêques et les abbés. Alors on vit élever tout à coup à ces dignités, investis de bénéfices à charge d'âmes, des hommes qui jusque-là n'avaient connu que la licence des camps ou la corruption des cours. Qu'apportaient ces néophytes dans leurs nouvelles fonctions ? L'Eglise l'a dit dans ses conciles : ils apportaient tous les vices de leur ancien état, toutes leurs habitudes antérieures d'immoralité. De là les réclamations incessantes des pontifes romains et la guerre entre le sacerdoce et l'empire. Le grand pape saint Léon IX avait jeté le premier cri d'alarme au concile de Reims (1049), Victor II l'avait répété au concile de Florence (1055), la vie tout entière de saint Grégoire VII ne fut qu'une héroïque et continuelle protestation contre cet abus de la puissance séculière (1085). La mort de cet illustre pontife, l'élan belliqueux de la première croisade, ne purent faire diversion; Urbain II se vit contraint de soutenir la lutte contre l'implacable Henri IV. Les autres princes avaient compris l'injustice de leurs prétentions; ils avaient renoncé aux investitures. Seul, l'empereur d'Allemagne s'obstinait à continuer la guerre contre l'Eglise. Le bourreau couronné de saint Grégoire VII, l'ingrat pupille de l'Eglise romaine, mourut enfin objet de l'exécration générale. Un instant Pascal II put croire terminée cette guerre impie des investitures, son illusion ne fut pas de longue durée. Nous dirons bientôt les douleurs de ce pontife, tout ce qu'il eut à souffrir du cruel et perfide Henri V !

Le fer et le feu ne furent pas les seules armes que l'Allemagne opposa à l'Eglise; ses empereurs savaient faire des antipapes, et plus d'une fois les pasteurs légitimes durent abandonner Rome à la rapacité de ces loups dévorants. Le schisme se forma : on l'appela le schisme des *Henriciens*. Ces novateurs impériaux émettaient d'étranges idées sur l'autorité ecclésiastique du roi de Germanie et sur l'excommunication portée contre un souverain temporel. « Le burin de « l'histoire, dit M. Voigt, se refuse à tracer tous les « malheurs que causa ce schisme. » Réparer tous ces malheurs, étouffer la simonie, rappeler à la sainteté de leur état des évêques et des prêtres qui l'oubliaient si facilement, soutenir contre les puissants de la terre les énergiques protestations des papes : telle était la ligne de conduite que traçaient à l'avance aux légats les tristes événements qui depuis plus de trente ans venaient de se dérouler. Pour accomplir une si noble tâche, il fallait plus que de la science, plus que de la sainteté : il fallait un négociateur habile, sachant user à propos de tempéraments et à l'occasion déployer une vigueur apostolique. Pascal ne s'était point trompé, Girard était tout cela.

Soyons juste cependant; la force du légat n'était point tout entière dans les prodigieuses ressources de son esprit. Parmi ceux qu'il était appelé à gouverner, il trouvait des hommes dont le concours devait singulièrement amoindrir pour lui les difficultés. Nommer Marbode de Rennes, Baudri de Dol, Léger de Tours, Hildebert du Mans, Pierre II de Poitiers, Bertrand de Comminges, Robert d'Arbrissel, Raoul de la Futaye, Giraud de Sales, Pierre de l'Etoile, n'est-ce pas dire en partie ce que la France possédait alors de plus illustre sous le rapport de la science et de la sainteté ?

Marbode était un des hommes les plus éloquents de son temps. Il avait enseigné la rhétorique à Angers avec une grande réputation, puis était devenu archidiacre de cette ville. Il remplissait avec honneur tous les devoirs de sa charge, lorsqu'il fut élevé sur le siége de Rennes et ordonné par Urbain II au concile de Tours (1096). Après un assez long épiscopat, Marbode, aveugle et cassé de vieillesse, quitta son évêché pour prendre l'habit monastique dans l'abbaye de Saint-Aubin d'Angers. C'est là qu'il mourut, plein de jours et de mérites, le 2 septembre de l'année 1123 (1).

(1) Voici les paroles élogieuses que les moines de Saint-

Baudri n'était point encore archevêque de Dol lorsque Girard fut nommé légat, mais dès la même année l'évêque d'Angoulême le sacra dans la cathédrale même de Dol. Baudri est ce célèbre abbé de Bourgueil à qui l'histoire a reproché trop d'empressement pour l'épiscopat, faute du reste qu'il sut faire oublier par le zèle avec lequel il s'appliqua à remplir tous les devoirs de sa charge. Baudri avait de la littérature, il passait pour la meilleure plume de son temps. Il a écrit l'histoire de la première croisade, ouvrage justement estimé.

Moins éloquent que l'archevêque de Dol, Léger de Tours ne lui était inférieur ni en science ni en sainteté. Il fut un des ornements et l'une des principales lumières de l'Église de France. Le grand évêque de Chartres, saint Yves, qui se connaissait en hommes, faisait grand cas de son mérite; les lettres qu'il lui a écrites en font foi. Enfin Orderic Vital le met, dans son *Histoire ecclésiastique*, au nombre des gloires du XIIe siècle.

Aubin ont consacrées à sa mémoire : « Nous vous annonçons la « mort du vénérable évêque Marbode, de glorieuse mémoire, « homme d'une grande éloquence, d'une piété plus grande « encore, et d'une vertu non moins éclatante. Sa profonde con- « naissance des lettres en avait fait l'homme le plus savant de « son époque; le sel de la sagesse assaisonnait tous ses dis- « cours; des paroles plus douces que le miel coulaient de ses « lèvres, et, bien que la France fût alors couverte d'hommes de « lettres, il était regardé comme le prince des orateurs et le « premier maître de l'éloquence. » (Hauréau, *Gall. Christ.*, col. 747.)

Le B. Hildebert, qui dans la suite lui succéda sur le siége de Tours, occupait alors celui du Mans. Son nom rappelle la vertu persécutée. C'est dire ses démêlés avec Guillaume le Roux, roi d'Angleterre; les troubles occasionnés dans son diocèse par un certain hérétique, nommé Henri; sa captivité de Mortagne et, plus tard, ses démêlés avec le roi de France. Hildebert était homme de lettres; nous avons de lui un grand nombre d'ouvrages en tout genre. Sa vertu n'était pas moindre que sa science, aussi n'est-il connu dans l'histoire que sous le nom de bienheureux Hildebert.

Saint Pierre II, évêque de Poitiers, n'a point laissé, comme les prélats dont nous venons de parler, la réputation d'un savant; son nom mérite cependant d'être conservé parmi les hommes comme le type d'un grand caractère. L'intrépidité avec laquelle il sut reprocher au duc d'Aquitaine l'infamie de sa conduite, son exil et sa mort à Chauvigny ont placé sur sa tête l'auréole des confesseurs. Le diocèse de Poitiers l'honore comme un saint.

Dans le même temps, saint Bertrand de Comminges illustrait par ses vertus la province d'Auch. Fils d'Othon Raymond et d'une sœur de Guillaume Taillefer, comte de Toulouse, ce saint évêque dut moins son illustration à la noblesse de sa famille qu'à ses talents et à sa piété. Son long épiscopat fut consacré tout entier au bien spirituel et même temporel de son peuple. Comminges lui doit ses remparts, ses embellissements et sa gloire; et c'est reconnaissante de ses bienfaits qu'elle en a pris le nom. Les nombreux miracles opérés au tombeau de Bertrand déterminèrent un de ses successeurs sur le siége de Comminges, le pape Clément V, à le mettre au nombre des saints.

A la suite de ces prélats illustres doivent naturellement prendre place le B. Robert d'Arbrissel et ceux de ses disciples qui appartiennent aux provinces comprises dans la légation de Girard : Raoul de la Futaye, Giraud de Sales et Pierre de l'Etoile. Robert, qui doit son nom d'Arbrissel à un petit bourg de Bretagne (1) où il prit naissance (1047), fut archidiacre de Rennes, chancelier du duc de Bretagne, missionnaire apostolique et fondateur de l'ordre et de la célèbre abbaye de Fontevrault.

Des disciples de Robert d'Arbrissel le plus illustre est Raoul de la Futaye. Raoul appartient au Poitou. Il était religieux dans la célèbre abbaye de Saint-Jouin-de-Marnes lorsque arriva jusqu'à lui le nom du solitaire de Craon. Dans la suite, il se sépara de son maître pour aller fonder en Bretagne, dans le Maine et dans l'Anjou, des monastères très-florissants.

Un autre disciple de Robert d'Arbrissel, le B. Pierre de l'Etoile, était un pauvre ermite des bords de la Creuse dont la sainteté avait déjà rendu Fontgombaud célèbre. Avant de jeter de l'autre côté de la rivière les fondements de l'abbaye que le nombre de ses disciples rendait nécessaire, Pierre de l'Etoile voulut s'instruire plus parfaitement des maximes de la vie

---

(1) Ce bourg s'appelle aujourd'hui Arbressec.

religieuse, et se fit pendant quelque temps disciple de Robert d'Arbrissel. Il mourut dans son monastère de Fontgombaud (1114).

Le B. Giraud de Sales, pour qui Robert d'Arbrissel avait une affection toute particulière, a rendu son nom célèbre par les nombreuses fondations qu'il fit en Guyenne, en Périgord et dans le Poitou. Le diocèse d'Angoulême lui doit l'abbaye de Bournet. Il mourut, d'après la Chronique de Maillezais, en l'année 1120.

Tels étaient les hommes dont le concours était assuré d'avance à l'évêque d'Angoulême pour la réforme des abus qui compromettaient le bien dans l'Eglise.

Angoulême était encore dans la joie que lui avait causée l'honneur insigne fait à son pontife, lorsqu'elle reçut dans ses murs un illustre étranger. Je veux parler du voyage que fit dans cette ville, dès les premiers jours de la légation de Girard, Robert d'Arbrissel, de sainte mémoire. Girard n'était encore que simple professeur lorsque ce missionnaire vraiment apostolique jetait, dans un vallon solitaire de la forêt de Fontevrault, les fondements de l'ordre illustre qui en porte le nom (1101). Le saint évêque de Poitiers, Pierre II, touché des grandes vertus qui s'y pratiquaient, s'était déclaré, dès le commencement, le protecteur de cette sainte congrégation. Laissant Robert évangéliser son diocèse, Pierre avait entrepris le voyage de Rome: il avait vu le saint-père, le pape Pascal, et il en avait obtenu sans peine, contre son attente, une bulle d'institution canonique en faveur de l'ordre naissant (25 avril 1106). A la demande du pape, les fidèles s'étaient empressés d'apporter à Fontevrault de riches offrandes ; néanmoins beaucoup de choses manquaient encore, les bâtiments étaient loin d'être achevés. C'est sur ces entrefaites que l'évêque d'Angoulême, *qui était*, dit l'histoire, *dans une réputation extraordinaire*, reçut le bref de légat. Se rendre auprès du nouveau légat, solliciter de sa bonté une lettre de recommandation en faveur de ses religieuses, parut être à Robert le moyen le plus sûr de ranimer le zèle attiédi des âmes pieuses. Girard, comprenant que l'œuvre du saint homme était moins son œuvre que celle de Dieu, le reçut avec une grande bienveillance et s'empressa de lui accorder ce qu'il demandait. Il écrivit donc :

« Girard, évêque d'Angoulême et légat de la sainte
« Église romaine, à nos vénérables frères les ar-
« chevêques, évêques, et autres prélats établis en
« l'étendue de notre légation, salut et bénédiction.

« Nous mandons à votre charité et la prions de
« recevoir avec bienveillance les envoyés des reli-
« gieuses de Fontevrault, porteurs des présentes, et
« d'enjoindre, par lettres en bonne forme, aux pas-
« teurs des paroisses soumises à votre juridiction, de
« mettre avec charité à leur disposition et leurs mai-
« sons et leurs églises, et de recommander avec in-
« stances à leurs paroissiens de contribuer de leurs
« biens à achever les constructions du saint et véné-
« rable monastère de Fontevrault, et à nourrir les

« religieuses qui y servent Dieu continuellement, afin
« que les peuples, par ce moyen, puissent obtenir du
« Tout-Puissant la grâce d'une véritable pénitence et,
« par elle, la rémission de leurs péchés, et méritent
« d'avoir part aux suffrages et aux prières de ces
« saintes filles. Nous ordonnons de plus que dans les
« villes, châteaux et cités qui seraient en interdit, où
« les porteurs des présentes pourraient arriver, on
« ne laisse pas de sonner les cloches et de s'assem-
« bler dans la principale église, s'il y en a plusieurs,
« pour y dire les vêpres, le soir, et y chanter la
« messe le lendemain, en séparant toutefois les ex-
« communiés et en gardant les autres conditions de
« l'interdit (1). »

Cette recommandation du légat fut bientôt suivie de son effet, dit l'historien de la vie du B. Robert d'Arbrissel. Non-seulement le monastère de Fontevrault put achever ses magnifiques bâtiments, mais il devint encore riche de plus de cent mille livres de revenus (2) : aussi pouvons-nous placer dès maintenant l'évêque d'Angoulême parmi les bienfaiteurs insignes de l'ordre de Fontevrault. Hâtons-nous d'ajouter que cette illustre congrégation n'oublia jamais les droits que Girard avait à sa reconnaissance.

Le B. Robert d'Arbrissel venait de prendre congé du légat, lorsque ce dernier entreprit un assez long voyage en Bretagne. Leur dernier évêque étant mort, le clergé

---

(1) *Pièces justif.*, n° 1.
(2) Pavillon, *Vie de Robert d'Arbrissel*, ch. XLI, p. 135.

et le peuple de Dol avaient choisi pour lui succéder un homme d'un grand mérite, Vulgrin, chancelier de l'Église de Chartres, qui refusa cet honneur. En vain les habitants de Dol envoyèrent-ils des députés au concile de Troyes (5 mai 1107), où l'humble chancelier représentait saint Yves de Chartres, son évêque, qu'une maladie avait empêché de s'y rendre; en vain le pape joignit-il ses instances à celles des députés de Dol; tout fut inutile: Vulgrin s'opiniâtra dans son refus. Pascal ne voulut point user de son droit ni faire violence plus longtemps à l'humilité du chancelier; force fut donc de procéder à une nouvelle élection. Les suffrages se portèrent cette fois sur le célèbre Balderic ou Baudri, abbé de Bourgueil, qui accepta la dignité qui lui était offerte (1108). En sa qualité de légat, Girard fut prévenu de l'élection; il l'approuva et voulut être le consécrateur de Baudri. Pascal II nous apprend que le sacre du nouvel archevêque se fit dans la cathédrale de Dol; il ne dit point quels étaient les évêques assistants. Ce voyage du légat à Dol était nécessité par le triste état des Églises de Bretagne. Pour s'en convaincre il suffit de lire la lettre de Pascal *aux suffragants, au clergé et au peuple de Dol.* « Comme
« nous l'avons appris, dit le pape, le mal a fait parmi
« vous tant de progrès que toute trace de christia-
« nisme semble s'effacer dans votre contrée; et, ce
« que je ne puis dire sans une vive douleur, ce ne sont
« pas les laïques seulement, mais les clercs, mais
« les moines eux-mêmes qui préparent cet infernal
« triomphe. C'est pour arrêter, avec l'aide de Dieu, le

« mal qui a besoin de répression, pour raffermir le
« bien qui chancelle, que nous avons fait légat de votre
« province notre vénérable frère *Girard, évêque d'An-*
« *goulême*. Ses lettres nous ont appris que, pour
« faire disparaître de votre contrée les iniquités qui
« la souillent, *il a sacré dans l'église de Dol notre vé-*
« *nérable frère Baudri*. A cause de cette situation si
« critique et si pressante, nous avons accordé à notre
« vénérable frère Baudri, archevêque de Dol, le pal -
« lium, c'est-à-dire la plénitude du pontificat, pour
« qu'il en use comme ses prédécesseurs. Nous ordon-
« nons donc à votre charité de le craindre comme un
« père, de lui obéir comme à un maître, de l'aimer
« tendrement comme le pasteur de vos âmes, afin que,
« avec le secours de ses conseils et de ses prières,
« votre Église retrouve son ancien éclat, la religion
« reprenne son empire et le conserve à jamais avec
« l'aide de Dieu (1). »

Cette plaie profonde, que déplore ici Pascal II avec tant d'amertume et qu'il laisse à Girard et à Baudri le soin de cicatriser, avait une autre cause que les malheurs du temps ; elle se rattachait à la grande secousse politique qui venait d'agiter la Bretagne. C'était l'époque où les comtes de ce pays brisaient les liens de la vassalité, pour constituer sur ses ruines leur propre indépendance. Jusqu'à ce jour, Dol avait reconnu l'Église de Tours pour sa métropole ; mais Tours était des

---

(1) D. Martène, *Thes. nov. anecd.*, t. III, 882. Ad suffraganeos, clerum et populum Dolensem (1109).

États du roi. Les ducs de Bretagne comprenaient qu'un peuple qui recourrait à Tours pour le spirituel, tôt ou tard reviendrait à l'unité politique à laquelle on l'avait si brusquement arraché. Pour assurer leur œuvre, ils travaillèrent donc avec une persévérance infatigable à briser tous les liens spirituels qui rattachaient l'église de Dol à la métropole. C'était, en petit, l'histoire du schisme des dix tribus sous Jéroboam. A partir de ce moment (846), commence entre Dol et Tours la grande querelle de la primatie, querelle qui ne put être terminée qu'après plus de trois siècles de luttes. Pascal nous a déjà dit ce que devenait la sainte discipline de l'Église au milieu de tous ces bouleversements politiques et religieux.

C'est probablement en revenant de ce voyage de Bretagne que l'évêque d'Angoulême confirma au monastère de Notre-Dame de Noyers, au diocèse de Tours, une donation qui venait de lui être faite. Un seigneur de Sainte-Maure, nommé Hugues, avait deux fils, Goscelin et Hugues, qui ne respiraient que la gloire militaire et qui l'avaient trouvée ; leur vaillance était connue. Le métier des armes est souvent périlleux et la fortune n'y sourit pas toujours. Un jour, c'était en l'année 1108, Goscelin et Hugues tombèrent dans une embuscade et furent tués : ils avaient été trahis. Grande, on le comprend, fut la douleur de leur père. A la première nouvelle de ce double malheur, les moines de Noyers accoururent et transportèrent les corps inanimés de ces deux vaillants guerriers dans leur monastère, où ils leur donnèrent, sous le porche de leur

église, une sépulture honorable. Touché de ce procédé délicat, Hugues, le père de ces deux illustres défunts, se rendit avec toute sa suite au chapitre de Notre-Dame de Noyers, et, pour le salut de son âme, de celles de ses fils, Guillaume, Goscelin et Hugues, et de celles de toute sa famille, donna à Dieu, à Notre-Dame et aux moines de ce lieu, l'église de Sainte-Maure avec le *juniorat* (1), les offrandes, tous les revenus, les droits de sépulture et tous les autres droits que les chapelains de ladite église avaient tenus jusque-là de sa libéralité. « Peu de temps après, disent
« les annales de Notre-Dame de Noyers, le légat du
« siége de Rome, Girard, évêque de la ville d'Angou-
« lême, vint à Noyers, et, à la demande de l'abbé
« Etienne, de ses moines et dudit Hugues, se rendit
« aux tombeaux desdits frères Goscelin et Hugues,
« et là, adressant pour eux des prières au Seigneur,
« de toute l'autorité apostolique dont il était revêtu,
« leur donna l'absolution de tous leurs péchés. Alors
« Hugues fit confirmer par le légat la donation qu'il
« avait déjà faite au monastère de Noyers de l'église
« de Sainte-Maure. Témoins : l'abbé Etienne, sa con-
« grégation et les clercs de la ville d'Angoulême qui
« avaient accompagné le légat; Hermann de Sainte-
« Maure; Simon; Ulric, prêtre. L'archevêque de
« Tours, Rodolphe ou Raoul, consentit à son tour
« à cette donation et déposa entre les mains de

(1) Office de vicaire ou desservant et droit de nommer à cet office. Ce mot n'est plus usité.

« l'abbé Etienne la donation de l'église de Sainte-
« Maure, accordant à l'église de Noyers, non-seule-
« ment ce que Hugues lui donnait présentement, mais
« encore tout ce qu'il plairait plus tard audit Hugues
« ou à ses héritiers de lui donner dans l'église de
« Sainte-Maure. L'archidiacre Gillebert, neveu de
« l'archevêque, en présence de qui se fit la charte, y
« souscrivit. Rodolphe et l'abbé de Noyers se trans-
« portèrent ensuite à Sainte-Maure, et là, en présence
« de tout le peuple, l'archevêque de Tours donna à
« Etienne l'investiture de cette église par les clefs de
« la dite église et les cordes du clocher (1). »

Pendant que le baron de Sainte-Maure pleurait ses fils et que l'évêque d'Angoulême s'associait à sa juste douleur, le roi Philippe Ier, qui s'efforçait de réparer, par les austérités de la pénitence, le scandale qu'il avait donné à la France et à l'Europe chrétienne, mourut à Melun (28 juillet 1108). Les seigneurs français transportèrent son corps, avec grande pompe, au monastère de Saint-Benoît-sur-Loire, que le roi avait choisi lui-même pour le lieu de sa sépulture, ne s'étant pas jugé digne d'être enterré à Saint-Denis avec ses prédécesseurs. Quelques jours après cette funèbre cérémonie, Louis son fils, voulant prévenir les troubles qu'on avait à craindre de la part de quelques esprits factieux, se fit sacrer à Orléans (3 août 1108).

Nous placerons encore vers le même temps plusieurs

(1) Bibliothèque de la ville de Poitiers ; Cartulaire mss. de l'abbaye de Noyers.

affaires dans lesquelles Girard ne paraît que comme témoin. Les chanoines de Saint-Pierre ayant fait chanoine un certain Geoffroy d'Angoulême, son père, qui portait le même nom (1), se rendit au chapitre de notre cathédrale, et, en présence de l'évêque Girard, d'Itier, fils d'Archambaud; de Robert Ponchat et des autres chanoines, donna à Saint-Pierre la moitié du mas de la Grause. Peu de temps après, Robert d'Angoulême, frère du donateur, donna à Saint-Pierre l'autre moitié du même mas et son fils Geoffroy, que les chanoines agrégèrent également à leur chapitre (2).

Une autre donation, faite au même chapitre de Saint-Pierre, dont Girard fut l'intermédiaire, est celle d'un bois situé entre le pont de la Touvre et les prairies de nos comtes, et des terres qui en dépendaient. Le donateur était Aizon Ostent, qui ne faisait, en cette circonstance, que renouveler la donation d'Audoin Ostent, son frère, du prévôt Hugues et de Guillaume de Pierrebrune ou de Rochebrune. Ces deux derniers tenaient d'Audoin Ostent le bois et la terre en question (3).

C'est encore entre les mains de Girard, évêque d'Angoulême et légat de la sainte Église romaine, que Hugues de Sales et son frère Itier renoncèrent aux injustes prétentions qu'ils avaient fait jusque-là

(1) Au moyen âge, les noms de famille n'étaient pas connus; on portait seulement le nom de baptême, auquel on ajoutait quelquefois des surnoms qui sont devenus des noms de famille.
(2) Cart. mss. du chapitre de Saint-Pierre d'Angoulême.
(3) *Ibid.*

valoir sur la dîme de l'église de Saint-Groux, dîme qui appartenait aux chanoines de Saint-Pierre-d'Angoulême (1).

Enfin, ce même évêque ménagea un accommodement entre ses chanoines et les moines de Saint-Martin de Limoges. L'Église d'Angoulême possédait à Poitiers, dans la paroisse de Saint-Hilaire, sur la hauteur, une terre que, de l'avis de ses chanoines, l'évêque Rohon de Montaigu avait donnée aux moines de Saint-Martin de Limoges. L'acte de donation avait-il été mal rédigé, ou le temps, qui efface tout, avait-il effacé les souvenirs du chapitre d'Angoulême et grossi ses prétentions? Bref, une discussion s'éleva : les chanoines de Saint-Pierre exigeaient des moines de Saint-Martin une rente de cinq livres de poivre, que ces derniers leur refusaient, affirmant que l'acte de cession de la terre de Saint-Hilaire ne les obligeait à donner aux chanoines que trois livres de poivre ou cinq sous d'argent (2). Prenant conseil

(1) Cartul. mss. du chapitre de Saint-Pierre d'Angoulême.
(2) Aujourd'hui que le commerce couvre les mers de ses vaisseaux, que la vapeur abrége les distances, il paraîtra sans doute étrange que quelques livres de poivre aient été la clause d'un contrat, aient pu fournir matière à procès et devenir l'objet d'une transaction solennelle. Qu'on n'oublie pas que nous sommes aux Xe et XIIe siècles. En ce temps-là Venise était en possession du commerce du Levant, et ses navires, chargés des épiceries et des précieuses denrées de l'Orient, ne pouvaient franchir le détroit de Gibraltar. Les Arabes en gardaient les deux rives. Les Vénitiens eussent-ils pu doubler sans danger la péninsule espagnole, qu'ils auraient rencontré devant les ports de

de Ménard (Cramail), grand chantre, et des autres membres du chapitre d'Angoulême, l'évêque Girard consentit à ne recevoir annuellement, à la fête de Noël, que trois livres de poivre, que l'abbé de Saint-Martin-lès-Limoges ou, s'il n'y avait pas d'abbé, les religieux de ce monastère, enverraient aux chanoines de Saint-Pierre. On stipula de plus que les moines de Saint-Martin doubleraient ce cens s'ils laissaient passer l'octave de Saint-Hilaire sans le payer. Cet accord est signé de l'évêque Girard, du grand chantre, d'Eldrad, chanoine, de Hugues le médecin, de

l'Océan, les pirates normands qui les infestaient. Pour éviter tous ces périls, ces marchands « vindrent demeurer à Lymoges, « auquel lieu establirent la Bourse de Venise, faisant apporter « les espiceries et autres marchandises du Levant, descendre à « Aigues-Mortes, puis de là les faisoient conduire à Lymoges « par mulets et voitures, puis de là à La Rochelle, Bretagne, « Angleterre, Ecosse et Irlande; lesquels Vénitiens demeurèrent « à Lymoges longuement et se tenoient près l'abbaye de Saint-« Martin, qu'ils réédifièrent sur les vieilles ruynes faites par les « Danois, jusques à ce que le destroit fut ouvert.... » (*Antiquités de Limoges*, ms. F., 129.)

On comprend maintenant pourquoi, traitant avec les moines de Saint-Martin, les chanoines de Saint-Pierre demandaient du poivre, et pourquoi leurs successeurs, un siècle plus tard, paraissaient encore si friands du poivre de Limoges, *de pipero lemovicensi*. Volontiers enfin nous verrions dans les cinq sous que les moines limousins reconnaissent devoir aux chanoines d'Angoulême, le prix approximatif de trois livres de poivre au commencement du XIIe siècle, et la confirmation du vieil adage: cher comme poivre.

Gérald, abbé de Saint-Martin-lès-Limoges, d'Étienne, prieur, et d'Albert, religieux dudit monastère (1).

L'année suivante (1109), il y avait grande réunion au château de La Rochefoucauld. L'évêque d'Angoulême y assistait avec plusieurs de ses chanoines : Ménard Cramail, Eldrad, Pierre Fescant, Guillaume, auxquels s'étaient joints Foucauld, abbé de Cellefrouin, et Odon, abbé de Châteaurenauld (2). Autour de Guy, seigneur de La Rochefoucauld, étaient groupés divers membres de sa famille : Emeric ou Aymar de La Rochefoucauld, sa femme, son fils, son gendre, Boson de Sannac, Guy, Foucauld de Salanza, Guillaume, fils de Jourdain, Aimar Tison. Il ne s'agissait ni de tournois ni de fêtes, mais uniquement de l'écluse des moulins de Châtelar (3). Laissons parler

---

(1) Pierre de Saint-Romuald (*Chronicon*, p. 5) attribue cette charte à l'évêque Gérard Malarte (1041); mais qui ne voit que Ménard Cramail, que nous retrouvons en 1113 occupant encore cette dignité, ne pouvait être grand chantre en 1041 ! Du reste, en 1041, l'évêque Gérard Malarte était-il bien à Angoulême ? L'histoire nous permet d'en douter.

(2) Hameau de la commune de Fontenille, arrondissement de Ruffec, canton de Mansle (Charente).

(3) Châtelar-la-Rivière, aujourd'hui commune et paroisse de Cherves, canton de Montembœuf (Charente) Châtelar, quelques années plus tard, acquit une bien autre célébrité par le miracle qu'y opéra saint Bernard en guérissant un enfant boiteux et manchot de naissance (1147). Ce fait, que M. E. Castaigne s'était contenté de signaler (*Rerum Engolism. Scriptores*, fascicul. I, not. G, p. 88-89) sans en préciser le temps et le lieu, M. Arbellot, curé-archiprêtre de Rochechouart, l'a discuté avec

Émeric : « Après bien des discussions, j'ai donc mis
« fin à ce procès en abandonnant absolument, entre
« les mains du seigneur évêque Girard, à Dieu, à
« Saint-Pierre d'Angoulême et aux chanoines de
« cette église, les droits que je pouvais avoir sur
« l'écluse, sur l'eau de l'écluse et sur la jonction de
« cette écluse à la terre de (Hunor), et, posé que
« mes prétentions fussent injustes, je les ai toutes
« abandonnées entre les mains dudit évêque de façon
« à m'interdire à l'avenir, non moins qu'à mes hé-
« ritiers, tout acte tendant à troubler la jouissance
« des chanoines. Mon fils Émeric a suivi mon exem-
« ple et a fait le même abandon de ses droits entre
« les mains dudit évêque d'Angoulême. J'ai accordé
« de plus aux chanoines la faculté de changer l'écluse
« de place et de la faire reconstruire, selon leur bon
« plaisir, au lieu où elle était du vivant de mon
« père. » Girard, de son côté (qui dicta cette charte),
soumet à l'anathème et prive du corps de Notre Seigneur Jésus-Christ celui, laïque ou ecclésiastique,
qui enfreindra cet accord et refusera, après la seconde
et la troisième monition, de venir à résipiscence (1).

Cette affaire terminée, le légat se rendit à Loudun,
où l'appelait le concile qu'il avait indiqué (19 octobre 1109). Celui de Nantes ne regardait, pour ainsi

---

sa critique judicieuse dans notre *Semaine religieuse* (n° 30,
p. 454-456, 25 septembre 1864). Qu'il est à regretter que, peu
soucieux de leur gloire, les habitants de Châtelar aient laissé
tomber en ruines leur vieille église !

(1) *Pièces justif.*, n° 2.

dire, que la Bretagne. Au concile de Loudun avaient été convoquées toutes les provinces de la légation. Il s'agissait de l'état de l'Eglise, *de statu Ecclesiæ.* Evêques et abbés se rendirent avec empressement à l'invitation de Girard. Assemblés dans la basilique de Notre-Dame de Loudun, les Pères du concile avaient déjà traité plusieurs affaires qui intéressaient l'honneur de l'Église, lorsque leur fut soumise la plainte des moines de Tournus contre l'évêque de Nantes et ses chanoines, à l'occasion de l'église de Saint-Viaud, près de Nantes. Dès le lendemain, dans le réfectoire du monastère, le légat, assisté de l'archevêque de Bordeaux, des évêques de Poitiers, d'Angers, du Mans et de Rennes, des abbés de Saint-Jean d'Angely, de Saint-Cybard, et de plusieurs autres personnes ecclésiastiques, écouta les raisons des parties et leur déféra le serment. « Ce serment canoniquement reçu,
« dit Girard, le jour suivant, en présence de tout le
« concile, en présence et sur les ordres de l'évêque
« de Nantes, son archidiacre nous a présenté en signe
« d'investiture de ladite église (Saint-Viaud) le pri-
« vilége qu'il avait à la main, et, sur le jugement et
« de l'assentiment des archevêques, des évêques,
« des abbés et de toute l'assemblée, nous avons
« transmis solennellement, par le même privilége,
« cette investiture au prieur de Cunault et aux dits
« moines, en réservant toutefois les droits canoniques
« de l'église de Nantes (1). »

(1) *Pièces justif.*, n° 3.

Parmi les signataires de ce jugement nous voyons figurer l'abbé de Saint-Martin de Marmoutiers. Guillaume, c'est le nom de l'abbé, n'avait pas entrepris le voyage de Loudun uniquement pour assister au concile. Une discussion s'était élevée entre son monastère et les chanoines de Chemillé à l'occasion de l'église de Saint-Etienne. Pour mettre fin à ce procès, Girard s'était déjà transporté à Angers. Les chanoines et les moines avaient exposé devant lui leurs raisons; mais la salle des novices du monastère de Saint-Aubin, où devait se juger l'affaire, n'avait pu devenir le lieu de la concorde. Les parties entendues, lorsqu'il s'était agi de prononcer la sentence, les avis avaient été partagés. L'évêque d'Angoulême avait donc été obligé d'ajourner l'affaire jusqu'au concile de Loudun. « Après la clô-
« ture du concile, dit le légat, nous avons convoqué
« nos vénérables frères les évêques qui y avaient as-
« sisté, et avec eux nous nous sommes scrupuleu-
« sement occupés du jugement de ladite affaire. D'un
« commun accord nous avons défini et réglé que la
« chapelle de Saint-Etienne dépendrait et serait tou-
« jours unie à l'église paroissiale, bâtie en l'honneur
« du B. Pierre, apôtre, et qu'ainsi les moines possé-
« deraient la mère et la fille. Prononcèrent avec nous
« ce jugement : Arnauld (de Chabenac), archevêque
« de Bordeaux; Pierre (de Soubize), évêque de Sain-
« tes; Pierre, évêque de Poitiers; Marbode, de
« Rennes; Hildebert, du Mans (1). » Ce jugement

(1) *Pièces justif.*, n° 4.

fut rendu dans l'église de Notre-Dame de Loudun.

D. Lobineau nous apprend enfin que, dans le même concile de Loudun, fut confirmée la donation que Benoît leur avait faite de l'église de Saint-Médard de Doulon, près des murs. Antérieurement à cette donation, l'évêque de Nantes avait chargé des chanoines réguliers de Saint-Augustin de desservir cette église. Ces bons chanoines, il paraît, n'avaient de régulier que le nom, car, peu de temps après leur installation à Saint-Médard, l'office canonial ne s'y célébrait que par intervalle et bien rarement. Benoît gémissait en son cœur de ces omissions coupables, et plus d'une fois il s'était présenté à leur chapitre pour en faire aux chanoines de douces réprimandes. Ses remontrances étant restées sans effet, le saint prélat avait menacé ces serviteurs infidèles de leur enlever leur église, pour la donner à de plus fervents adorateurs de Dieu. Ne voulant pas se corriger, et comprenant qu'ils ne pourraient rester en possession de Saint-Médard malgré l'évêque de Nantes, les chanoines allèrent trouver l'abbé de Saint-Nicolas d'Angers, et, feignant d'embrasser la règle de sa communauté, mirent leur église sous sa dépendance. Ils se flattaient de parer ainsi le coup qui les menaçait. Ruse inutile ; Benoît ne se déconcerta pas, les fit venir dans son palais épiscopal, et là leur signifia qu'il allait s'occuper immédiatement à les remplacer par des ministres plus agréables à Dieu. L'évêque écrivit donc à l'abbé de Marmoutiers pour lui proposer l'église de Saint-Médard de Doulon. L'abbé se rendit avec empressement aux désirs de l'évêque et fit partir aussitôt pour Nantes Guillaume, prieur de son monastère, qui autrefois avait été archidiacre de Rennes. L'évêque de Nantes donna à ce religieux l'investiture de Saint-Médard, en présence et avec l'agrément des archidiacres de son église, Rivallon et Geoffroy, du consentement de Harscoët de Saint-Pierre, de qui l'église de Saint-Médard relevait pour le temporel. Ceci se passa au chapitre de l'Église de Nantes, en l'année 1109. Peu de temps après, Benoît se rendit au concile de Loudun. Nous savons le reste. Le légat félicita l'évêque de Nantes d'avoir substitué, dans le gouvernement de l'église de Saint-Médard, les moines de Marmoutiers aux chanoines, si peu réguliers, qui la desservaient (1).

La querelle des moines de Tournus et de l'évêque de Nantes, celle des moines de Marmoutiers et des chanoines de Chemillé, la donation de l'église de Saint-Médard de Doulon à l'abbaye de Saint-Martin de Marmoutiers, la présence à Loudun des archevêques de Bordeaux et de Dol, des évêques de Poitiers, de Saintes, d'Agen, de Périgueux, d'Angers, du Mans, de Rennes, de Nantes, de Vannes, des abbés de Vendôme, de Maillezais, de Marmoutiers et de Saint-Florent de Saumur, voilà tout ce que nous savons de ce concile dont les actes sont perdus.

Pendant que Girard délibérait, à Loudun, *sur l'état de l'Église*, et prononçait les arrêts dont nous venons

(1) D. Lobineau, *Hist. de Bretagne*, t. II, Preuves, col. 268.

de parler, un grand scandale éclatait à Mauriac, prieuré dépendant de l'abbaye de Saint-Pierre-le-Vif, à Sens. La nuit qui suivit la Nativité de la sainte Vierge, Pierre de Saint-Balderic ou Baudri, doyen de Mauriac, avait fait jeter en prison le chapelain de cette église et lui avait fait arracher les yeux. Les seigneurs et les bourgeois de Montclard, de Salers, d'Escorailles et de Mauriac avaient été les instruments de cette cruauté. Le tort du pauvre chapelain était d'avoir cité devant Arnaud, abbé de Saint-Pierre-le-Vif, pour quelques dommages qu'il lui avait causés, l'indigne doyen de Mauriac. A la nouvelle de cet horrible attentat, l'abbé de Sens manda les coupables à son tribunal (quatre des moines partageaient le crime du doyen), mais ils ne comparurent point. Arnaud eut alors recours à Richard d'Albano, qui lui donna une lettre pour l'évêque de Clermont, Pierre Ier le Roux, dans laquelle le légat ordonnait à cet évêque de punir le cruel doyen, et de rendre justice au chapelain et à l'abbé de Saint-Pierre de Sens. L'évêque feignit d'obéir, mais ne fit rien. Arnaud se rend alors à Mauriac, et somme Pierre de Saint-Balderic de s'expliquer devant Pierre, abbé d'Aurillac, Pierre, abbé de Saint-Martin de Tulle, de Rodulfe, prieur de la Chaise-Dieu, qu'il avait pris pour assesseurs. Le coupable, soutenu de quelques gens de guerre, d'un grand nombre de laïques et surtout d'un archiprêtre nommé Pierre de Sennes, refuse de répondre aux accusations portées contre lui, et, de l'aveu de l'évêque de Clermont, en appelle à sa justice. Ce subterfuge ne réussit pas. L'abbé de Saint-Pierre-le-Vif, conformément à la sentence des juges susdits, excommunie le doyen et les quatre moines, ses complices, et leur interdit l'entrée du monastère. Cette juste rigueur ne fait qu'irriter les coupables. La fureur les aveugle. Aidés des mêmes gens de guerre qui avaient arraché les yeux du chapelain, ils pénètrent dans l'abbaye, souillent l'église de sang et pensent tuer l'abbé. Ces scènes scandaleuses se renouvellent chaque jour tout le temps de l'Avent ; les saints jours de Noël et de l'Epiphanie ne sont pas même respectés. Décidément, Mauriac était fatal à l'abbé de Sens. Arnaud, quelques années auparavant, revenait à cette église, où il avait installé doyen ce même Pierre de Saint-Balderic, après la déposition de Gaubert, qui s'était révolté contre son autorité, lorsqu'il tomba entre les mains des Robertins (1), qui l'emmenèrent prisonnier à Ventadour. O inconstance et vanité des choses humaines ! Il ne dut alors sa liberté qu'à ce même évêque de Clermont qui prenait aujourd'hui parti pour ses nouveaux persécuteurs.

Le sang versé dans une des attaques nocturnes dirigées contre le monastère de Mauriac en ayant pollué l'église, l'abbé de Saint-Pierre-le-Vif pria l'évêque de Clermont de la faire réconcilier. Le prélat refusa, accordant seulement aux moines fidèles de faire l'office dans l'oratoire de Saint-Benoît, sans aucun

---

(1) Les Robertins étaient une bande de soldats qui s'était formée dans la contrée.

son de cloches. La partialité de Pierre était par trop criante. Notre évêque, Girard, l'archevêque de Bourges, métropolitain de l'évêque de Clermont, cet évêque, l'archevêque de Bordeaux, Arnaud de Chabenac, étaient alors assemblés à Cuau (lieu situé, dit D. Ceillier, dans la Combraille, au voisinage de Clermont et de Limoges); Arnaud leur porte sa plainte. L'évêque fut blâmé de n'avoir pas obéi aux ordres du légat Richard, et on lui ordonna de rendre pleine justice à l'abbé de Sens. Nouvelle résistance de l'évêque de Clermont; il méconnaît l'autorité du légat d'Aquitaine comme il avait déjà méconnu celle de Richard d'Albano. Enfin le roi de France, Louis VI le Gros, parla. Devant son autorité souveraine, Pierre Ier s'inclina. Sa soumission n'était cependant pas entière; il refusa, on ne sait pourquoi, d'excommunier quelques-uns des coupables. Sur ces entrefaites, il tint son synode. Le légat Richard, qui venait de recevoir du pape de nouveaux ordres, s'y rendit, et là, en présence de tous ses prêtres, força l'évêque de Clermont d'excommunier tous les complices du crime qui avait privé de la vue le chapelain de Mauriac. Ceci se passait à la Pentecôte de l'année 1110. Le premier octobre de la même année, le légat Richard, les archevêques Daimbert de Sens, Raoul de Reims (1), Raoul de Tours et Léger

---

(1) Daimbert et Raoul ont acquis dans l'histoire une certaine célébrité : le premier de ces prélats par la tempête que souleva son refus de reconnaître la primatie de l'église de Lyon, dont Hugues, légat du saint-siége, était alors archevêque; le second,

de Bourges, les évêques et les abbés de leurs provinces s'assemblaient à Fleury (1), dans le célèbre monastère de Saint-Benoît. A la fin du concile, en présence de Pierre, évêque de Clermont, Richard excommunia tous ceux, clercs ou laïques, qui s'opposeraient à l'avenir, par voie de justice ou autrement, à la nomination ou au changement que feraient du doyen de Mauriac les abbés de Saint-Pierre-le-Vif et de Saint-Savinien. La cause était définitivement jugée, et la paix signée (2).

par l'étroite amitié qui l'unissait à saint Bruno, et par ses inutiles efforts pour faire triompher, à l'occasion du sacre de Louis VI le Gros, les prétentions de son église touchant le sacre des rois de France.

(1) Fleury, aujourd'hui Saint-Benoît-sur-Loire (Loiret), arrondissement de Gien.

(2) Labbe, *Concil.*, t. X, col. 765-766, et *Gallia Christ.*, t. II, col. 266-267. Nous ne savons pourquoi D. Ceillier transporte à l'abbaye de Mozac (Puy-de-Dôme) cette discussion que le texte de la chronique de Saint-Pierre-le-Vif, les lettres du légat Richard d'Albano, les lieux habités par les premiers juges et par les tristes héros de cette affaire, indiquent suffisamment s'être passée à Mauriac (Cantal). Si quelque doute restait encore à ce sujet, qu'on lise dans D. Mabillon (*Vetera Analecta, nova editio*, p. 341) le journal de la visite faite, un siècle plus tard (1287), par Simon, archevêque de Bourges, dans le diocèse de Clermont : « 11 Maii, Dominicâ visitavit monasterium de Mozac, abbate absente. » A la page suivante, parmi les lieux que ne visita pas cette année le patriarche, on lit : « Prioratus de Mauriac, qui subest abbatiæ sancti Petri Vivi senonensis, et est ibi Decanus. » Qu'il nous soit donc permis de regretter que le nouvel éditeur de D. Ceillier (*Hist. des Auteurs sacrés et ecclés.*,

L'année 1110 commençait tout autrement dans le diocèse d'Angoulême. Le 19 janvier, à Grassac, Robert de Marthon et sa famille restituaient les biens qu'ils avaient usurpés sur l'église de Saint-Pierre d'Angoulême. Laissons la parole au seigneur de Marthon :

« L'an de l'Incarnation du Seigneur 1110, indic-
« tion III, sous le règne de Louis, roi de France,
« Guillaume et Hugues mes frères, ma mère Pétro-
« nille et moi, Robert de Marthon, craignant que le
« sacrilége ne compromît le salut de nos âmes et ne
« les exposât à la damnation, nous avons abandonné
« entre les mains du seigneur Girard, évêque d'An-
« goulême, tous les droits que nous pouvions avoir
« sur le quart de l'église d'Aent (Ains), située dans
« la châtellenie de Matha, en Saintonge; sur le quart
« du cimetière, de la dîme et du casuel de ladite
« église, église qui depuis longues années était l'alleu
« de l'église Saint-Pierre d'Angoulême, et, à ce titre,
« faisait partie de la manse des évêques d'Angoulême.
« Il était, en effet, hors de doute que l'église d'Aent
« était l'alleu de Saint-Pierre d'Angoulême, et qu'elle
« appartenait aux évêques de ce siége. Par cette ces-
« sion du quart de ladite église et de toutes ses ap-
« partenances, par cet abandon entier des droits que
« nous pourrions avoir, nous avons voulu assurer au
« même Girard, évêque d'Angoulême, et à tous ses

t. XIV, IIe partie, ch. LXXXVI, p. 1083, n°s 29 et 30) n'ait pas corrigé cette erreur du savant bénédictin.

« successeurs la jouissance paisible de ces biens et
« renoncer, nos héritiers et nous, à troubler dans sa
« possession ledit évêque et ses successeurs, à per-
« cevoir sur ladite partie de cette église le moindre
« cens ou le plus léger impôt. Hugues de Marthon,
« notre père, à la fin de sa vie, alors qu'il mettait
« ordre aux affaires de sa maison, avait donné à Dieu,
« à Saint-Pierre et aux évêques d'Angoulême, le droit
« de justice qu'il exerçait sur ladite partie de l'église.
« Ne voulant pas annuler le testament de notre père,
« nous avons exécuté déjà cette clause. Et, pour que
« cette charte ait plus de force et de certitude, nous
« l'avons tous signée de notre propre main en y tra-
« çant le signe de la croix. Furent témoins de cet ac-
« cord et de la confirmation de cette charte : Achard,
« archidiacre; Mainard, grand-chantre; Eldrad,
« Guillaume, fils d'Audoin, chanoines; Guillaume,
« chapelain de Montbron; parmi les gens de guerre :
« Pierre de Campaniac (Champagnac); Girauld de
« Grassac; Guillaume, fils de Robert; Arnauld Mi-
« chel et beaucoup d'autres.

« Cet accord a été conclu, et cette charte confirmée
« à Grassac, le XIIII des calendes de février (19 jan-
« vier).

« Moi Hugues, j'ai plus tard (1) fait observer que,
« lorsque cette charte a été faite, j'étais enfant; mais

---

(1) Ce plus tard était au plus tôt en l'année 1120, puisqu'à cette époque seulement Richard succéda à Achard dans la dignité d'archidiacre.

« aujourd'hui, homme fait, je ratifie tout ce qui y est
« contenu, et, en preuve, j'y ai tracé de nouveau de
« ma propre main le signe de la croix.

« Les témoins sont : Richard, archidiacre; Guil-
« laume, trésorier; Raynaud de la Monnaie; Guil-
« laume, fils de Geoffroy; Gaschet le Gros; Fotcher
« ou Foucher Merevita, et beaucoup d'autres per-
« sonnes ecclésiastiques et laïques (1). »

Pendant que ses diocésains renonçaient ainsi à inquiéter son église d'Angoulême, l'évêque Girard demandait au pape de confirmer à cette église tous les biens qui lui appartenaient. Pour quiconque a étudié l'histoire du moyen âge dans les documents du temps, cette demande n'a rien qui étonne. Il faut se rappeler, en effet, de quel œil d'envie les seigneurs laïques regardaient alors les biens des églises, et combien de fois, succombant à la tentation, ils mirent la force au service de leur sacrilége convoitise. N'oublions pas non plus que, dans ces siècles de foi, l'autorité du pape était grande et respectée, et qu'elle servait de sauvegarde aux opprimés. La réponse de Pascal II ne se fit pas longtemps attendre; le 24 avril de cette même année 1110, il adressait à l'évêque d'Angoulême la bulle désirée.

« Pascal, évêque, serviteur des serviteurs de Dieu,
« à son vénérable frère Girard, évêque d'Angoulême,
« et à ses successeurs légitimes à perpétuité.

« Il convient que nous consentions aux vœux légi-

(1) Cartul. mss. du chapitre de Saint-Pierre d'Angoulême.

« times et que nous prêtions l'oreille aux justes de-
« mandes, nous qui, par la volonté de Dieu, sommes
« placé, bien qu'indigne, sur le siége élevé des
« princes des apôtres, Pierre et Paul, comme les
« gardiens et les hérauts de la justice. Répondant à
« votre juste demande, cher frère Girard, nous don-
« nons à la sainte église d'Angoulême que, par la
« grâce de Dieu, vous gouvernez, l'appui de l'autorité
« du siége apostolique. Nous avons, en effet, ordonné
« que vous ayez toujours, vous, vos successeurs et
« les clercs de l'église cathédrale des saints apôtres
« Pierre et Paul, la libre et entière jouisssance de
« tous les biens que l'on sait appartenir à cette église
« d'Angoulême. Parmi ces biens, les suivants ont paru
« devoir être désignés par leurs noms, savoir : . . .
« . . . . , ...
« . . . .
« . . . .
.« . . . .
« . . . .
« . . . . Nous ordonnons que les
« églises et les biens affectés à l'entretien des évê-
« ques ou des chanoines, que les évêques ou les pré-
« vôts en auraient distraits, soient rendus à leur pre-
« mière destination, et qu'on les y conserve à jamais.
« Et, pour qu'aucune personne ecclésiastique ou sé-
« culière n'ait la témérité de s'y opposer ou de l'em-
« pêcher, nous défendons encore, en vertu de l'auto-
« rité apostolique, qu'après votre mort ou celle de
« quiconque de vos successeurs, personne, absolu-

« ment personne, ne violente le clergé de votre église
« pour lui imposer un évêque. Nous voulons, confor-
« mément aux saints canons, que l'élection de l'é-
« vêque dépende toujours de la délibération des
« chanoines. Si quelque personne ecclésiastique ou
« séculière osait contrevenir sciemment à notre pré-
« sente constitution, et refusait, après une seconde et
« une troisième monition, de faire la réparation con-
« venable, qu'elle soit privée de la puissance et des
« honneurs de sa dignité; quelle sache que, pour
« cette iniquité, elle est sous le coup de la justice
« divine; qu'elle soit privée du corps sacré et du sang
« précieux de Jésus-Christ, notre Dieu et notre Ré-
« dempteur, et que, au jour du dernier jugement, elle
« ressente toutes les rigueurs du châtiment! Que la
« paix de Notre-Seigneur Jésus-Christ soit avec tous
« ceux qui respecteront les droits de cette même
« église d'Angoulême; qu'elle leur fasse produire en
« ce monde le fruit des bonnes œuvres, et qu'elle
« leur procure, auprès du souverain juge, la récom-
« pense du repos éternel! Amen! (1) »

Cette même année, nous retrouvons Girard à Marmoutiers avec Benoît, évêque d'Alet ou de Saint-Malo.
Le vicomte de Josselin, Josthon, avait donné à Saint-
Martin de Marmoutiers le quart de l'église de Notre-
Dame de Josselin; restait une formalité à remplir : la
confirmation par l'évêque d'Alet de cette pieuse libéralité du vicomte. Benoît montrait, il paraît, peu d'em-

---

(1) *Pièces justif.*, n° 5.

pressement à faire ce qu'on lui demandait. Le légat intervint, et c'est à son intervention, dit la charte, qu'il faut attribuer l'heureuse conclusion de cette affaire : « Rogante et suggerente domno Girardo, Apos-
« tolicæ sedis legato. » « J'ai fait ce don, dit Benoît,
« en déposant dans la main de Guillaume, abbé de
« Marmoutiers, au réfectoire, en face de la porte de
« sa cellule, le couteau de Raoul, prieur de Josselin.
« Les témoins étaient : Girard, légat ; Guimar, mon
« frère ; Guillaume, abbé de Marmoutiers ; Tétau de
« Colombiers ; André de Gomez ; Pierre du Lorroux
« et Guérin de Lanrigant.

« Fait l'an de l'Incarnation du Seigneur M. C. X. (1). »

Parmi les lettres du cardinal Geoffroy, abbé de la Trinité de Vendôme, nous en trouvons une adressée à son *ami de cœur, à Girard, vénérable évêque d'Angoulême*, que nous plaçons volontiers à cette époque. « Nous voulons faire savoir à Votre Sainteté, écrivait
« l'abbé de Vendôme au légat, les malheurs qu'éprouve
« notre monastère, l'alleu du B. Pierre et son patri-
« moine, osant vous prier humblement de les parta-
« ger. Sans doute c'est présumer beaucoup, mais c'est
« présumer de votre grande bonté. » Un de leurs cimetières ravagé (2), deux de leurs métairies pillées et

(1) D. Lobineau, *Hist. de Bretagne*, t. II, col. 155.
(2) Le moyen âge appelait *cimetière* non-seulement l'endroit où l'on enterrait les morts, mais encore toutes les terres qui environnaient les églises paroissiales, et qui étaient contiguës aux vrais cimetières.

presque entièrement ruinées par Pierre de Montoire (1), une de leurs églises et la terre qui en dépendait usurpées par Maurice Rotuniard, tels étaient les faits que Geoffroy signalait à son ami. Avertis plus d'une fois par les évêques du Mans et d'Angers, les coupables n'avaient jusque-là tenu aucun compte de leurs charitables admonitions. « Nous supplions votre bonté, disait en terminant l'abbé de Vendôme, d'ordonner auxdits évêques de ne point permettre à leurs diocésains de vexer ou de dépouiller de ses biens le monastère de Vendôme, patrimoine du B. Pierre. . . . .
Qu'ils tiennent Pierre et Maurice, nos injustes persécuteurs, sous le coup de l'excommunication jusqu'à ce qu'ils nous aient restitué tous les biens qu'ils ont sur nous usurpés (2). »

Pierre de Montoire avait des complices, c'est, du moins, ce que nous donne lieu de supposer une lettre dans laquelle le même Geoffroy se plaint au B. Hildebert, évêque du Mans, de la témérité qu'ont eue ses clercs de lever l'excommunication que cet évêque et le légat de l'Église romaine avaient fulminée contre Hamelin de Montoire. L'abbé de Vendôme prie son vénérable ami de renouveler la sentence d'excommunication, si Hamelin ne répare promptement les domma-

---

(1) Montoire-sur-Loire, autrefois Saint-Laurent-de-Montoire, chef-lieu de canton (Loir-et-Cher), arrondissement de Vendôme.

(2) Despont, *Bibliothec. maxim. veterum Patrum*, t. XXI. *Goffrid. Vindoc.*, lib. I, epist. XIX, p. 12.

ges qu'il a causés à son monastère (1). Nous n'avons pas voulu séparer cette lettre de la précédente, parce que nous avons cru voir dans l'excommunication de Hamelin de Montoire la réponse de Girard aux plaintes que lui avait faites Geoffroy contre Pierre de Montoire. Il est, en effet, plus que probable que Pierre et Hamelin causèrent simultanément à l'abbaye de Vendôme les dommages dont se plaint Geoffroy dans ces deux lettres.

Au mois d'octobre de cette même année, Girard fit don aux moines d'Uzerche de la moitié des droits curiaux de l'église de Nieuil. « L'église de Nioil est si-
« tuée au territoire d'Angoulême, et dédiée à saint
« Vivien et à saint Nicolas. La pensée de cette dona-
« tion, dit naïvement le moine chroniqueur, a été sug-
« gérée à l'évêque d'Angoulême par Pierre, notre
« abbé; elle a été mise à exécution à Angoulême, au
« mois d'octobre (1110), indiction III (2), du con-
« sentement de l'archidiacre de cette ville et de Mai-
« nard Cramail, par la mise en possession dudit abbé
« Pierre, entre les mains de qui fut déposé l'anneau
« de l'évêque. Les témoins étaient: Eustorge, évêque
« de Limoges; Guillaume, évêque de Périgueux;

(1) Despont, *Bibliothec. maxim. veterum Patrum*, t. XXI, *Goffrid. Vindoc.*, lib. III, epist. XVII, p. 31.

(2) Baluze commet une erreur quand il place cette donation à l'année 1107 (*Hist. Tut.*, in Append., col. 865). Comment, en effet, n'a-t-il pas vu que l'indiction III répond à l'année 1110? Du reste, Pierre II, dont il est ici question, ne fut élu abbé d'Uzerche qu'en 1108, c'est Baluze lui-même qui l'atteste (*Miscell.*, col. 842).

« Gaubert Mirabel, moine ; Albert, doyen ; Lambert,
« chantre (1). »

Selon toute vraisemblance, cette donation de l'église de Nieuil n'était point la seule cause qui amenât les évêques de Limoges et de Périgueux à Angoulême. Nous les retrouvons, en effet, à Rome, cette même année, avec le légat et l'archevêque de Bordeaux. Ce voyage de Girard en Italie se rattachait à la discussion qui existait alors entre Baignes et la puissante abbaye de Cluny, et sans cette circonstance nous l'eussions sans doute ignoré.

Les fondateurs de l'abbaye de Baignes, en la créant, l'avaient faite libre. Or, « à la mort de Gislemond (2),
« d'heureuse mémoire, abbé de ce monastère (c'est
« le moine chroniqueur de Baignes qui parle), cer-
« taines puissances séculières, qui devaient avoir à
« cœur la protection de cette église plutôt que sa des-
« truction, gagnées par un certain Arbert, moine de
« Saint-Eutrope de Saintes (3), concédèrent la sus-

(1) Baluz., *Hist. Tut.*, in Append., col. 865, 866.

(2) Gislemond avait succédé à l'abbé Itier un peu avant l'année 1083. Nous avons tout lieu de croire, dit le savant abbé Cholet (*Bulletin religieux* du diocèse de La Rochelle et Saintes, tome II, n° 11, p. 147 et suiv.), qu'il ne mourut qu'au commencement de 1098.

(3) Depuis 1081, l'abbaye de Cluny possédait le riche prieuré de Saint-Eutrope de Saintes, où vingt et un religieux de cet ordre vivaient près du tombeau vénéré de l'apôtre de la Saintonge. En vertu de sa fondation, que Corlieu rapporte à Charlemagne, Baignes avait trente religieux. (*Bulletin religieux* du diocèse de La Rochelle, *ibid.*)

« dite abbaye au monastère de Cluny, et parvinrent,
« sous de spécieux prétextes de piété, à amener l'é-
« vêque de Saintes, Rannulfe, jusqu'à confirmer de son
« autorité épiscopale cette donation. Ceci se passait
« à l'insu des religieux de ce lieu. » Mais les moines
angoumoisins (1) ne purent longtemps ignorer le péril
que courait leur liberté. A cette nouvelle, ils firent
partir pour Cluny deux de leurs frères, Foulques et
Arnaud Galant, chargés d'une protestation en forme
adressée à l'abbé de Cluny et aux religieux de son
ordre. La gloire et le modèle, depuis longtemps, de
l'ordre monastique, saint Hugues, gouvernait alors
cette célèbre abbaye. Hugues reconnut sans peine la
nullité de la donation de l'évêque de Saintes et de la
concession des puissances séculières, et, dans le concile de Bordeaux que présida l'archevêque Aimé, légat
du saint-siége, Ansculfe, abbé de Saint-Jean-d'Angely,
renonça en son nom à la donation susdite (octobre
1098). Alors Rannulfe, évêque de Saintes, donna
la bénédiction abbatiale à Adhémar, de pieuse mémoire, sans qu'il s'élevât aucune opposition. Baignes
avait retrouvé la paix et la liberté : « Qui quamdiù
« vixit prædictam abbatiam *liberè* tenuit et *quietè*
« (1098-1109). » Cette sérénité du ciel n'était qu'une
éclaircie. Adhémar II mourut, et l'indépendance de ses
frères fut de nouveau menacée. Le péril, cette fois, vint

---

(1) Beaniense S. Stephani, ord. Benedictini monasterium in pago Engolismensi et diœcesi Santonica, non longè ab oppido Barbezillensi. (*Gall. Christ.*, t. II, *Eccles. Santon.*, col. 1118.)

du dedans. Pendant que les religieux rendaient à leur abbé les honneurs de la sépulture, Foulques, l'un d'eux, gagnant à son parti trois de ses frères, s'intronisait au siége abbatial. Les moines, indignés, chassent l'intrus et élisent abbé un nommé Raimond. Raimond avait été élevé, presqu'au sortir du berceau, dans l'abbaye, et ses vertus étaient connues. Foulques, cependant, ne se déconcerte point, fait appel au bras séculier, rallie quelques votes parmi ses frères, et, à la faveur de ce semblant d'élection, reçoit de l'évêque diocésain la bénédiction abbatiale. Rannulfe était mort, et Pierre de Soubise occupait alors le siége de Saintes. Les religieux de Baignes en appellent au pape Pascal II et à l'archevêque de Bordeaux, leur métropolitain ; demandent à leur évêque un sursis de huit jours pour venir exposer en sa présence leurs griefs contre Foulques ; tout est inutile, Pierre de Soubise ne veut rien entendre. L'archevêque de Bordeaux, Arnaud de Chabenac, cite Foulques à comparaître devant lui ; Foulques ne tient aucun compte de la citation. Le concile de Loudun était proche, notre évêque Girard somme le coupable de s'y rendre pour justifier sa conduite ; mais ce moine indocile ne respecte pas plus les ordres du légat que ceux du métropolitain. Cependant, pour conjurer l'orage qui le menaçait, Foulques s'enfuit à Cluny, et Baignes voit sa liberté aliénée par celui qui, onze ans plus tôt, en avait été le champion : « Seque ipsamque abbatiam, ac si eam
« dare posset, sine fratrum consensu, cluniacensibus
« dedit. » Saint Hugues était mort (29 avril 1109) et

Ponce, qui gouvernait alors l'abbaye de Cluny, songeait beaucoup plus à accroître les revenus que les vertus de son monastère. L'histoire a dit ses allures de grand seigneur, son humeur altière, son amour de l'éclat et du faste. Il ne faut donc pas s'attendre à voir le nouvel abbé imiter le noble désintéressement dont son illustre prédécesseur avait donné l'exemple quelques années auparavant. En effet, peu de temps après la donation de Foulques, Ponce vint demander à l'évêque de Saintes de consacrer les prétentions de son monastère sur l'abbaye de Baignes. La charte suivante, que les Bénédictins de la *Gallia* ont tirée des archives de Cluny, va nous dire l'accueil fait à cette requête par Pierre de Soubise :

« Au nom du Père, et du Fils, et du Saint-Esprit.

« Nous Pierre, humble évêque de Saintes, avons
« soin de faire savoir par les présentes à nos succes-
« seurs que l'évêque Rannulfe, notre prédécesseur, a
« donné, concédé et assuré par une charte canonique
« l'abbaye de Saint-Etienne de Baignes à l'abbé Hu-
« gues et au monastère de Cluny, et que nous avons
« confirmé cette donation et la charte où elle est
« écrite, sauf en tout le droit du siége de Saintes et
« de ses évêques.

« Cette charte a été faite à Saint-Eutrope, en pré-
« sence de l'abbé Ponce, la première année de sa
« consécration, l'an de l'Incarnation du Seigneur
« M. C. X. » Suivent les signatures de l'évêque

Pierre, des archidiacres Amalvin et Jousseaume, et de l'archiprêtre Ramnulfe (1).

Baignes était donc sacrifié à l'ambition d'un faux frère ! Le courage est la force des faibles : les victimes n'en manquèrent point. « Alors les moines de Baignes,
« dénués, pour ainsi dire, de tout secours, et ne sa-
« chant que faire, par le conseil de Girard, évêque
« d'Angoulême et légat du saint-siége, partirent
« pour Rome et firent connaître au pape Pascal com-
« ment Foulques avait usurpé le siége abbatial contre
« le gré des frères, et s'était donné avec l'abbaye aux
« Clunistes. *Cet exposé eut lieu devant le légat Girard,*
« devant Arnauld, archevêque de Bordeaux, devant
« les évêques de Limoges et de Périgueux, et devant
« plusieurs autres personnes. Après avoir entendu
« cette plainte, le pape, fort étonné et très-mécontent
« du légat Girard, qui avait agi si mollement en cette
« affaire, répondit : que les abbés et les évêques n'é-
« taient que les dispensateurs des églises qui leur
« étaient soumises ; qu'ils ne pouvaient les donner à
« personne sans le consentement des frères, d'autant
« plus qu'on ne pouvait trouver dans aucun canon
« qu'il fût possible de soumettre une abbaye à une

(1) *Gall. Christ.*, t. II, *Eccles. Santon.*, col. 1118. Cette charte, dont les Bénédictins de la *Gallia* n'avaient pas compris l'importance, vient de recevoir tout son jour de l'heureuse découverte du Cartulaire de Baignes. Nous remercions ici M. l'abbé Cholet de la gracieuse obligeance avec laquelle il nous a communiqué la page où est écrite cette lutte de Baignes contre Cluny.

« autre malgré les religieux. Il ordonna ensuite au
« légat de citer Foulques, soi-disant abbé, et d'exa-
« miner si son entrée au pouvoir avait été canonique.
« A son retour de Rome, le légat, négligeant cet or-
« dre du pape, par respect, ou, pour parler plus vrai,
« par crainte de Cluny, ne cita point l'intrus et ne
« discuta point ses prétentions (1). »

Nous venons de voir Rodulfe, prieur de la Chaise-Dieu, venger à Mauriac l'autorité méconnue de l'abbé de Saint-Pierre de Sens ; nous le retrouvons aujourd'hui à Poitiers, défendant les droits de son monastère. L'évêque de Poitiers, Pierre II, de sainte mémoire, avait donné à la Chaise-Dieu, dans la ville de Jazeneuil, trois églises : Notre-Dame, Saint-Macoût et Sainte-Geneviève. Mais en vain les moines des bords de la Sénoire prétendaient-ils jouir en paix des bienfaits de l'évêque Pierre : Geoffroy, abbé de Saint-Maixent, attaquait cette donation comme lésant les droits de son monastère. Les plaintes de Geoffroy n'étaient point fondées, car le légat, avec l'assentiment de Léger, archevêque de Bourges, de Pierre, évêque de Poitiers, d'Émeric, doyen de cette église, et des autres personnes présentes, décida que les églises objet de la discussion appartiendraient à jamais aux moines de la Chaise-Dieu. Girard prononça ce jugement dans la salle synodale de l'évêché de Poitiers, l'an du Seigneur 1111 (2). Cette affaire

(1) Cartul. mss. de Baignes, charte n° III, f° III.
(2) *Gallia Christ.*, t. II, col. 332, 333.

n'était point nouvelle; nous trouvons, en effet, dans D. Bouquet une lettre de Pascal II à Pierre, évêque de Poitiers, dans laquelle le pape recommande à cet évêque de rendre à Geoffroy la justice qui lui est due dans ses démêlés avec les moines de la Chaise-Dieu, Hugues de Lusignan, l'abbé de Saint-Severin (1) et autres (1110) (2).

Les églises de Jazeneuil n'étaient pas la seule affaire qui appelât Girard à Poitiers. Le comte de cette ville, Guillaume IX, duc d'Aquitaine, à l'exemple de Philippe, roi de France, avait poussé l'impudeur jusqu'à répudier la comtesse Mathilde, son épouse légitime, pour vivre en adultère public avec la femme d'Émeric, vicomte de Châtellerault. Prince infâme par ses débauches, d'un caractère violent et emporté, tel est le portrait qu'ont laissé du comte de Poitiers Guillaume de Malmesbury, Geoffroy le Gros et le B. Hildebert, évêque du Mans (3). Les violences bien connues qu'il exerça contre les Pères du concile de Poitiers (1100), qui avaient excommunié le roi Philippe et la malheureuse compagne de son adultère, suffisent pour peindre l'homme et pour justifier le triste portrait que les historiens ont fait de sa personne. Il était plus qu'évident que, sous l'œil d'un légat de la sainte Eglise romaine, le libertinage du comte ne pouvait passer inaperçu et rester plus long-

---

(1) Il y avait, au diocèse de Poitiers, une abbaye de ce nom.

(2) Causam etiam cum abbate Casæ-Dei se dicunt habere pro ecclesiis Gozenogili. (D. Bouquet, *Recueil*, XV, 46.)

(3) Longueval, *Hist. eccles.*, t. VIII, liv. XXII, p. 154, note 1.

temps impuni. Ni la puissance du coupable, ni la violence bien connue de son caractère, n'étaient de nature à effrayer beaucoup l'évêque d'Angoulême. Girard usa cependant de grands ménagements envers le duc. Il lui fit d'abord de paternelles remontrances; des remontrances il passa aux menaces; enfin, le voyant inaccessible à toutes les voies de la persuasion, il l'excommunia. Guillaume était un de ces libertins achevés dont l'esprit n'est pas moins perverti que le cœur. Il répondit à cette sentence d'excommunication par une plaisanterie indécente : « Le peigne frisera « les cheveux qui fuient votre front (Girard était « chauve), dit-il au légat, avant que je ne me sépare « d'avec la vicomtesse (1). »

(1) Guillaume de Malmesbury, à qui nous empruntons ce récit (*Gesta Regum Anglor.*, lib. V, n° 671, p. 1384), place cette excommunication après l'expédition que ce prince fit en Palestine (1101), sans préciser davantage l'époque. Nous ne pensons pas qu'on puisse assigner à ce fait une date postérieure à 1111. Parmi les lettres de Geoffroy de Vendôme, il en est une, en effet, dans laquelle cet abbé s'excuse de n'avoir pas assisté au concile de Latran, et répond aux reproches que lui faisait le pape Pascal II sur ses relations avec le duc d'Aquitaine : « Lit- « teras vestras, dilectissime Pater, triginta quinque diebus ante « Concilium vidi : in quibus audivi quod noluissem et quod « audire peccando non merui. Pervenit enim ad aures vestras, « nescio cujus relatione, me persecutoribus Ecclesiæ et comiti « Pictaviensium participare; quod, Deus scit, nunquam feci; nec « paternitatem vestram optassem de me rem hujusmodi credi- « disse. » Geoffroy avoue qu'il entretient avec Guillaume des relations que nécessitent les intérêts de son monastère, dont les

La même année (1111), une plainte arrivait à Girard du monastère de Saint-Aubin d'Angers. Archambaud, abbé de Saint-Aubin, à qui ses infirmités rendaient trop lourde la charge d'abbé, ayant eu la pensée de renoncer au gouvernement de son abbaye, on avait élu à sa place un religieux de ce même monastère, nommé Payen d'Aleric. Mais, soit qu'il n'agréât pas cette élection, soit que les forces et le courage lui fussent revenus, Archambaud reprit aussitôt en mains les rênes du gouvernement, empêchant ainsi Payen d'entrer en possession de la charge dont il avait été revêtu. C'est alors que ce religieux, indigné, fit appel à la justice de son évêque et à celle du légat. Mais, trompant ses espérances, Girard et Renaud refusèrent même de l'entendre, ce dont Geoffroy de Vendôme se plaint au pape Pascal en ces termes : «..... *Me audiente domnum episcopum Andegavensem, et domnum Engolismensem legatum vestrum convenit : justitiam et audientiam quæsivit, sed sicut utraque quæsita est, utraque ab utroque negata*

---

plus riches possessions sont situées dans le duché d'Aquitaine. L'Eglise ne condamne pas ces sortes de relations. « In quibus « tamen me ab *excommunicato* debeo abstinere, si ei communicavi, « vel quandiu fuerit excommunicatus, communicavero, nunquam « mihi a Deo illius peccati fiat remissio. » (*Goffrid. Vindoc.*, lib. 1, epist. IX). D'où je conclus que les faits reprochés à l'abbé de Vendôme étaient antérieurs et bien antérieurs au concile de Latran (18 mars 1112), puisque le pape les signalait à Geoffroy dans sa lettre de convocation, plus de trente cinq jours avant l'ouverture du concile; ce qui nous reporte au plus tôt à l'année 1111.

« *fuit* (1). » Payen ne se tint pas pour battu ; il porta ses plaintes jusqu'à Rome, accusant Renaud de Martigné, son évêque, de l'avoir déposé sans l'entendre et sans aucune forme de jugement. Le 15 février 1112, le pape écrivit à Raoul, archevêque de Tours, le priant de s'adjoindre Hildebert, évêque du Mans, Marbode, évêque de Rennes, Geoffroy, abbé de Vendôme, Bernard, abbé de Saint-Serge, et le B. Robert d'Arbrissel, et de mettre fin à ce procès (2). Quarante jours après la réception de la lettre du pape, et suivant sa recommandation, les nouveaux juges, s'étant rendus au chapitre de Saint-Aubin, examinèrent de nouveau l'affaire, et, confirmant la sentence du légat, maintinrent Archambaud dans la possession de son abbaye. L'amour-propre de Payen avait trop à souffrir de cette nouvelle sentence, il ne put se résoudre à vivre sous l'autorité de son heureux compétiteur ; il demanda donc à l'abbé de Vendôme de passer dans son monastère, ce que Geoffroy voulut bien lui accorder (3).

Vers ce même temps, sans que nous puissions préciser davantage l'époque, les moines d'Uzerche, scandalisés de la conduite de leur abbé, portèrent contre lui leurs plaintes à Girard, *de pieuse mémoire*,

(1) Despont, *Biblioth. max.*, *Goffrid. Vindoc.*, lib. I, epist. VI, p. 6.

(2) Mabillon, *Annal. Bened.*, Append., 67. Epist. Paschalis ad Radulfum, archiepis. Turonensem, et coepiscopos, pro abbate S. Albini.

(3) Pavillon, *Vie de Robert d'Arbris.*, ch. LI, p. 167 et suiv.

évêque d'Angoulême et légat du saint-siége (qui sans doute n'y fit pas grande attention), puis à l'archevêque de Bourges et à Eustorge, évêque de Limoges. Les moines accusaient leur abbé de légèreté, de faste et de certains désordres que l'histoire n'a point dits. Pierre II, surnommé *Béchade,* parce que pendant sa vie militaire il avait été attaché au service des tours, avait quitté le casque pour le froc et avait fait profession dans le monastère de Saint-Pierre d'Uzerche. Il en était devenu abbé en l'année 1108. Pierre, à la bravoure du soldat, joignait la science d'un homme de lettres : il avait de l'éloquence et connaissait les lois. Il ne se laissa point déconcerter par cette attaque inopinée, et réduisit sans peine ses accusateurs au silence, en répondant à tous leurs griefs. Les juges ne furent cependant point si convaincus de son innocence qu'ils ne lui déférassent le serment. Pierre ne fit point de difficulté de se rendre à leurs désirs ; s'étant donc purgé par serment, il reprit le chemin de son monastère. Les moines d'Uzerche vinrent à son avance pieds nus et lui firent une solennelle réception. Soit fierté naturelle, soit que de nouvelles accusations aient excité son dépit, Pierre II résigna peu de temps après son abbaye (1113) (1).

Vers la fin de décembre de cette même année (1114), arrivaient à Angoulême deux religieux de l'abbaye de Baignes. Les frères Andron et Itier ve-

---

(1) Baluz., *Hist. Tut.*, Append., col. 842.

naient de Rome; ils étaient porteurs de deux lettres du pape. La première était ainsi conçue :

« Pascal, évêque, serviteur des serviteurs de Dieu, « à son vénérable frère Girard, évêque d'Angoulême, « salut et bénédiction apostolique.

« Le gouvernement du siége apostolique, auquel, « par la grâce de Dieu, nous nous dévouons, nous « constitue débiteur de toutes les églises. Aussi, en « apprenant la désolation d'une église, nous y com- « patissons avec l'affection due en pareil cas, et, « lorsque nous le pouvons, nous nous efforçons d'y « remédier. Le monastère de Saint-Étienne de Bai- « gnes a été longtemps privé de la consolation d'avoir « un abbé, et, comme votre prudence le sait bien, « rien n'est aussi préjudiciable à la prospérité d'une « église que le manque d'un pasteur. C'est pourquoi « nous mandons à Votre Fraternité d'entendre la « cause de ce même monastère avec plus de soin, « de livrer à un examen plus minutieux les deux « élections, et de terminer ce débat par une déci- « sion régulière et canonique, en sorte que désor- « mais aucune plainte ne nous soit portée à ce sujet. « En toutes choses, très-cher frère, agissez avec vi- « gueur, afin que la prudence que le Seigneur vous « a accordée mérite de recevoir, par la grâce de « Dieu, en compagnie des bons pasteurs, les fruits « des bonnes œuvres. Que Votre Béatitude prie pour « nous, et qu'elle se fortifie dans le Seigneur pour « reprendre, supplier, corriger.

« Donné à Tivoli, le XIV des calendes de décembre (19 novembre). »

La seconde lettre était un privilége par lequel Pascal II assurait à l'abbaye de Baignes la protection du siége apostolique. En voici la teneur :

« Pascal, évêque, serviteur des serviteurs de Dieu,
« à ses vénérables frères et coévêques Arnauld de
« Bordeaux, *Girard d'Angoulême*, légat du saint-
« siége, Rainauld de Saintes, salut et bénédiction
« apostolique.

« Les frères Andron et Itier, porteurs des présen-
« tes, sont venus nous demander la protection du
« siége apostolique pour leur monastère de Saint-
« Étienne de Baignes. Recevant favorablement leur
« prière, nous avons statué qu'il ne soit permis ab-
« solument à personne d'envahir, d'aliéner ou de
« soumettre au pouvoir d'une autre église ledit mo-
« nastère; mais qu'il demeure en telle liberté que
« l'on sait y avoir existé, afin que les frères qui sont
« réunis en ce lieu pour le service de Dieu puissent
« en paix et sécurité y servir ce Dieu tout-puissant;
« qu'il ne soit donné à personne faculté de lui enle-
« ver ses possessions, de les diminuer ou de les
« amoindrir par de téméraires exactions ; que ses
« biens soient conservés intacts, appliqués à l'usage
« de ceux pour l'aide et le régime desquels ils ont
« été donnés. Si donc, à l'avenir, n'importe quelle
« personne ecclésiastique ou séculière osait, ce qu'à
« Dieu ne plaise, par une téméraire audace, contre-
« venir au présent écrit, qu'elle encoure la sentence
« apostolique, à moins que, par une juste satisfac-
« tion, elle ne répare les torts de sa présomption.

« Que la paix de Notre-Seigneur Jésus-Christ soit
« avec tous ceux qui conserveront la justice envers
« ce même lieu, afin qu'ils reçoivent en ce monde le
« fruit d'une bonne action, et qu'ils trouvent dans
« l'autre la récompense d'une éternelle paix !

« Donné à Tivoli, le XIII des calendes de décembre (20 novem-
« bre), l'an de l'Incarnation du Seigneur M.C.XI. »

Que s'était-il donc passé ? A la vue du préjudice que la négligence du légat causait à leur monastère, les religieux de Baignes avaient offert à Foulques de le reconnaître pour leur abbé, s'il consentait à conserver leur autonomie. La condition avait paru trop dure à l'amour-propre de Foulques, et, *sans compter avec la fatigue d'un si long voyage,* les frères Andron et Itier avaient pris une seconde fois le chemin de Rome. Là ils avaient exposé au pape la désolation de leur église, et comment Foulques n'avait voulu recevoir l'abbaye qu'à condition qu'elle serait soumise à Cluny. Pascal, ému de compassion, leur avait donné les lettres que nous venons de lire.

« Dès que le légat eut reçu la lettre qui lui enjoi-
« gnait de discuter la question des élections, il cita
« Foulques et les moines de Baignes à comparaître
« devant lui. Au jour fixé, les religieux de Baignes
« répondirent à cet appel. Arnaud, archevêque de
« Bordeaux, s'y rendit avec eux. Mais Foulques, se
« défiant de sa cause, ne tint aucun compte de la
« citation. Outré de cette audace, et considérant sur-
« tout que l'abbaye était dépourvue d'un abbé depuis
« déjà presque trois ans, par le conseil du légat et de

« Rainaud, évêque de Saintes (1), l'archevêque con-
« sacra abbé de l'église de Baignes frère Raimond,
« dont l'élection avait été canonique, ainsi qu'on le
« reconnut dans la suite. Alors frère Foulques partit
« pour Rome et se plaignit au pape de ce que, sans
« jugement ni déposition canoniques, il avait été
« chassé de son abbaye, et de ce que son siége ab-
« batial avait été occupé par un autre. Le pape, après
« avoir entendu cette plainte, ordonna à son légat,
« *qui alors se trouvait à Rome*, d'interdire le gouver-
« nement de son monastère à Raimond, que l'arche-
« vêque avait institué comme abbé ; d'investir Foul-

(1) Rainaud, d'après le jugement qui termina cette affaire (31 octobre 1112), n'était alors qu'évêque élu de Saintes. « Conveniente et conlaudante tunc ecclesiæ Santonensis electo. » Les frères de Sainte-Marthe lui donnent le nom de *Carsalius* (*Gall. Christ.*, t. II, col. 1067, Eccles. Santon.), avec le Cartulaire inédit de Baignes, nous l'appelons *Chainel*. En effet, dans la charte LVI dudit Cartulaire, *De ecclesiâ Sancti Petri Puellaris* (Santonensis), nous lisons : « Videntibus Amalvino atque « Petro archidiaconis, et Willelmo Gausberti et *Rainaldo Chai-* « *nel*..., canonicis Sancti Petri, » et dans la charte CCX, *De ecclesiâ de Passirac*, nous voyons figurer parmi les juges d'un différend qui s'était élevé entre Adhémar, abbé de Baignes, et Hugues, prieur de Notre-Dame de Barbezieux : « Domnum « Amalvinum et D. Petrum, archidiaconos, et Gauscelmum, ma- « gistrum scolarum, et *Rainaldum Chainel*. » Ces deux chartes sont du pontificat de Ramnulfe et, par conséquent, antérieures à l'année 1107. Sous le pontificat de Pierre de Soubise (1107-1110), successeur de Ramnulfe, nous retrouvons le chanoine Chesnel, mais dans des circonstances fâcheuses pour sa gloire. Ayant eu un démêlé (nous ne savons à quelle occa-

« ques de l'abbaye, et, après l'acte d'investiture, de
« discuter le fait des deux élections (1). »

Nous venons de retrouver le légat à Rome. Ce voyage de Girard en Italie est la plus belle page de son histoire, hâtons-nous de la raconter.

Nous avons déjà dit avec quelle tristesse le pape, après le concile de Guastalla (1106), s'était vu contraint de renoncer à son voyage d'Allemagne. Henri V n'avait pas tardé à justifier la prudence de Pascal. Au milieu des ovations que lui faisait la France, les ambassadeurs du jeune empereur étaient venus demander au saint pontife ce même droit des investitures qui avait servi de prétexte à leur maître pour prendre les armes contre son père. La réponse de Pascal II avait

sion) avec un religieux de l'abbaye de Vendôme, le belliqueux Rainaud vida le différend les armes à la main (*Goffrid. Vindoc.*, lib. III. p. 36, epist. XXXIX). Que le lecteur ne s'effraye point : outre que l'Eglise, comme le fait remarquer Geoffroy de Vendôme, défendait absolument aux clercs cette étrange façon de prouver son droit, ces duels n'offraient pas d'ordinaire de grands dangers ; on se battait dans ces rencontres *scuto et fuste*. Pourquoi le Rainaud Chesnel de la lettre XXXIX de l'abbé de Vendôme ne serait-il pas l'évêque Rainaud Chesnel, successeur de Pierre de Soubise, dont l'abbé de Saint-Jean-d'Angely demandait la déposition (*Goffr. Vindoc.*, lib. I, p. 13, epist. XXI)? C'est donc un fait acquis à l'histoire que l'évêque Rainaud se nommait *Chesnel* et non *Carsalius*. Sans nul doute il appartenait à cette noble famille de Chesnel dont l'un des derniers rejetons, Charles-Roch de Chesnel, a fait bâtir en 1610, dans la paroisse de Cherves-de-Cognac (autrefois du diocèse de Saintes), le château qui porte encore son nom.

(1) Cartul. mss. de Baignes, f°s 3 ^{verso}, 4 et 1 ^{recto}.

été ce qu'elle devait être, un refus. Les Allemands irrités s'étaient alors retirés de la conférence de Châlons, jetant au pape ces inqualifiables paroles : « Ce « n'est pas ici qu'on terminera cette querelle : nous « la viderons à Rome l'épée à la main. » Quelques années plus tard, cette terrible menace avait son douloureux accomplissement : Henri V demandait à l'astuce et à la violence ce qu'il n'avait pu obtenir par ses ambassadeurs. Pour faire réussir son coupable dessein, il s'appliqua à le cacher, fit répandre le bruit qu'il avait renoncé aux investitures, et en même temps s'achemina vers Rome avec une armée de trente mille hommes (1110). Le pillage, l'incendie et la mort marquèrent partout son passage. Il arriva enfin aux portes de la ville éternelle, mais il les trouva fermées : sa réputation l'avait précédé (février (1111). Un faux semblant de serment les lui fait ouvrir (1). Pascal, sans défiance, introduit dans l'église de Saint-Pierre le perfide empereur. Alors on vit dans le temple *l'abomination de la désolation*, une des scènes les plus odieuses dont l'histoire ait gardé le souvenir. Les soldats allemands envahissent le lieu saint, se saisissent du pape et des cardinaux, pillent les vases sacrés, les ornements précieux dont on avait décoré le sanctuaire pour le couronnement de leur

---

(1) Avant de l'introduire dans les murs de Rome, les Romains demandèrent à Henri de confirmer par serment l'honneur et la liberté de leur ville. L'Empereur, pour les jouer, jura en allemand ce qu'il voulut.

roi. Les Italiens qui veulent défendre la majesté pontificale ainsi outragée payent de leur vie ou de leur liberté leur dévouement au pape. Cependant la nouvelle de ces cruautés se répand dans Rome, les sept collines s'émeuvent, on court de toutes parts aux armes: les Allemands sont massacrés et l'empereur obligé, pour se soustraire à la fureur du peuple, de fuir précipitamment pendant la nuit. Il emmenait avec lui son auguste prisonnier, qu'il fit dépouiller des ornements pontificaux et lier avec des cordes, comme un vil criminel!

A la nouvelle de tous ces attentats, un cri d'indignation s'échappe de tous les cœurs catholiques. L'épiscopat tout entier se lève comme un seul homme pour protester : « Que les yeux de ceux que la charité
« rend sensibles à la douleur de leur chef se répan-
« dent en larmes, s'écrie le B. Hildebert. La pourpre
« des martyrs orne encore l'Église dans sa vieillesse ;
« la fureur des persécuteurs renaît, et, par la mort
« précieuse des enfants de Dieu, semble vouloir
« éteindre les restes du monde !..... » Henri V voyait bien que l'opinion publique était contre lui, il en sentait toute la pression, aussi n'épargnait-il à son auguste prisonnier ni les plus terribles menaces ni les plus barbares traitements : mais en vain. Pascal, dans les fers, était inébranlable comme sur le siége de Rome. Deux mois se passèrent ainsi. Un jour cependant l'infortuné pontife vit à ses pieds les évêques d'Italie, tristes compagnons de sa captivité. Leurs larmes l'attendrirent ; la pensée d'un schisme l'ef-

fraya : « Je suis donc contraint, dit-il, de faire, pour
« la paix et la liberté de l'Église, ce que j'aurais
« voulu éviter au prix de tout mon sang ! » Il signa
la bulle accordant au cruel Henri les investitures tant
désirées (3 avril 1111). Elle portait : « Nous vous
« concédons et confirmons la prérogative que nos
« prédécesseurs ont conférée aux vôtres, savoir : que
« vous donniez l'investiture par la crosse et l'anneau
« aux évêques et aux abbés de votre royaume élus
« librement et sans simonie, et qu'aucun ne puisse
« être consacré sans avoir reçu de vous cette in-
« vestiture (1). »

Quand on sut dans l'Église à quel prix Pascal avait
obtenu sa liberté, la joie de sa délivrance fut moindre
que la douleur qu'on ressentit de sa faiblesse. De
violents murmures s'élevèrent contre lui du sein
même de l'épiscopat. L'évêque d'Angoulême ne partageait pas ce zèle indiscret. Nous en avons la preuve
dans une lettre que lui écrivit alors l'abbé de Vendôme, à l'occasion de quelques paroles contre le pape
qu'on avait prêtées à cet abbé et que le légat avait
publiquement reprises avec vivacité. « Je suis étonné,
« lui écrivait Geoffroy, qu'un pontife aussi discret
« que vous ait osé proférer publiquement contre moi,
« en mon absence, des paroles qui n'auraient jamais
« dû trouver accès dans votre cœur, qui devait être
« le sanctuaire et le cachet de la pure vérité. Ces
« paroles, comme je le pense, ce n'est pas vous qui

(1) Labbe, *Concil.*, t. X, col. 712-783.

« les avez dites le premier; mais, de quelque part
« qu'elles viennent, je ne doute pas qu'elles ne
« soient une invention de la jalousie et de la malice ;
« et, comme il est vrai que la fausse béatitude des
« Normands sera suivie d'une misère véritable, ainsi
« est-il vrai que ce qu'on a dit contre moi est faux.
« Je n'ai jamais poussé la folie ni l'ignorance des
« saintes Écritures jusqu'à élever la voix, sans mo-
« tif, contre celui qui ne doit compte de son inno-
« cence qu'au Ciel, contre un père spirituel que je
« dois serrer dans les bras d'un filial amour, et véné-
« rer en toute sincérité, de la sainte obéissance du-
« quel la mort même ne pourra me séparer. Quicon-
« que a de moi d'autres sentiments se trompe, et, loin
« de chercher l'honneur du pape, s'efforce de censu-
« rer publiquement sa conduite. Qu'il se découvre
« donc celui qui, dénaturant la pureté de mes senti-
« ments, m'accuse d'avoir ainsi manqué de respect
« à mon père, je suis prêt à lui prouver la fausseté
« de ses imputations (1). »

L'abbé de Vendôme n'était cependant point si innocent qu'il voulait bien le paraître : les extraits suivants de la lettre qu'il écrivait alors au pape en sont la meilleure preuve, en même temps que la justification des paroles sévères dont il se plaignait. « Vous
« savez, Saint-Père, disait-il à Pascal, que la barque
« de Pierre a porté en même temps Pierre et Judas,

(1) Despont, *Biblioth. max.*, *Goffrid. Vindoc.*, lib. I, epist. XX, p. 12.

« et que, tandis qu'elle a eu Judas, elle a toujours été
« tourmentée de la tempête, et n'a joui du calme qu'en
« rejetant Judas de son sein. Or, puisqu'un autre Ju-
« das s'élève de nos jours contre l'Église pour lui en-
« lever sa foi, sa chasteté et sa liberté, il faut que la
« foi de saint Pierre, qui n'est pas sujette à se trom-
« per, brille encore dans son siége et défende la bar-
« que du naufrage. » Vient ensuite un bel éloge du
courage de saint Pierre et de saint Paul, « qui sont,
« dit-il, à présent dans la gloire, où ils attendent leurs
« successeurs, mais non ceux qui sont dégénérés;...
« Que celui, continue-t-il, qui est aujourd'hui assis
« sur leur siége et qui, faute d'imiter leur courage,
« s'est rendu indigne de leur bonheur, efface ses pé-
« chés de ses larmes comme un autre Pierre; qu'il
« corrige ce que la crainte de la mort et la faiblesse
« de la chair lui ont fait faire. S'il dit qu'il n'a rien
« fait que pour sauver la vie de ses enfants, c'est une
« vaine excuse. » Aux yeux de Geoffroy la faute du
pape est certainement *sans excuse*, et toute excuse,
bien loin de l'atténuer, l'aggrave. Enfin, pour expliquer le ton peu mesuré de sa lettre, l'abbé de Vendôme s'y compare à l'ânesse de Balaam, qui, lorsque
le prophète se laisse séduire par Satan, parle à sa
place et répare sa folie (1).

Pour étouffer tous ces murmures, le pape écrivit à
divers personnages : aux cardinaux Jean de Tusculum

---

(1) Despont, *Biblioth. max.*, *Goffrid. Vindoc.*, lib. I, epist. VII,
p. 7 et 8.

et Léon de Verceil, à saint Brunon, évêque de Segni et abbé du Mont-Cassin, au B. Yves de Chartres, à Guy, archevêque de Vienne et parent de l'empereur Henri V, à son légat Girard d'Angoulême. Dans sa lettre à l'archevêque de Vienne, Pascal l'exhorte à ne point se laisser déconcerter ni par les ruses, ni par les caresses, ni par les menaces de l'empereur, et à persévérer dans la bonne voie (1). Nous n'avons pas la lettre qu'il adressa à notre évêque, mais, selon toutes les probabilités, elle était écrite dans le même sens. C'est du moins ce que laissent à penser ces paroles de Guy, rendant compte au pape de son concile de Vienne : « Nous souvenant, dit l'archevêque, des « lettres que vous nous aviez adressées, *à votre légat* « *Girard d'Angoulême* et à notre humilité, touchant « la persévérance dans la justice, pour éviter la ruine « de l'Église et de notre foi, nous avons procédé ca- « noniquement (2). »

Ces lettres de Pascal ne produisirent point tout l'effet qu'il en attendait, et il se vit obligé, pour rassurer les catholiques alarmés, de convoquer le concile qui s'ouvrit dans l'église de Latran le 18 mars 1118. En sa qualité de légat, l'évêque d'Angoulême s'y rendit; mais, quelque diligence qu'il fît, il ne put arriver à Rome le jour de l'ouverture du concile. Il trouva

(1) Mansi, *Concil.*, XX, 1008.
(2) ...... Memores litterarum illarum quas humilitati nostræ, illarum etiam quas Gerardo Engolismensi episcopo et vestræ sedis legato de bonâ justitiæ perseverantiâ miseratis .. (Labbe, *Concil.*, t. X, col. 784-786.)

donc le pape et les évêques déjà réunis en séance et discutant la difficulté (1). Tout le monde était d'accord sur la nullité du privilége qu'avaient extorqué les violences du parjure Henri V : tout le monde reconnaissait que cet acte de faiblesse de Pascal ne constituait pas, à proprement parler, une hérésie, comme l'avaient prétendu certains conciles provinciaux. Restait un scrupule : le pape et les cardinaux prisonniers avec lui avaient juré solennellement, sur les saints Évangiles, que l'empereur d'Allemagne ne serait jamais excommunié à cause des investitures. Se dépouillant de ses ornements pontificaux, Pascal protestait devant les évêques assemblés, qui le conjuraient en vain de reprendre les marques de sa dignité, qu'il abandonnerait pour toujours la chaire de Saint-Pierre et se retirerait dans les îles Pontiennes, si l'on ne trouvait le moyen de rendre aux investitures leur antique liberté. Dans cet embarras extrême, les évêques

---

(1) *Hist. Pont. Engolism.*, p. 42. La raison pour laquelle Girard, malgré toute sa diligence, ne put assister à l'ouverture du concile est connue : les lettres de convocation étaient arrivées trop tard en France. « In spatio triginta quinque dierum, « reverendissime Domine, me præparare et ad vos venire non « potui, corporis etiam pressus infirmitate. » (*Goffrid. Vindoc.*, lib. I, epist. IX, p. 9.) Yves de Chartres, qui, comme Geoffroy de Vendôme, ne s'était pas rendu à l'invitation de Pascal II, donna la même excuse : la lettre du pape ne lui avait été remise que sept semaines, c'est-à-dire quarante-neuf jours avant l'ouverture du concile. Aussi ne voyons-nous figurer au concile de Latran que deux évêques de France, Girard d'Angoulême et Galon de Saint-Pol-de-Léon.

assemblés à Latran décidèrent que les plus sages et les plus savants d'entre eux délibéreraient mûrement sur ce sujet, et rendraient leur réponse le lendemain. Ceci se passait le 22 mars, cinquième jour du concile. Déjà le sixième jour était arrivé, et les Pères de cette auguste assemblée (qui ne comptait pas moins de cent évêques) cherchaient encore le remède. Les plus sages et les plus savants gardaient un profond silence : la volonté de Pascal était toujours inébranlable. Que faire? Enfin l'évêque d'Angoulême parla ; il fit voir qu'on pouvait très-bien révoquer les investitures sans toucher au serment du pape. Le privilége extorqué par la violence de l'empereur étant nul de plein droit; déclaré tel par le concile et anathématisé par lui, le dangereux pouvoir de donner les investitures n'était-il pas condamné à la stérilité la plus complète? Après les solennels anathèmes du concile, qui, parmi le clergé, pourrait consentir sans crime à recevoir l'investiture de la main de l'empereur? Les foudres de l'excommunication ne tomberaient-elles pas, *ipso facto*, sur les audacieux qui violeraient la défense de l'Église? Ici l'évêque d'Angoulême pouvait invoquer, à l'appui de son sentiment, le témoignage de l'empereur lui-même. N'était-ce pas, en effet, pour cela, pour rassurer les consciences alarmées, que le perfide Allemand avait fait signer à son auguste prisonnier la consécration de ses sacriléges empiétements? N'était-ce pas en prévision des anathèmes qui pouvaient lui arracher le bénéfice de son astuce et de ses violences, qu'il avait exigé de Pascal et des Romains captifs avec

lui le fatal serment, cause unique de l'embarras dans lequel on se trouvait? Après la sentence du concile de Latran, Henri V ne trouvant personne qui voulût recevoir l'investiture de sa main profane, il était assez évident que la concession faite par Pascal devenait illusoire : dès lors quelle nécessité d'excommunier le roi de Germanie? La difficulté était levée. A peine Girard eut-il cessé de parler que les Pères du concile s'écrièrent dans leur admiration : « Ce n'est pas vous,
« c'est l'Esprit-Saint qui a parlé par votre bouche.
« *Non tu locutus es, sed Spiritus sanctus in ore*
« *tuo* (1). » La joie était générale dans cette auguste assemblée : le scrupule du saint pontife était respecté, l'indépendance du ministère ecclésiastique était sauvée! Pascal, que les supplications les plus pressantes n'avaient pu vaincre, reprit ses ornements pontificaux : le décret qui condamnait les investitures fut aussitôt rédigé, et l'évêque d'Angoulême lut la déclaration suivante: « Nous tous assemblés en ce saint concile,
« condamnons, par l'autorité ecclésiastique et le ju-
« gement du Saint-Esprit, le privilége extorqué au
« pape Pascal par la violence du roi Henri (et qui est
« moins un privilége qu'un pravilége); nous le ju-
« geons nul, et le cassons absolument; nous défen-
« dons, sous peine d'excommunication, qu'il ait au-
« cune autorité. » Amen! Amen! Ainsi soit-il! Ainsi soit-il! dirent d'une voix unanime les Pères du concile, Amen! Amen! Ce décret, signé par tous les

---

(1) *Hist. Pont. Engolism.*, p. 43.

évêques présents (1), fut ensuite adressé à toutes les Églises de l'univers catholique (2).

Tout n'était cependant point fini avec les acclamations du concile ; restait une difficulté sérieuse : qui se chargerait de notifier au jeune empereur le jugement de l'Église assemblée à Latran? Délibérer loin de son ennemi et sous la protection des remparts de Rome était chose assez facile, mais aller dans l'antre du lion s'exposer à toute sa férocité était affaire bien périlleuse. Le caractère violent de Henri, un pontife dans les fers, tant de scènes d'abomination et de désolation étaient-elles donc effacées du souvenir du pape et des cardinaux romains? Qu'on se représente la fureur du tyran, sa rage, au moment où l'on viendrait lui arracher ce privilége tant désiré, auquel il avait sacrifié son repos, son honneur, sa conscience! Ce sombre tableau, qui n'était, hélas! que trop vraisemblable, dictait assez la réponse à la sagesse humaine. Mais les évêques ne peuvent être de ces âmes vulgaires qui ne

(1) Parmi les signataires du concile, et immédiatement après Girard d'Angoulême, nous trouvons Galon, évêque de Saint-Pol-de-Léon (Galo Leonensis), que, par distraction, le P. Longueval (*Hist. de l'Eglise gallic.*, t. VIII, liv. XXIII, p. 222) a pris pour l'évêque de Laon. Quelques pages plus loin (p. 236), en effet, ce grave historien place au jeudi d'après Pâques de cette année 1112 la mort tragique de l'évêque de Laon, alors nommé *Gualderic*. Nous regrettons que Rorbacher (*Hist. univ. de l'Eglise*, t. XV, liv. LXVII, p. 55) et Mgr Jager (*Hist. de l'Eglise cath. en France*, t. VII, liv. XXIII, p. 139) aient répété cette méprise de Longueval.

(2) Labbe, *Concil.*, t. X, col. 767-772.

savent affronter une difficulté. Il plut au pape et au concile d'envoyer vers l'empereur celui-là même par qui Dieu venait de donner à son Église un si sage conseil. Girard partit donc pour l'Allemagne avec le cardinal Divinac ou Dunciac (1), qui lui avait été donné pour compagnon de voyage (2). Ils se rendirent à Cologne, où se trouvait l'empereur (3). Sur le siége archiépiscopal de cette ville était alors assis un ancien disciple de Girard, Frédéric de Carinthie, qui lui fit les honneurs d'une réception solennelle, et lui offrit dans son propre palais une généreuse hospitalité. Mais vint le temps des affaires. A la nouvelle de l'arrivée des envoyés du pape, Henri V avait assemblé toute sa cour. L'évêque d'Angoulême parut devant cette imposante assemblée. Il parla, il exposa sans crainte le but de son voyage, la décision du concile de Latran. Tant qu'il parla en latin, et ne fut guère compris que des prélats et des clercs, bien que plusieurs fussent gagnés au parti de l'empereur, il fut écouté assez paisiblement ; mais quand le chancelier de Henri, qui lui servait d'interprète, traduisit son discours en allemand, les nobles paroles du prélat soulevèrent parmi les seigneurs une véritable tempête. L'exaspération des esprits était si grande que l'archevêque de Cologne, craignant pour les jours de son hôte, ne put s'empê-

---

(1) Parmi les cardinaux signataires du concile nous trouvons le nom du cardinal Diviczo, tituli Equitii, et non celui de *Diviniac* ou *Dunciac*.
(2) *Hist. Pont. Engolism.*, p. 43.
(3) Cologne était depuis longtemps ville libre impériale.

cher de lui dire : « Maître, vous venez d'exciter dans
« notre cour un bien grand scandale. — Que pour
« vous ce soit un scandale, lui répondit Girard avec
« indignation, pour moi, c'est l'Évangile. *Tibi quidem*
« *sit scandalum ; mihi autem est Evangelium.* » Magnifiques paroles, qui rappellent les plus beaux siècles de l'Église! Dieu, qui tient entre ses mains le cœur des rois et le change selon son bon plaisir, avait déjà touché le cœur du farouche empereur. L'éloquence et l'intrépidité du légat lui plurent. Les entretiens particuliers de l'évêque d'Angoulême et ses solides raisonnements firent le reste. Henri, disposé dès ce moment à renoncer au fatal privilége des investitures, traita Girard avec grand honneur et le renvoya chargé de présents (1). En quittant l'Allemagne, le légat reprit le chemin de Rome, heureux de pouvoir annoncer au pape le succès inespéré de son voyage. Quelques jours après, il repassa les Alpes pour retourner à son siége.

L'empereur ne fut pas le seul qu'eût persuadé l'éloquence de l'évêque d'Angoulême : son chancelier, le même qui avait servi d'interprète, Albert de Mayence, demeura, comme son maître, sous le charme puissant de cette parole que la vérité soutenait. C'est, en effet, selon toute vraisemblance, à ce voyage du légat en Allemagne qu'il faut rapporter la conversion de ce personnage fameux. Albert avait toute la confiance de l'empereur, et, plus que tout autre, l'avait poussé à

(1) *Hist. Pont. Engolism.*, p. 43.

persécuter l'Église et à jeter le pape dans les fers. Pour salaire de son iniquité, il avait reçu l'archevêché de Mayence (1111). Comme un autre Saül, il devint l'apôtre, après sa conversion, de la cause qu'il avait persécutée. L'empereur étant revenu à ses vieilles idées d'ambition, Albert s'opposa comme un mur d'airain à ses coupables pensées. Henri V, irrité, le fit jeter en prison, et trois années de la plus dure captivité furent pour lui l'expiation d'une autre captivité dont il avait été le complice. Pascal oublia généreusement les amertumes passées pour ne se souvenir que du malheur de son frère. Il écrivit à l'empereur en faveur de l'archevêque captif, mais sa lettre demeura sans effet (25 janvier 1113) (1). Les citoyens de Mayence furent plus heureux : ils obtinrent les armes à la main l'élargissement d'Albert, qui fut sacré à Cologne le jour de Saint-Etienne (26 décembre 1115) par saint Otton, évêque de Bamberg. Plus tard, quand Calixte II eut excommunié l'empereur, le souvenir de sa longue captivité n'empêcha pas l'archevêque de Mayence de prendre les armes contre ce prince schismatique. Il ne les déposa que lorsqu'il le vit réconcilié avec le pape (2).

Pascal II, on s'en souvient, avait ordonné à son légat d'ôter à Raimond le gouvernement de l'abbaye de Baignes, de le confier à Foulques, puis de discuter les deux élections. Dès qu'il fut de retour de Rome, Gi-

(1) Mansi, *Concil.*, t. XX, 1095.
(2) D. Martène, Præf. ad tom. I, *Amplis. Collect.*, p. xxxiii.

rard exécuta ponctuellement les ordres du pape, et, si ce procès fameux ne se termina pas alors, c'est que Foulques s'obstina à mettre son abbaye sous la dépendance du monastère de Cluny. Sur ce point capital de leur liberté, les religieux de Baignes ne voulurent jamais transiger, et, « de l'avis de l'évêque de Saintes et des
« autres personnes sages, sur la demande de Foulques
« lui-même, le légat invita les parties à comparaître
« devant le pape, et leur assigna pour cela l'époque de
« la fête de tous les saints : ce qui fut agréé de tous. »
Au terme fixé, les parties se présentèrent devant le pape. Pascal écouta avec soin leurs raisons et chargea l'évêque de Porto, les cardinaux Diviczon ou Dinizon et Grégoire, et autres jurisconsultes, auxquels il adjoignit deux religieux de Cluny, Pierre, fils de Pierre Deleu, et Guiron ou Guy, de prononcer le jugement.
« Après avoir longuement discuté la cause, tous se
« trouvèrent conclure à un même avis. Ils jugèrent
« que l'élection de Foulques n'ayant pas été canoni-
« que, sa consécration n'avait pu être canonique ; ils
« établirent que l'élection de frère Raimond avait été
« canonique et que, par suite, ce qu'Arnaud avait dé-
« cidé sur l'institution de l'abbé avait été conforme à
« la justice. Le pape loua ce jugement, et le confirma
« par les lettres que nous transcrivons ci-dessous :

« Pascal, évêque, serviteur des serviteurs de Dieu,
« à ses vénérables frères et coévêques G. (Girard)
« d'Angoulême, légat du siége apostolique, A. (Ar-
« nauld) de Bordeaux, R. (Rainaud) de Saintes, salut
« et bénédiction apostolique.

« Les frères du monastère de Baignes que vous
« avez envoyés vers nous ont présenté leur cause à
« notre audience et à celle de nos frères (les cardi-
« naux). Après l'avoir entendue avec soin, il a paru
« à nos frères que celui-là n'avait pas été dépouillé
« qui de lui-même avait abandonné le monastère, et
« qui, rappelé par ses frères, avait si longtemps refusé
« de revenir, ce qui, d'après leur récit, avait pen-
« dant trois ans privé l'abbaye de l'avantage d'avoir
« à sa tête un abbé. Nous avons donc trouvé juste ce
« que notre frère A. (Arnaud), archevêque de Bor-
« deaux, a établi touchant la substitution d'un abbé,
« avec l'assentiment et l'approbation de l'évêque élu
« de Saintes, dans le diocèse duquel se trouve ce mo-
« nastère. C'est donc sous la dictée de la justice qu'il
« a été jugé que ce même abbé qui a été établi par
« l'archevêque doit conserver le gouvernement du
« monastère ; car, en effet, l'élection et la consé-
« cration du premier ont été faites contre le gré des
« frères et malgré leur opposition, ainsi qu'ils l'ont
« affirmé en notre présence.

« Donné au palais de Latran, le 11 des calendes de novembre (31 octobre 1112). »

Et, comme Foulques avait attaqué le privilége qui devait faire la base des immunités de Baignes, sous prétexte qu'il avait été obtenu furtivement par les frères Andron et Itier, « à la prière de ce même An-
« dron, de Pierre de Coux, chapelain de Saint-
« Étienne, et de leurs compagnons, ce privilége fut

« lu en présence du pape, des cardinaux et des moi
« nes de Cluny, approuvé et confirmé, en sorte qu'une
« église qui, à sa fondation, avait joui de la liberté,
« la conservât à tout jamais (1). » Le procès était
terminé !

On a dû remarquer le silence que gardent les archives de Baignes sur l'attitude de l'abbé de Cluny pendant le cours de cette affaire. Ponce s'efface, Foulques semble seul en cause. Cette réserve de l'abbé de Cluny n'était qu'apparente. Le bref de Pierre de Soubise, la présence des Clunistes au jugement définitif et la lettre XXI (liv. Ier) de Geoffroy de Vendôme ne nous permettent pas d'en douter. Appartenant à la grande famille des Clunistes, l'abbé de la Trinité en avait tout naturellement épousé la querelle. Il n'est donc pas étonnant que le mauvais succès de Foulques ne l'ait pas trouvé insensible :
« Pour se faire rendre justice, écrivait Geoffroy à
« l'évêque d'Angoulême, Foulques, abbé de Baignes,
« vous a demandé des lettres que vous lui avez habi-
« lement refusées jusqu'à ce qu'il les eût achetées
« cent sous. Mais le pauvre homme a perdu son ar-
« gent, et n'a pu par vous se faire rendre justice.
« C'est lui-même qui le dit, se plaignant d'avoir
« perdu à la fois et son argent, et ses droits..........
« Vous avez promis, dit-on, à l'abbé de Saint-Jean
« d'Angely, s'il vous donnait trois cents sous poite-
« vins de Melle, de déposer Rainaud Chesnel, et

(1) Cartul. mss. de Baignes, f° 4 v°, f° 5.

« vous lui avez envoyé par écrit les chefs d'accusa-
« tion. L'abbé lui-même en convient, et prend Dieu
« à témoin de la vérité de ses paroles (1). » Nous
pouvons donc le dire : non content d'avoir obtenu le
bref qui semblait justifier ses prétentions, Ponce in-
triguait avec Foulques pour asservir Baignes, et l'in-
strument de cette intrigue était l'abbé de Saint-Jean-
d'Angely. Ansculfe, le mandataire au concile de Bordeaux (1098) du désintéressement de saint Hugues,
était mort, et Henri, le nouvel abbé de Saint-Jean-
d'Angely, au témoignage de Geoffroy de Vendôme,
était un grand querelleur et un cœur double (2). Baignes, de son côté, venait de trouver en Rainaud
Chesnel, successeur de Pierre de Soubise sur le siége
de Saintes, un champion de sa liberté. On travailla
dans l'ombre : Foulques demanda des lettres, l'abbé
de Saint-Jean-d'Angely la déposition de son évêque.
Nous savons le reste : la justice triompha des intrigues, et Baignes put mettre à la tête de ses archives
la charte qui assurait sa liberté.

Girard trempa-t-il dans cette conspiration contre

(1) *Goffrid. Vindoc.*, lib. I, epist. XXI, p. 13.
(2) « ..... Domnum illum abbatem, quem dicunt homines ex
« longo tempore fuisse discordiæ amatorem, seminatorem jur-
« giorum, pacis perturbatorem. » (*Goffrid. Vindoc.*, lib. IV,
epist. I, p. 37.)

« Locutionem, quam de causa Dei habuimus ad invicem, la-
« bialem ex vestra parte fuisse arbitror non præcordialem......
« Valete ; et si qua sunt in vobis catholicæ pietatis viscera, mihi
« et *in veritate* rescribite. » (*Ibid.*, epist. IV, p. 38.)

Baignes ? Se faisant l'écho de Foulques et de Henri, Geoffroy de Vendôme dit oui ; le cartulaire de Baignes n'accuse que la faiblesse du légat, une certaine *crainte révérencielle* de Cluny. Nous nous rangeons à ce dernier sentiment. Quelle foi mérite, en effet, l'abbé de Saint-Jean-d'Angely après le triste portrait qu'en a tracé lui-même l'abbé de Vendôme ? Pourquoi ne pas voir en Foulques, soi-disant abbé de Baignes, un de ces plaideurs malheureux toujours mécontents de la justice ?

Mais pendant que Baignes combattait pour sa liberté, l'église d'Angoulême acquérait de nouveaux droits sur l'église d'Ains, en Saintonge. Déjà le comte d'Angoulême, Guillaume Taillefer (1108), et les seigneurs de Marthon, Guillaume, Hugues et Robert (1110), avaient reconnu les droits de Saint-Pierre-d'Angoulême sur cette église.

« Moi Pierre, fils de Baudrand, je veux faire savoir
« à tous présents et à venir qu'Audoin, fils d'Os-
« tende, et Aizon son frère, m'ont cédé la moitié
« des droits qu'ils avaient sur l'église d'Aent, sa dîme
« et toutes ses appartenances. Tous ces droits qu'ils
« m'avaient donnés, et tous ceux que je possédais
« déjà dans ladite église et dans toutes ses apparte-
« nances, je les ai ensuite cédés à Girard, évêque
« d'Angoulême, et à tous ses successeurs les évê-
« ques d'Angoulême. J'ai donné de plus au même
« évêque et à ses successeurs mon aide et ma pro-
« tection, qu'on appelle vulgairement *chaptenz*,
« m'engageant à ne pas souffrir que quelqu'un de

« ma seigneurie vexât ledit évêque Girard ou ses
« successeurs, et à voler à leur secours si quelqu'un
« de ma seigneurie ou d'une seigneurie étrangère se
« rendait coupable envers lui de la moindre vio-
« lence. J'ai promis enfin de faire prendre à mon
« fils Audoin, quand il aura fait sa paix avec moi
« (alors il me faisait la guerre), le même engage-
« ment envers l'évêque d'Angoulême et ses succes-
« seurs. Moi Pierre, j'ai confirmé cet acte en mettant
« ma main dans celle dudit évêque Girard, lui pro-
« mettant d'accomplir fidèlement toutes les clauses
« de ce pacte, et, comme garantie de ma sincérité,
« je l'ai embrassé, ce qui est un grand serment. Et,
« pour que cette charte ait plus de force, j'y ai tracé
« de ma propre main le signe de la croix. Furent
« témoins de cette donation ou de ce pacte : Hugues,
« abbé de Saint-Cybard; Guillaume, abbé de Saint-
« Amand; Eldrad, chapelain de l'évêque. Cette do-
« nation a été faite à Angoulême, dans la chambre
« du seigneur Girard, évêque d'Angoulême, l'an de
« l'Incarnation du Seigneur 1112, indiction V, sous
« le règne de Louis, roi de France (1). »

Cette même église d'Ains (2) fut cause d'un voyage que le légat fit l'année suivante en Poitou avec trois de ses chanoines : Ménard Cramail, grand chantre;

---

(1) Cartul. mss. du chapitre de Saint-Pierre d'Angoulême.
(2) Ains et Fraignan, bourg de France, au pays d'Aunis, généralité de La Rochelle, dit Vosgien dans son *Dictionnaire géographique portatif*.

Pierre de Confolent et Eldrad. Boson, frère du vicomte de Châtellerault, possédait dans le diocèse de Saintes la moitié du château de Matha. Cette propriété, que personne ne lui contestait, lui parut un titre suffisant pour s'emparer de la moitié de l'église d'Ains et de sa dîme. L'évêque d'Angoulême, dont, nous venons de le voir, Ains était la propriété, réclama contre cette usurpation; mais Boson ne tint aucun compte de ses réclamations. Girard se vit donc dans la triste nécessité de lancer contre ce seigneur une sentence d'excommunication. Les foudres de l'Église n'effrayèrent point le coupable, et pendant longtemps encore il persévéra dans son injustice. Vint cependant l'heure du repentir, ce fut celle de la paix. L'évêque d'Angoulême va nous dire lui-même à quelles conditions elle fut conclue, cette paix qu'il avait tant désirée. « Voici donc comment ce différend s'est en-
« fin terminé. Ledit Boson a fait entre nos mains
« l'abandon absolu de la moitié de l'église d'Aent, de
« la moitié de la dîme, du cimetière, du casuel et de
« toutes les appartenances de cette même église, et
« ces droits, il nous les a transmis, autant qu'il le
« pouvait, de façon que ni lui ni aucun de ses héri-
« tiers ne puissent prélever la moindre redevance
« sur cette église d'Aent, sur la dîme, sur aucune
« des appartenances de cette église, sur les habi-
« tants du cimetière, soit à l'occasion de leurs mai-
« sons, soit à celle de leur séjour en ce lieu. Ce pacte
« qu'il a fait en notre faveur, il l'a fait également en
« faveur de tous les évêques d'Angoulême, nos suc-

« cesseurs. Et nous, Girard, évêque d'Angoulême,
« nous avons donné audit Boson deux cents sous et
« un cheval estimé cent sous. » Cette charte (sur laquelle Boson et ses deux frères, Emeric, vicomte de Châtellerault, et le chanoine Pierre, tracèrent, selon l'usage, le signe de la croix) fut faite dans le cloître du monastère de Vaux (1), l'an de l'Incarnation du Seigneur 1113 (2).

Le 27 septembre de la même année, un samedi, le légat était à Tulle, où l'avaient appelé les intérêts de l'abbaye de cette ville (3) : en effet, Guillaume, évêque de Cahors, ratifia le décret synodal par lequel Gérald, son prédécesseur, avait donné dans le Quercy aux moines de Saint-Martin certaines églises et leurs dépendances. Au nombre de ces églises étaient celles de Vayrac (Saint-Étienne, Saint-Martin et Saint-Germain), dont l'une (Saint-Étienne) était encore desservie par un prêtre séculier nommé Pierre, que l'évêque retira de la paroisse pour la laisser entièrement entre les mains des religieux. Les témoins de cet acte étaient : Girard, Léger, archevêque de Bourges; Gauzbert, prieur de l'église de Cahors ; Etienne, archidiacre de la même église; Ebol, abbé de Saint-Martin de Tulle, et plusieurs de ses religieux (4).

Le même jour et dans la même séance, le même

(1) Vaux (Vienne), arrondissement de Châtellerault, canton de Leigné-sur-Usseau.
(2) *Pièces justif.*, n° 6.
(3) Tulle ne devint évêché que deux siècles plus tard (1318).
(4) Baluz., *Histor. Tutel.*, lib. II, cap. XIV, p. 129 et 130.

évêque Guillaume ratifia la donation qu'avait faite en 968, au monastère de Saint-Martin de Tulle, de l'église célèbre de Rocamadour, un autre de ses prédécesseurs nommé Fraterius ou Frataire. Étaient témoins : du côté de l'évêque, Gauzbert et Etienne, plus trois chanoines de l'église de Cahors; du côté de l'abbé de Tulle, notre évêque Girard, légat de la sainte Église romaine, Hugues de Lovarsmo (qu'ailleurs on appelle de Lovazin), un de ses clercs, qui l'avait accompagné dans ce voyage; Etienne, secrétaire du monastère de Saint-Martin; quelques moines de cette abbaye, et beaucoup d'autres personnes ecclésiastiques. L'église de Notre-Dame de Rocamadour étant l'alleu du vicomte Adhémar, ce seigneur non-seulement consentit à la donation, mais encore y ajouta une autre de ses terres. L'acte en fut dressé sans aucune contestation (1).

Il n'en fut pas ainsi de la première donation. Quand on voulut lui enlever son église de Saint-Etienne, le prêtre Pierre réclama. Guillaume ne voulut pas qu'il fût dit que la voix du faible avait été méprisée, il assigna les parties à comparaître devant lui dans sa ville de Cahors. Là il écouta les raisons de chacun, examina les chartes du monastère de Tulle, le privilége que Pascal II avait accordé audit monastère; lut de nouveau le décret synodal de son prédécesseur l'évêque Gérald. Plus convaincu que jamais du peu de fondement qu'avaient les plaintes du prêtre Pierre, il

(1) Baluz, *Histor. Tutel.*, Append., col. 377-378.

prononça contre lui la sentence, et, suivant l'avis du légat, lui enleva pour toujours l'administration de l'église en litige. *Rationabili sententiâ et ex præcepto eximii et venerabilis Girardi Dei gratiâ Engolismensis episcopi sanctæ Romanæ Ecclesiæ legati à prænominatâ Ecclesiâ removimus.* Hugues de Lovazin, le clerc de l'évêque d'Angoulême, assistait comme témoin de l'abbé de Tulle à ce jugement définitif. Ainsi l'ordre qu'il donna, *ex præcepto eximii et venerabilis Girardi*, la présence de son clerc, tout prouve que Girard avait suivi à Cahors l'archevêque de Bourges, l'évêque Guillaume, l'abbé de Saint-Martin et les autres témoins de l'acte fait dans cette ville. Il appartenait désormais à Ebol de pourvoir à la nomination de ce bénéfice; il devait cependant se conformer à certaines prescriptions de l'évêque Guillaume que nous ne rapporterons pas ici (1).

Sur ces entrefaites mourut Hélie de la Flèche, comte du Mans. Hélie laissait une fille unique qu'avait épousée le comte d'Anjou. Le droit de sa femme était évident, Foulques V s'empara de la succession d'Hélie. Il avait compté sans l'ambition du roi d'Angleterre. Tinchebrai venait de lui livrer la Normandie, Henri réclama le comté du Mans comme un apanage de ce duché. Le comte d'Anjou résiste aux prétentions du monarque anglais et la guerre s'allume. En sa qualité de légat, l'évêque d'Angoulême intervient, et lance contre Foulques, qui n'est à ses yeux qu'un vassal re-

(1) Baluz., *Histor. Tutel.*, Append., col. 461-464.

belle, une sentence d'excommunication que Geoffroy de Vendôme lui reproche en ces termes : « Je devrais « passer sous silence votre conduite envers le comte « d'Anjou, mais on ne peut tenir secret ce que tout « le monde connaît. Quelques personnes affirment « que, comme un autre Balaam, vous vous êtes laissé « corrompre par l'argent du roi d'Angleterre, et que « c'est la cause de l'injuste sentence d'excommunica- « tion que vous avez fulminée contre ce comte (1). « Bien que votre excommunication n'ait pas eu un « seul jour de validité, elle a cependant fait rougir « les amis de l'Église romaine, et fourni à ses ennemis « l'occasion de la décrier (2). » Le comte d'Anjou pensa comme l'abbé de Vendôme, et continua, malgré l'excommunication du légat (*que le pape refusa sagement de confirmer*), de soutenir par les armes ses droits méconnus. Pendant deux ans la victoire sembla se partager entre les deux compétiteurs. Enfin la paix fut conclue ; Foulques promettait en mariage à Guillaume, fils de Henri, Mathilde, l'une de ses filles, et le roi d'Angleterre abandonnait au futur beau-père, à titre de fief, le comté tant disputé (1113) (3).

(1) L'argent était l'arme favorite du roi Henri, il en connaissait toute la puissance. *Nummi quaslibet injurias levant, ad persuadendum quod intendunt potentes*, dit Guillaume de Malmesbury. Foulques se laissa vaincre plus d'une fois, l'histoire l'atteste, par les présents du roi d'Angleterre : pourquoi ne chercherions-nous pas dans le palais du comte d'Anjou et parmi ses amis les auteurs des bruits injurieux semés ici contre notre évêque ?
(2) *Goffrid. Vindoc.*, lib. 1, epist. XXI, p. 13.
(3) Lingard, *Hist. d'Angleterre*, t. II, ch. III, p. 194-195.

Cette même année (1113), au plus tard, Girard fit construire le palais épiscopal, la chapelle et la salle synodale: « *Aulam Pontificibus et capellam et cameram pictam* (1) *œdificavit.* »

L'année suivante (1114), si nous en croyons Pierre de Saint-Romuald, le légat fit construire la maison de Vars, qu'il fit ceindre de murailles et de fossés, et, jaloux de la prospérité de son église, accrut, par de nombreuses acquisitions à Vars, à Dirac et à Angoulême, la mense de nos évêques (2).

C'est vers ce même temps que nous devons placer un exploit militaire dont Girard partage la gloire avec son auteur. Adhémar, seigneur d'Archiac, s'était emparé par surprise du château de cette ville, lequel appartenait à notre comte Guillaume Taillefer III. Guillaume avait un fils aîné qui, tout jeune qu'il était, marchait déjà sur ses traces. A la force athlétique des Taillefer, Vulgrin joignait une haute taille et de très-belles proportions, la prudence et l'habileté consommée d'un vieux capitaine, une patience infatigable. Il partit, n'écoutant que son courage, et vint mettre le siége devant le château d'Archiac. Adhémar était soutenu dans sa félonie par Guillaume IX, duc d'Aquitaine, par

---

(1) Je sais que d'autres ont mis *Pictavi* à la place de *pictam*. Je préfère la version que lisait P. de Saint-Romuald. On sait que les salles synodales avaient des peintures murales. Au reste, quel besoin l'évêque d'Angoulême avait-il de faire construire une salle synodale à Poitiers?

(2) *Hist. Pontif.*, p. 51.; P. de Saint-Romuald, *Chroniq.*, p. 39.

l'illustre et généreux Bardon de Cognac et par Audoin de Barbezieux, un vaillant guerrier. Vulgrin ne se laissa point déconcerter : il avait l'appui et les conseils *de Girard, d'heureuse mémoire, évêque d'Angoulême et légat de l'Église romaine.* Le jeune comte déployait une prodigieuse activité ; les assauts, et avec eux les fatigues, se multipliaient, et l'ennemi ne parlait pas de se rendre. Vulgrin, de son côté, ne perdait pas espoir, les obstacles ne faisaient qu'aiguillonner son courage. Enfin, la fortune sourit à ses efforts, les portes du château s'ouvrirent. Le puissant Adhémar était vaincu !

Vulgrin ne s'endormit point sur ses lauriers ; profitant du trouble que sa victoire venait de jeter dans l'âme de ses ennemis, il tourna ses armes contre la baronie de Matha, et s'en empara presque sans coup férir, toujours *avec l'aide de Girard.* Ce fief de Matha avait été détaché du comté d'Angoulême par une défaite ; Guillaume III, prisonnier, l'avait donné pour sa rançon. La gloire militaire de Vulgrin ne se démentit presque jamais ; la Victoire, qui suivait partout sa bannière, le rendit la terreur de ses ennemis et le rempart de ses vassaux : *Timor hostium et arma suorum* (1).

Les hauts faits du jeune comte d'Angoulême ne faisaient point oublier à Girard les intérêts sacrés de son diocèse. Cette même année (1114), il entreprenait, en effet, un voyage d'assez longue haleine. La ville

---

(1) *Hist. Pont. et Comit. Engolism.*, p. 44 et 45.

de Saumur en était le terme, le monastère de Saint-Florent l'objet. Le légat venait offrir à cette illustre congrégation l'église de Saint-Surin, près de Châteauneuf (1), reconnaître et consacrer ses droits sur Saint-Florent de la Rochefoucauld. Bien que le second n'indique pas, comme le premier, le lieu où il a été passé, nous ne pouvons séparer ces deux actes relatifs au même monastère, et qu'a vu dresser la même année. « Cher Frère Guillaume, dit Girard à l'abbé
« de Saint-Florent, nous vous donnons dans votre
« salle capitulaire, en vous mettant en main un livre,
« l'église de Saint-Surin, située sur les rives de la
« Charente, près de Châteauneuf, afin que vous en
« soyez à jamais les paisibles possesseurs, sauf ce-
« pendant le droit de l'évêque d'Angoulême et le res-
« pect qui lui est dû. La pensée de cette donation
« que nous vous faisons nous a été suggérée à An-
« goulême, dans notre nouveau palais (2), par notre
« cher fils Achard, archidiacre de notre église (3). »

« De l'autorité de la sainte Église romaine et de

---

(1) Anciennement, dit Corlieu, le lieu de Chasteau-Neuf n'estoit qu'vn petit bourg appelé Berdeville, où y avoit vn vieux chasteau qui, par accident, fut bruslé en l'an mil quatre vingts et vn, et d'autant que ce chasteau fut rebasty à neuf, le lieu perdit son premier nom, et fut des lors appelé Chasteau-Neuf. (*Recueil*, ch. VIII, p. 20.)

(2) Preuve évidente que P. de Saint-Romuald se trompe quand il donne l'année 1128 pour la date de la construction de l'évêché d'Angoulême. (*Chronic.*, p. 59.)

(3) *Pièces justif.*, n° 7.

« l'église d'Angoulême, disait encore le légat à Guil-
« laume, nous vous accordons et confirmons, à vous
« et à vos successeurs, la libre possession de l'église
« de Saint-Florent de la Rochefoucauld, qu'avec l'a-
« grément de notre prédécesseur l'évêque Guillaume,
« d'heureuse mémoire, nos prédécesseurs et vous
« avez bâtie; soyez-en à jamais, et de toutes ses ap-
« partenances et dépendances, les paisibles posses-
« seurs ; qu'elle soit unie à votre monastère comme
« la celle qui en dépend, comme le membre est uni
« au chef; envoyez-y, pour la gouverner, les prieurs
« ou autres religieux qu'il vous plaira. Retirez-les
« quand bon vous semblera, librement et sans que
« personne ne puisse en cela vous contredire (1). »

Vers ce même temps, une discussion s'éleva entre ce prieuré de la Rochefoucauld et celui de Tusson. Un seigneur, dont nous ignorons le nom, avait donné à Saint-Florent une terre qu'on appelle encore aujourd'hui *Chante-Merle* (2). Foucauld, seigneur de Verteuil et fondateur de Tusson, s'opposait à cette donation. Il disait que la terre de Chante-Merle étant de son fief, son vassal n'avait pu l'aliéner sans sa permission, et que, comme suzerain, il en avait antérieurement disposé en faveur du monastère de Tusson. Défenseur naturel des droits de Saint-Florent de la Rochefoucauld, l'abbé de Saint-Florent de Saumur se transporte à Tusson, où déjà le B. Robert d'Arbrissel

(1) *Pièces justif.*, n° 8.
(2) Commune de Saint-Fraigne.

s'était rendu. Entre Guillaume et Robert l'accord était facile. Les religieux de Saint-Florent de Saumur abandonnèrent pour toujours aux religieuses de Tusson la terre de Chante-Merle, moyennant une redevance annuelle de quatre setiers de fèves. Tel est le compromis qui termina cette petite contestation, et auquel le seigneur de Verteuil voulut bien souscrire (1).

Le prieuré de Saint-Florent de la Rochefoucauld avait été fondé en 1060, par Adhémar et Guy de la Rochefoucauld, par Guy et Arnauld, les deux fils de Guy, et par les notables de la ville. Des malheurs publics (dont l'histoire n'a pas dit la nature) avaient déterminé cette pieuse libéralité. La charte de fondation donnait aux religieux de Saint-Florent le droit de construire un faubourg, et c'est l'origine du faubourg de Saint-Florent de la Rochefoucauld. Les religieux de Saint-Florent appartenaient à l'ordre de Saint-Benoît. Leur église n'était point, comme on pourrait le penser, une simple chapelle de communauté plus ou moins spacieuse ; c'était une grande église romane, à

---

(1) A l'occasion de cette discussion, l'auteur de la *Vie du B. Robert d'Arbrissel* a prétendu que Saint-Florent de la Rochefoucauld reconnaissait le seigneur de Verteuil pour l'un de ses fondateurs. Les archives de Tusson disent bien qu'Adhémar de la Rochefoucauld et sa fille Emma cédèrent à ce dernier monastère tous leurs droits sur les moulins de Verteuil, sur le terrain qui touche à ces moulins, sur le four et sur les jardins qui touchent audit monastère ; mais la charte de fondation de Saint-Florent de la Rochefoucauld, que nous avons sous les yeux, ne parle pas le moins du monde du seigneur de Verteuil.

trois nefs, construite sans doute en vue du faubourg. Saint-Florent est encore debout, mais mutilé! Les pierres de son sanctuaire sont dispersées, et, sous les voûtes plusieurs fois séculaires de ses trois nefs, les chants sacrés ne se font plus entendre. Ce silence, cette dévastation sacrilége, sont l'œuvre de 93.

De Saumur, l'évêque d'Angoulême semble avoir remonté le cours de la Loire pour s'arrêter à Sully (1); c'est là, du moins, que nous le retrouvons le 20 septembre de la même année (1114), avec Raoul, archevêque de Tours, et Pierre II, évêque de Poitiers. Ce qui avait obligé ces prélats de se transporter à Sully était un petit différend survenu entre cette abbaye et celle de Fontevrault, à l'occasion d'une forêt sur laquelle les religieux de ces deux monastères prétendaient également avoir des droits. Sur les ordres du légat, le B. Robert s'était rendu sans peine à Sully pour défendre les intérêts de son monastère. Sa seule présence fut pour sa cause un éloquent plaidoyer. Les religieux de Sully furent si frappés de l'air de sainteté qui reluisait en toute sa personne, qu'ils n'osèrent même pas exposer leur demande. Ils déclarèrent donc à Girard et aux évêques qui l'assistaient qu'ils renonçaient bien volontiers à leurs prétentions, et, afin que personne ne pût en ignorer, Pierre, leur abbé, en fit dresser l'acte suivant :

« A nos Révérendissimes Pères et Seigneurs Raoul,

---

(1) Abbaye dans la Touraine à une lieue de Chinon, ordre de Saint-Benoît.

« archevêque de Tours (1); Girard, évêque d'Angou-
« lême, qui tient fidèlement parmi nous et avec la plus
« grande sagesse la place des saints Apôtres; au vé-
« nérable et bien-aimé de Dieu Pierre, évêque de
« Poitiers; Pierre, abbé de Sully, et tout son monas-
« tère; Robert d'Arbrissel, personnage très-célèbre
« et très-agréable à Dieu, et toute son humble et dé-
« vote congrégation, salut et respectueuse obéis-
« sance.

« Comme il est du devoir de la perfection chré-
« tienne de favoriser les saints désirs et toutes les
« justes demandes, prosternés aux pieds de Vos
« Grandeurs, nous supplions très-humblement votre
« bonté de vouloir confirmer par l'autorité que Dieu
« vous a donnée l'accord conclu entre le monastère
« du Saint-Sépulcre de Sully (2) et la sainte église
« de Fontevrault, afin que la malice des hommes ne
« puisse jamais troubler la fraternelle harmonie qui
« doit régner entre ces deux communautés. Gautier,
« seigneur de Montsoreau, prince très-chrétien et
« fondateur de ladite église de Sully, avait attaché à
« perpétuité à cette fondation, entre autres choses, un
« bois appelé le bois de Bort, que les moines de Sully
« devaient défricher, et dont la moitié devait être le

(1) L'archevêque de Tours n'est ici nommé avant le légat
que par méprise; cette petite faute a été réparée dans la sou-
scription.
(2) L'église abbatiale de Sully était dédiée à Notre-Dame du
Saint-Sépulcre, et l'église paroissiale à Saint-Pierre.

« prix de leurs sueurs. L'acte que Gautier avait ob-
« tenu à ce sujet de l'archevêque de Tours, et qu'il
« nous remit scellé de son propre sceau, était conçu
« en termes peu clairs. Dans l'obscurité de cette ré-
« daction prit sa source le différend qui divisa nos
« communautés. Nous, religieux de Sully, nous mé-
« prenant au sens de ces paroles, nous disputions
« aux disciples du susdit Robert la légitime posses-
« sion de tout ce qu'ils avaient fait ou construit dans
« le bois de Bort; églises, ateliers, maisons, défri-
« chements mis par eux en terre labourable, nous
« leur disputions la propriété de tout. Mais nous nous
« sommes assemblés à Sully, le vénérable Robert
« d'Arbrissel, quelques-uns de ses disciples, quel-
« ques servantes de Dieu et nous, abbé de Sully, et
« tous nos religieux, en présence du susdit seigneur
« de Montsoreau, notre fondateur; et là, par respect
« pour un si grand et un si célèbre docteur, Robert
« d'Arbrissel, pleins d'une juste déférence pour ses
« saints avis, nous avons mieux aimé renoncer à une
« partie de notre bien que de contrister en lui et dans
« sa très-illustre congrégation le Saint-Esprit qui y
« habite. C'est pourquoi, du consentement de notre
« dit fondateur, nous avons renoncé pour toujours à
« toutes nos prétentions sur tout ce que possèdent
« audit bois de Bort maître Robert et ses disciples.
« Cette charte a été faite l'an du Seigneur 1114, le
« 20 de septembre, sous le règne de Louis, roi de
« France, Foulques étant comte d'Anjou. Et elle a
« été confirmée par nous, Girard, évêque d'Angou-

« lême, légat de la sainte Église romaine, signée de
« notre main et scellée de notre sceau (1). »

C'est au retour de ce voyage de Sully que l'évêque de Poitiers, Pierre II, voyant le comte Guillaume persévérer dans sa vie scandaleuse, au mépris de l'excommunication lancée déjà contre lui par le légat, l'excommunia à son tour. On sait comment ce saint évêque dut aller expier en exil à Chauvigni (où trois mois après il mourut, 5 avril 1115) le zèle qu'il avait mis à s'acquitter de son devoir. Cette nouvelle sentence d'excommunication ne produisit point l'effet que Pierre II s'était promis, car, quelques années après, nous voyons apparaître au concile de Reims (1119) la comtesse Mathilde demandant au pape là justice que lui refusait toujours le libertinage de son époux.

Quelques mois seulement après l'accord de Sully, pendant que le vénérable évêque de Poitiers gémissait en exil, Girard, qui *était extraordinairement vigilant dans l'exercice de sa charge, et qui ne cessait point d'aller d'église en église, de monastère en monastère, pour en régler les désordres et en apaiser les différends*, passa près de Fontevrault. Des affaires, que l'histoire n'a point dites l'appelaient en Anjou. La tendre sollicitude qu'il avait déjà montrée pour l'œuvre de Robert d'Arbrissel nous dit assez l'empressement avec lequel le légat dut se détourner de son chemin pour visiter Fontevrault. Il trouva cette sainte mai-

(1) Pavillon, *Vie de Robert d'Arbrissel*, Preuves, p. 609 et suiv., n° 182.

son digne en tout de celui qui la gouvernait. Sa présence n'y fut cependant point inutile, car le B. Robert le pria de confirmer un accord fait trois ans auparavant et relatif au prieuré de Tusson. Voici quel était le sujet de la discussion, et ce qui explique l'intérêt que Robert d'Arbrissel attachait à cette affaire.

Fontevrault était à peine fondé et déjà il remplissait le diocèse de Poitiers de la bonne odeur de ses vertus. Attiré par ce parfum de sainteté qu'on y respirait, un seigneur nommé Foucauld, fils de Frénicard, vint trouver le B. Robert. Foucauld possédait à deux lieues de Verteuil une forêt dont l'aspect était affreux et dont les ronces et les épines défendaient presque l'accès. Les tristes ruines d'un vieux monastère, que de pauvres solitaires avaient dû abandonner, tant ces lieux étaient sauvages, voilà Tusson ! L'humble serviteur de Dieu ne refusa point l'offre du seigneur de Verteuil, mais, avant de se rendre aux prières de ce gentilhomme, il voulut avoir l'agrément de son évêque. Foucauld ne se rebuta pas, il alla trouver l'évêque de Poitiers, Pierre II, qui accueillit avec joie sa demande et détermina Robert à faire la fondation tant désirée. Le saint homme mettait à peine la main à l'œuvre que, poussés par l'envie, les religieux de l'abbaye de Nanteuil venaient lui disputer ce lieu désolé. Ils prétendaient que ces tristes ruines, que les vivants jusqu'ici n'avaient pas voulu disputer aux ronces et aux épines, étaient leur propriété. « Les raisons des moines soi-
« gneusement examinées, dit le saint évêque de Poi-
« tiers, comme ils étaient dans l'impossibilité absolue

« de nous prouver qu'ils avaient eu la propriété ou l'in-
« vestiture de cette église, et qu'ils n'appuyaient leurs
« prétentions sur aucun titre, nous avons engagé
« Robert à ne point se désister de son entreprise.
« Mais, refusant de se rendre à nos conseils, il nous
« a toujours répondu qu'il ne continuerait ses con-
« structions à Tusson que lorsque la querelle des
« moines de Nanteuil serait vidée. Nous nous sommes
« donc transporté au monastère de Nanteuil avec nos
« clercs et Foucauld, fils de Frénicard, et nous y
« avons conclu un accord avec l'abbé et les moines
« de ce lieu, dans leur chapitre. Suivant cet ac-
« cord, Foucauld, fils de Frénicard, a constitué aux
« moines de Nanteuil, sur la dîme de Saint-Médard de
« Verteuil, une rente de quatre setiers de froment.
« De son côté, l'abbé de Nanteuil, nommé Gautier, au
« chapitre de son église, en notre présence, de l'a-
« grément et de l'avis de ses religieux, a renoncé en-
« tièrement à cette querelle et a consenti à transférer
« à Robert, auxdites religieuses et à leurs serviteurs,
« la possession entière, paisible et perpétuelle, de
« l'église et du lieu de Tusson. » Cet accord fut fait
« l'an de l'Incarnation du Seigneur M.C.XII. (1). »

Girard lut la charte que lui présentait Robert, et il
écrivit : « Ayant pris connaissance de l'accord conclu
« au chapitre du monastère de Nanteuil entre notre
« vénérable frère Pierre, évêque de Poitiers, et Gau-
« tier, abbé de Nanteuil, du consentement de ses re-

(1) Pavillon, *Vie de Robert d'Arbrissel*, Preuves, p. 606, n° 170.

« ligieux, touchant l'église et le lieu de Tusson, que
« disputaient à notre frère Robert ledit Gautier et ses
« moines, nous nous sommes réjoui à la pensée que ces
« vieilles ruines seraient réparées et qu'on y verrait
« fleurir de nouveau la piété. C'est pourquoi nous
« louons et confirmons ledit accord, défendant par
« l'autorité du siége apostolique à toutes personnes,
« tant laïques qu'ecclésiastiques, de troubler jamais
« les religieuses et les frères qui servent Dieu avec
« elles en ce lieu. Donné l'an de l'Incarnation du
« Seigneur 1115, indiction VIII (1). »

Le saint fondateur de Fontevrault ne tarda pas à rendre à Girard la visite qu'il lui avait faite. Ce furent encore les affaires de son ordre qui amenèrent le B. Robert à Angoulême. Sentant sa fin prochaine, l'illustre missionnaire avait réuni autour de lui ses religieuses et ses religieux, et leur avait proposé d'élire une supérieure générale, qui serait comme la mère de toute la congrégation, ce qu'avait été Marie pour les disciples du Sauveur. Tout le monde s'était empressé de nommer Pétronille de Craon, veuve du baron de Chemillé (28 octobre 1115), qui seule fut mécontente du choix qu'on avait fait. Toutes les formes avaient été observées, il ne manquait donc plus à cette élection que l'approbation du légat. Robert, qui venait de retrouver un reste de forces, se chargea de ce soin. L'humble missionnaire se rendit donc à Angoulême (1115). Girard le reçut avec une grande bonté, et,

---

(1) *Pièces justif.*, n° 9.

pour montrer combien Fontevrault lui était cher, envoya à ses frais un exprès à Rome pour faire confirmer par le Pape l'élection, que lui-même avait approuvée. Le B. Robert prit congé du légat, et retourna plein de joie dans sa chère solitude. Il y était à peine arrivé, que l'évêque d'Angoulême frappait à la porte de son monastère. Des affaires pressantes l'ayant obligé de faire un second voyage en Anjou, Girard s'était détourné de sa route pour visiter Fontevrault. Le légat prouva dans cette circonstance à la nouvelle abbesse combien son élection lui était agréable, car il mit un grand empressement à approuver un don considérable que venait de lui faire un seigneur nommé Giraud de Corps (1). « Nous approuvons, dit Girard, le don ou
« aumône que Giraud de Corps vous a fait, en notre
« présence, à vous et aux religieuses qui servent Dieu
« dans le monastère de Fontevrault, du Mas d'Onge
« et de ses dépendances, des terres labourables et
« incultes, de ses forêts, du pâturage de ses forêts
« et du droit de prendre dans ces dernières le bois
« dont vous aurez besoin pour la construction de vos
« maisons et vos autres nécessités, des eaux et des
« prés, du droit de pêche dans ses eaux, de ses ma-
« noirs, fiefs et maisons que vous pourrez acquérir,
« des péages et des coutumes de sa terre. Nous louons
« aussi et confirmons par l'autorité du siége aposto-
« lique le don qu'il vous a fait ensuite du Mas de Ris
« et de ses appartenances, pour que vous les possé-

(1) Corps (Vendée), arrondissement de Napoléon-Vendée, canton de Mareuil.

« diez, et en jouissiez à jamais paisiblement et sans
« aucun trouble, vous et les religieuses qui viendront
« après vous (1). »

Après cette confirmation de la donation de Giraud de Corps, le légat, *qui était accablé d'affaires et qui était appelé de tous côtés*, ne resta guère à Fontevrault; il dit donc adieu à Pétronille et au B. Robert, qu'il ne devait plus revoir sur cette terre, car le 25 février suivant (1116) cet homme vraiment apostolique était sorti de ce monde (2).

La mort, qui brisait les liens qui attachaient l'évêque d'Angoulême au B. Robert d'Arbrissel, ne brisa pas du même coup ceux qui l'attachaient à son ordre. Nous avons vu la grande affection de Girard pour Fontevrault, les visites qu'il fit à cette sainte maison pour lui procurer la paisible jouissance de ses biens, nous allons voir maintenant le zèle avec lequel il prit en main sa défense dans les conciles. Nous sommes à l'année 1116 et au concile de Châteauroux, que le légat tint le 18 mars. Les actes de ce concile sont perdus, mais nous savons qu'il y fut question de l'ordre de Fontevrault, et qu'on y régla définitivement une affaire pendante depuis un certain temps entre cette célèbre abbaye et celle de Saint-Cyprien de Poitiers.

Guillaume de Maurac et sa famille avaient fait don aux Augustins du monastère de Saint-Severin, dans la personne d'Aimar, leur abbé, de la moitié des terres

(1) *Pièces justif.*, n° 10.
(2) Pavillon, *Vie de Robert d'Arbrissel*, ch. LXXIV, p. 247-249.

qu'ils possédaient à Conoul. Longues années après cette donation, vinrent de Fontevrault à Conoul, pour fonder un monastère de femmes, quelques disciples de Robert d'Arbrissel, de sainte mémoire. La beauté du site, la fertilité du sol, concordaient admirablement avec leur plan ; ils convinrent donc du prix de la terre avec Arnaud, abbé de Saint-Severin. L'évêque de Poitiers, qui avait quelques raisons de soupçonner la bonne foi d'Arnaud, disent les archives de Fontevrault, demanda aux moines de Saint-Severin de ratifier la convention faite avec leur abbé. Un cens annuel de dix sous que les religieuses devaient payer, à la fête de Saint-Michel, aux moines de ce monastère et à ceux de Fontevrault, était le prix convenu. Le jour fixé pour la signature de l'acte, des nécessités pressantes, dit l'histoire, retinrent à Fontevrault Pétronille de Chemillé et l'empêchèrent de se rendre au lieu convenu. Les moines de Saint-Cyprien de Poitiers, en particulier Bernard de Marca, leur abbé, apprenant ce petit contre-temps, prennent aussitôt la résolution, malgré l'avis de l'évêque de Poitiers, de le faire tourner à leur profit. Ils vont donc trouver l'abbé de Saint-Severin, et concluent l'affaire au nom de leur propre communauté. A cette nouvelle, Pétronille, indignée, en appelle à la justice de son évêque, qui la mande avec l'abbé de Saint-Cyprien au chapitre de son église. Les deux parties entendues, l'évêque ne vit rien de mieux que de renvoyer l'affaire aux moines de Saint-Severin, leur abandonnant le soin de la régler en toute justice. Pétronille et l'abbé de Saint-Cyprien se présentèrent devant le chapitre de Saint-Severin ; les chanoines se souvinrent alors de la convention faite antérieurement avec les religieuses de Fontevrault, et la terre fut adjugée à Pétronille par l'évêque de Poitiers. Furieux de leur échec, Bernard de Marca et ses moines, au mépris de toute justice, envahissent Conoul. Tant d'audace ne pouvait rester impunie ; l'évêque de Poitiers excommunie les moines de Saint-Cyprien et leur abbé, qui n'en persévérèrent pas moins dans leur injustice. Comme l'affaire traînait en longueur, Pétronille, qui avait hâte d'en finir, porta sa plainte à Girard, évêque d'Angoulême. Le légat ajourna la décision jusqu'au concile de Châteauroux. L'abbé de Saint-Cyprien y reconnut ses torts, se rendit au monastère de Saint-Gildas (1), où se trouvaient l'évêque de Poitiers, Guillaume Ier, et les évêques du Mans et d'Angers, et là, en leur présence, il répara l'injure qu'il avait faite à Pétronille et, dans sa personne, aux religieuses de Fontevrault. C'est tout ce que l'histoire nous apprend du concile de Châteauroux (2).

---

(1) Est-ce Saint-Gildas-des-Bois (Loire-Inférieure), ou bien une faute s'est-elle glissée dans la charte et faut-il lire : Saint-Gilles (Indre), arrondissement du Blanc? Nous n'osons trancher la question.

(2) D. Martène (*Thesaur. nov.*, t. IV, col. 133) place ce concile après 1114, sans préciser davantage l'année. Des faits certains nous déterminent à le dater de 1116 ; en effet, l'élection de Pétronille de Chemillé n'eut lieu que le 28 octobre 1115 ; Robert d'Arbrissel, qui mourut le 25 février 1116, était mort lors du concile, et Bernard d'Abbeville, le seul du nom de

Girard venait pour ainsi dire de régler ce procès, lorsqu'une affaire non moins embarrassante l'appela à Excideuil, au diocèse de Périgueux. Il s'agissait de la forêt de Manzenas. Les parties intéressées étaient le vicomte de Comborn et l'abbé d'Uzerche. Il y avait à la celle de Ventadour (1), en qualité de prieur, un religieux de l'abbaye de Cluny nommé Philippe. Profitant de la présence à Tulle de l'évêque de Limoges, Bernard, vicomte de Comborn, voulut, pour le salut de son âme, donner à ce religieux et à l'abbaye de Cluny la forêt d'Amanzenas (qu'on appelait déjà Manzenas), qu'il disait lui appartenir. Mais ceci se passait en présence d'un moine d'Uzerche nommé Gérald et de l'archidiacre de qui relevait cette terre. Attaquer canoniquement cette donation du vicomte de Comborn fut pour eux l'affaire d'un instant et leur premier mouvement. Le moine d'Uzerche disait que le comte de la Marche avait donné cette terre à son monastère dans la personne de l'abbé Gérald ; qu'au reste elle

Bernard que nous trouvions à cette époque parmi les abbés de Saint-Cyprien, rendit son âme à Dieu en 1116. Reste une difficulté : Guillaume Ier était évêque de Poitiers lors du concile de Châteauroux, et Guillaume, dit la *Chronique de Maillezais*, ne fut sacré que le 16 juin 1117. La *Chronique de Maillezais* se serait-elle trompée ? Nous le pensons. Il nous paraît peu probable, malgré l'exil de Chauvigni, que l'église de Poitiers soit restée veuve du 5 avril 1115, époque de la mort de Pierre II, au 16 juin 1117, jour, d'après la *Chronique de Maillezais*, du sacre de son successeur, Guillaume Ier.

(1) Aujourd'hui, le Moustier-Ventadour (Corrèze), arrondissement de Tulle, canton d'Egletons.

était située sur la paroisse de Treignac, dont l'évêque Humbaud de Sainte-Sévère leur avait confié l'église (ce qu'avaient attesté en plusieurs circonstances et devant bon nombre de personnes les moines de son couvent). Il ajoutait que cette donation d'Oddon de la Marche, Boson, son successeur, l'avait confirmée; que ses frères étaient prêts à venir affirmer par serment la vérité de ses allégations, si le vicomte de Comborn voulait bien leur accorder un sauf-conduit. Ceci se passait en présence de l'évêque Eustorges, de G., abbé de Tulle, de l'archiprêtre Élie (de Gimel) et de beaucoup d'autres personnes, tant ecclésiastiques que laïques. La partie adverse se récria, de son côté, contre ces prétentions des moines d'Uzerche, et l'évêque de Limoges se vit dans la nécessité de fixer un jour pour vider le différend. Dans cet intervalle, Philippe, le moine de Cluny, vint trouver le légat à Angoulême, et lui expliqua son affaire. Il dit que tout s'était passé selon les règles habituelles de la plus scrupuleuse justice; qu'il tenait cette terre de l'abbé de Solignac (1), qui affirmait qu'elle était son alleu, et présentait à l'appui les chartes qui prouvaient la sincérité de ses paroles. L'évêque de Limoges avait déjà vu ces prétendues chartes, il en avait reconnu toute la fausseté, et avait convaincu de mensonge celui qui les avait fabriquées. Girard l'ignorait. Il se laissa persuader, et remit à Philippe l'acte suivant :

(1) Solignac (Haute-Vienne), arrondissement et canton de Limoges.

« Girard, évêque d'Angoulême et légat de la sainte Église romaine, à Ponce, illustre et vénérable abbé de Cluny, aux frères que Dieu lui a confiés et à leurs successeurs à perpétuité.

« Le récit de notre cher fils Philippe, prieur de la
« celle de Ventadour, et les chartes que nous avons
« lues, nous ont appris l'accord par lequel les chers
« frères Maurice, abbé de Solignac, et son chapitre
« ont cédé pour toujours à frère Philippe et, dans sa
« personne, à votre communauté, tous leurs droits sur
« l'église de Saint-Martin de Treignac, ses apparte-
« nances et dépendances, et sur la forêt d'Amanzenas ;
« droits que le monastère de Solignac tenait de la li-
« béralité des vicomtes et de la concession des évê-
« ques de Limoges. La sollicitude du siége aposto-
« lique, qui repose sur nous, nous faisant un devoir
« d'aimer l'union des communautés religieuses, nous
« louons, et confirmons par l'autorité de ce même
« siége apostolique le susdit accord, de façon que
« dans la suite personne ne puisse vous troubler, ni
« vous, ni vos successeurs, dans votre légitime pos-
« session. Et, pour donner plus de force à cette con-
« cession ou confirmation, pour la rendre incontes-
« table, nous l'avons signée de notre main, et fait
« sceller de notre sceau.

« Donné à Angoulême, l'an de l'Incarnation du Verbe 1116,
« indiction VIIIe sous le règne de Louis, roi de France (1). »

(1) *Pièces justif.*, n° 11.

Le jour fixé par l'évêque de Limoges, le prieur de Ventadour se présenta, mais quand Eustorges voulut prononcer le jugement que les deux parties appelaient de tous leurs vœux, Philippe exhiba le titre qu'il avait obtenu du légat. Grand fut l'étonnement de l'évêque de Limoges; il lut cependant l'acte fait à Angoulême, fit à Philippe de vifs reproches sur sa dissimulation avant le jugement, et sur son recours furtif au légat. Enfin, ne pouvant maîtriser sa juste indignation, Eustorges sortit brusquement du lieu de la séance. Albert, abbé d'Uzerche, et l'archidiacre A., qui l'avait accompagné, virent bien que la religion de Girard avait été surprise; ils ne se tinrent donc pas pour battus, et en appelèrent au légat mieux informé. Excideuil fut le lieu de la nouvelle réunion. L'évêque Eustorges s'y présenta avec ses clercs, l'abbé d'Uzerche avec ses religieux, Adhémar, vicomte de Limoges, avec ses barons. On examina scrupuleusement les raisons des deux parties, et l'évêque d'Angoulême prononça le jugement suivant : ... « De l'avis de nos vénérables frères, les
« évêques de Limoges, de Périgueux et d'Agen, nous
« avons décidé que Bernard, vicomte de Comborn,
« répondrait autant que la raison l'exigerait au comte
« de la Marche, si ce dernier l'attaquait dans les qua-
« rante jours qui suivront le jugement relatif au franc-
« alleu auquel croyaient avoir droit par lui les moines
« d'Uzerche. Et, parce que la charte qu'ils produisaient
« au sujet de la donation de l'église de Treignac par
« l'évêque Umbaud n'avait point la force canonique
« qu'ils lui prêtaient, nous avons décidé, lesdits

« évêques et Nous, que, dans les mêmes quarante
« jours, les moines d'Uzerche produiraient deux
« témoins qui prouveraient avoir vu et entendu ledit
« évêque de Limoges donnant, avec l'agrément de l'ar-
« chidiacre Gaubert et de l'archiprêtre Boson, ladite
« église de Treignac au monastère de Saint-Pierre
« d'Uzerche; et que jusque-là les moines de Cluny
« demeureraient paisibles possesseurs de la terre que
« leur avait donnée Bernard de Comborn, et y feraient
« les constructions qu'ils jugeraient convenables.

« Furent présents à ce jugement et y donnèrent
« leur assentiment, nos frères lesdits évêques; Hil-
« debert, Gérald, archidiacres de Limoges; Arnaud,
« fils de Guillaume, Guillaume de Nanclars (1), ar-
« chidiacres de Périgueux; Geoffroy, archidiacre
« d'Agen; Pierre (2), grand chantre d'Angoulême;
« Julien, Esdrade, Raymond, chanoines d'Angoulême;
« Elie de Gimel et Ranulfe ou Renoul de Garait, ar-
« chiprêtres de Limoges, et beaucoup d'autres véné-
« rables clercs.

« Fait à Excideuil, au diocèse de Périgueux, l'an de l'Incar-
« nation du Verbe 1116, indiction VIIIe, sous le règne de Louis,
« roi de France (3). »

Copie de ce jugement fut remise à Philippe, prieur
de Ventadour, pour qu'il s'y conformât dans le délai

---

(1) Guillaume de Nanclars devint plus tard évêque de Périgueux.

(2) Pierre de Confolent fut sacré l'année suivante évêque de
Saintes.

(3) *Pièces justif.*, n° 12.

fixé. Les moines d'Uzerche en remplirent sans peine les conditions : ils produisirent les deux témoins requis, lesquels affirmèrent avoir assisté à la donation de l'église de Treignac; le comte de la Marche vint, sur leur demande, attester la donation qu'il avait faite ; mais les moines de Ventadour, Philippe et Adhémar, négligèrent d'accomplir les conditions qui leur avaient été imposées, et continuèrent à posséder injustement la terre de Saint-Pierre d'Uzerche. Enfin le vicomte Bernard, à la demande d'Adhémar, promit de se trouver à Laubis, le jour de la fête de Saint-Marcel, pour traiter cette affaire. L'abbé d'Uzerche se rendit avec ses témoins au lieu convenu; il y trouva Adhémar, qui, dédaignant de répondre, se renferma dans un silence absolu. Les choses en étaient là lorsque l'abbé de Cluny vint à Lubersac. Gérald, prieur d'Uzerche, profita de la circonstance pour lui exposer ses griefs contre Philippe et Adhémar. Ponce fit appeler ces religieux, et, prenant leurs mains, les mit dans celles du prieur d'Uzerche, leur ordonnant au nom de la sainte obéissance d'exécuter à la lettre, envers les moines d'Uzerche, le jugement que le légat avait rendu à Excideuil (1).

Pour bien comprendre cette affaire, qui à la première vue paraît assez embrouillée, il faut remarquer que le point de la discussion entre les moines de Ventadour et ceux d'Uzerche était double. Philippe ne bornait pas ses prétentions à la forêt d'Amanzenas, il

(1) Baluz., *Miscell.*, lib. VI, p. 494.

les étendait jusqu'à l'église même de Treignac, sur laquelle, disait-il à Girard, lui donnait des droits la cession des religieux de Solignac. Ses premières prétentions, dont la terre de Manzenas était l'objet, il les soutenait par le vicomte de Comborn ; les secondes, sur l'église de Treignac, il les appuyait sur les chartes que lui avait fournies l'abbaye de Solignac, mais ces chartes étaient l'œuvre d'un faussaire. La bonne foi du légat fut un instant surprise, et il donna la lettre *à Ponce, abbé de Cluny.* A Excideuil, Girard reconnut bien vite son erreur. Cependant les chartes contraires que présentaient les moines d'Uzerche n'offraient pas toute la certitude désirable. De là nécessité d'en appeler au témoignage de ceux qui avaient vu et entendu l'évêque Umbaud. Restait une difficulté. La terre de Manzenas avait été donnée deux fois : au monastère de Tulle par Oddon, comte de la Marche ; à la celle de Ventadour par Bernard, vicomte de Comborn. Qui des deux donataires avait disposé sans droit de cette forêt? Bernard disait qu'elle avait toujours été l'alleu de ses ancêtres. La justice voulait qu'on donnât au comte de la Marche le temps de prouver le contraire, s'il le pouvait, sans toutefois laisser l'affaire perpétuellement indécise. Quarante jours furent donc donnés à Oddon pour prouver la validité de la donation qu'il avait faite. Pendant ce temps-là les religieux de Ventadour restaient maîtres légitimes de la terre contestée. *Melior est conditio possidentis.* Voilà l'affaire dans toute sa simplicité.

Vers la même époque (de 1114 à 1116), Rainaud

Chesnel, évêque de Saintes, *sur la demande de Girard, évêque d'Angoulême et légat du siége apostolique, et des chanoines d'Angoulême*, donna à Saint-Pierre, aux dits chanoines et à leurs successeurs à perpétuité *l'église de Touzac, son cimetière et son casuel que l'on appelle fief presbytéral*. Cette donation se fit en présence dudit évêque Girard, de Pierre (de Confolent), grand chantre (1); d'Itier, écolâtre de Saintes; d'Itier d'Archambaud et de plusieurs autres; de Guillaume Testaut, qui renonça, entre les mains de l'évêque de Saintes, aux droits qu'il avait sur le cimetière, le casuel et l'église de Touzac. Rainaud réservait les droits canoniques de l'évêque de Saintes (2).

La renonciation à ses droits sur Touzac, Guillaume Testaut la renouvela entre les mains de notre évêque Girard. Il persuada de même à Hélie Bochard et à Arnaud Testaud, ses frères, de faire comme lui, en faveur du chapitre de Saint-Pierre, l'abandon de leurs droits sur cette église de Touzac, son cimetière et son casuel. Ils ne faisaient en cela que suivre l'exemple de Foulques leur frère, qui, en mourant, avait donné auxdits chanoines d'Angoulême, pour la rémission de ses

---

(1) En 1113, nous l'avons déjà vu, Ménard Cramail était encore grand chantre; au mois d'avril 1117, Pierre de Confolent était évêque élu de Saintes; nous ne pouvons donc placer cette charte que de 1114 à 1116. Disons encore que la *Chronique de Maillezais* se trompe quand elle fait mourir Rainaud Chesnel en 1111, l'année même de son élection au siége de Saintes.

(2) Cartul. mss. du chapitre d'Angoulême.

péchés, tout ce qu'il possédait dans l'église de Touzac. Outre l'évêque d'Angoulême, les témoins étaient : Guérin, écolâtre (d'Angoulême); Itier d'Archambaud et Geoffroy (1).

Dans les premiers jours de l'année suivante (1117), l'évêque Girard mit fin à une querelle qui s'était élevée entre un clerc nommé Bernard de Fontenille (2) et la célèbre abbaye de Charroux, à l'occasion du partage des revenus de l'église du monastère de Sivrac, en Angoumois (3). Les parties comparurent devant le légat, et, leurs raisons scrupuleusement écoutées, « de concert avec les vénérables frères Hugues, abbé « de Saint-Cybard; Achard, archidiacre d'Angou- « lême; Pierre, grand chantre d'Angoulême, nous « avons réglé, et voulons qu'il soit décidé, dit Girard, « que les moines de Charroux auront dans cette « église les trois quarts de l'argent, des cierges, des « dîmes, celle de Saint-Claud, qui appartient aux « moines, exceptée, et quatre deniers qui sont au « chapelain. Le cierge pascal de l'année précédente, « quand, la veille de Pâques, le nouveau cierge aura « été bénit, appartiendra aux moines. Quant aux of- « frandes qui seront faites à l'église le lundi des Ro- « gations, au jardin, aux offrandes de confession (4),

(1) Cartul. mss. du chapitre d'Angoulême.
(2) Fontenille, arrondissement de Ruffec, canton de Mansle.
(3) On voit près de Saint-Claud, sur les bords d'une fontaine que la dévotion du peuple a consacrée, les ruines d'une chapelle qui pourrait bien être l'église ici nommée.
(4) Offrandes volontaires faites autrefois par les pénitents à leur confesseur.

« aux terres, aux aumônes tant des vivants que des
« morts, nous voulons que ledit prêtre et les moines
« les partagent également. Cet accord a été fait dans
« le cloître de l'église catédrale d'Angoulême, l'an de
« l'Incarnation du Seigneur 1117, indiction X^e (1). »

Cette affaire terminée, Girard dut s'occuper d'une autre affaire qui intéressait plus directement son église. Il s'agissait d'une discussion qui s'était élevée entre le chapitre de Saint-Pierre d'Angoulême et l'abbaye de Bassac, à l'occasion du bois et de la terre de Moulède. L'abbé de Bassac, nommé Geoffroy; Jean, prieur du monastère, et le moine Humbert étaient venus plaider eux-mêmes leur cause. L'abbé de Saint-Cybard, Hugues, était présent. Un accord fut conclu. En voici les conditions, telles que le légat les a dictées : « Les chanoines jouiront de la moitié de la
« partie de Moulède que possèdent les moines de
« Bassac; ces religieux jouiront, de leur côté, de la
« moitié de la partie de Moulède qu'Émeric Corgnol
« a donnée à Saint-Pierre et aux chanoines. De plus,
« et chanoines et moines partageront également les
« acquêts. Si cependant ces acquêts se font à prix
« d'argent, et que les moines ne veuillent ou ne puis-
« sent donner leur quote-part, les chanoines en fe-
« ront les avances jusqu'à la concurrence de trois
« cents sous, et jouiront de ces acquêts jusqu'à ce
« que les moines aient remboursé en nature, sur la
« moitié qui leur revient, c'est-à-dire en froment, en

(1) *Pièces justif.*, n° 13\.

« vin et en autres revenus dudit bois et de ladite terre,
« la valeur en argent que les chanoines auront pour
« eux avancée. Les chanoines recevront ces denrées,
« le froment au courant de la moisson, et le vin à
« celui des vendanges. Pour réparer l'oubli que nous
« en avions fait, nous statuons que les moines et les
« chanoines partageront également les revenus de
« l'église et du cimetière, le droit paroissial et les
« moulins (1). » La charte fut faite en chirographe, et
partagée entre les deux chapitres des chanoines et
des moines. Les seigneurs laïques qui avaient quelques prétentions à faire valoir sur ledit lieu de Moulède se présentèrent; c'était Pierre Baudrand qui, pour le repos de son âme, de celle de son père et de celles de ses parents, consentait que les chanoines de Saint-Pierre et les moines de Bassac partageassent tout ce qu'il leur avait donné du bois de Moulède, et en déposait la charte authentique sur l'autel de Saint-Pierre; c'étaient Aimar Ponsat, Foucauld et Arnaud, ses deux fils, qui abandonnaient à perpétuité entre les mains de *Girard, évêque d'Angoulême et légat de la sainte Église romaine,* en présence de l'archidiacre Achard, d'Ithier d'Archambaud, de Geoffroy d'Angoulême et de plusieurs autres chanoines, tout ce qu'ils possédaient du bois de Moulède. L'évêque, l'archidiacre et les chanoines s'engageaient, de leur côté, à ne jamais refuser aux donateurs susdits, à leurs épouses et à leurs enfants, malades ou en santé, pour

(1) *Pièces justif.*, n° 14.

quelque injure que ce soit qu'ils ne refuseraient pas de réparer, la pénitence, le corps et le sang du Seigneur (1).

Peu de temps après cet accord de Moulède, au mois d'avril, Angoulême vit arriver dans ses murs les évêques de Bretagne : Baudri de Dol, Briccius de Nantes, Robert de Quimper ; les évêques du Mans et d'Angers, le B. Hildebert et Renaud de Martigné (2). Un sixième était présent ; mais ce dernier n'avait pas encore reçu l'onction qui fait les pontifes : c'était Pierre de Confolent, l'élu du siége de Saintes. Ces hommes vénérables n'étaient point venus seuls frapper à la porte de notre cité ; quelques-uns de leurs clercs, des abbés et des moines de leurs diocèses les avaient accompagnés dans ce long voyage. Quel motif amenait chez nous tous ces illustres étrangers ? Nous n'hésitons pas à prononcer le mot de *concile,* que justifient et la présence de tant d'évêques, et les nombreuses affaires qui se traitèrent alors à Angoulême.

Parmi ces affaires, nous trouvons en première ligne l'indication d'une charte que Girard donna en faveur de Cluny, et que signa Amblard, abbé de Saint-Martial de Limoges. Pourquoi cette charte ? A quel procès mettait-elle fin ? Nous l'ignorons absolument. Les auteurs de la *Gallia* se contentent d'en faire mention (tome II, col. 560), et ailleurs nous n'en avons

---

(1) Cartul. mss. du chapitre de Saint-Pierre d'Angoulême.
(2) Martigné-Briand (Maine-et-Loire), arrondissement de Saumur, canton de Doué.

pas trouvé la moindre trace. Nous sommes plus heureux pour l'affaire qui va suivre.

Dans la paroisse de Lanteuil (1), alors dépendance du monastère de l'Écluse (2), sur une petite montagne qu'on appelle Auriole, non loin de la forêt de Roia, était une église dédiée à saint Nicolas. Un privilége de Pascal II, daté de Latran (31 mars 1114), la met au nombre des églises possédées par les moines de Tulle (3). Ebol de Turenne, en faisant confirmer à son monastère, par l'autorité du siége apostolique, cette possession de l'église d'Auriole, avait prétendu la soustraire à toute discussion. Il n'en fut rien. Peu de temps après la bulle de Pascal, Ermengaud, abbé de l'Écluse, revendiqua l'église de Saint-Nicolas. Cette église, disait-il à Ebol, est sur la paroisse de Lanteuil, et Lanteuil appartient au monastère de l'Écluse.

En vain l'abbé de Tulle invoquait-il à l'appui de sa propriété l'autorité du pape Pascal, qui l'avait reconnue, Ermengaud s'en tenait toujours à son argument. Il fallut plaider. L'affaire fut portée devant le Souverain Pontife lui-même, qui la renvoya à son légat l'évêque d'Angoulême. *Ex præcepto Domni Papæ Engolismæ unà cum Tutelensi abbate convenimus.* Les parties vinrent donc trouver Girard dans sa

---

(1) Lanteuil (Corrèze), arrondissement de Brive, canton de Beynat.

(2) Dans la *Gallia Christ.* (t. II, *Eccles. Clarom. Instrum.*, col. 91, B), il est parlé d'un monastère de Saint-Michel-de-l'Ecluse; c'est probablement celui dont il est ici question.

(3) Baluz., *Hist. Tutel.*, Append., col. 463.

ville épiscopale. Nous avons déjà dit qu'il n'y était pas seul. Les évêques du Mans et d'Angers, Hildebert et Renaud de Martigné, se joignirent à lui pour régler cette affaire. Les abbés de Saint-Cybard d'Angoulême, de Saint-Pierre de Maillezais, de Sainte-Croix de Talmont et de Saint-Junien de Nouaillé firent également partie de cette commission. Les raisons d'Ermengaud et d'Ébol entendues, le légat, les évêques et les abbés susdits donnèrent à Ermengaud le conseil d'abandonner aux moines de Tulle toutes les prétentions de son monastère sur le mont Auriole et la forêt de Roia. L'abbé de l'Écluse se rendit sans peine à ce conseil. Il consentit à ne jamais troubler la possession du monastère de Tulle, à la condition cependant que, chaque année, le titulaire de ladite église de Saint-Nicolas donnerait un boisseau de froment aux églises de Lanteuil et d'Albignac, et au moine de l'Écluse chargé de desservir ces églises, et qu'il le ferait conduire chez ledit moine à Albignac. Tel est l'accord fait à Angoulême, par les soins du légat, le 19 avril 1117, entre les monastères de l'Écluse et de Saint-Martin de Tulle (1).

Cette querelle vidée, le concile s'occupa d'une affaire non moins délicate. Deux abbayes célèbres, Bourgueil et Montierneuf (2), se disputaient l'église de Migné (3). En l'année 1102, Baudri, septième

(1) Baluz., *Hist. Tutel.*, Append., col. 441-442.
(2) L'abbaye de Montierneuf est aujourd'hui une paroisse de la ville de Poitiers.
(3) Migné (Vienne), arrondissement et canton de Poitiers.

abbé de Bourgueuil, reçut d'Étienne de Migné l'église de ce lieu (1). « Mais cette église, l'évêque de Poitiers l'avait déjà donnée à notre monastère, et le pape Urbain II, au concile de Clermont (novembre 1095), avait confirmé cette donation de l'évêque Pierre, » disaient les religieux de Saint-Jean de Montierneuf. « Notre propriété est bien plus ancienne, répliquaient les moines de Bourgueuil, elle remonte jusqu'à la fondation de notre monastère, auquel Emma, comtesse de Poitiers, notre fondatrice, avait donné cette église de Migné; nos droits sur Migné, le pape Jean (XX) les a reconnus en confirmant la charte qui les affirme, et votre évêque Pierre, de sainte mémoire, les a comme lui consacrés (2). » Meilleure, dit un vieil adage de droit, est la condition de celui qui possède. Les religieux de Montierneuf le pensaient, aussi refusaient-ils de mettre les moines de Bourgueuil en possession de l'église de Migné. On se disputa ainsi pendant longtemps l'église susdite. Baudri devint archevêque de Dol, et la question paraissait sommeiller, lorsque Guibert la renouvela. Nous sommes au concile d'Angoulême, et nous connaissons les raisons des deux parties. Pierre, l'évêque de Poitiers, était mort; Baudri vivait, il assistait, nous le savons, au concile; cette affaire était en quelque sorte son affaire, inutile de dire pour qui il plaida. Montierneuf perdit son procès, et fut contraint de rendre aux

(1) Biblioth. impér., *collect. Housseau*, tom. IV.
(2) *Ibid.*, Baluz., arm. II, page 11, n° 1, tome Ier.

moines de Bourgueuil l'église de Migné, dont le légat leur donna sur-le-champ l'investiture (1). L'évêque de Poitiers se conforma sans peine au jugement du concile d'Angoulême, et reconnut les droits de Bourgueuil sur l'église de Migné. « Nous, Guillaume,
« évêque de Poitiers, voulons faire savoir que nous
« avons consenti l'investiture qu'avaient de l'église
« de Migné les moines de Bourgueuil. Et cette pos-
« session, nous la confirmons de l'autorité du présent
« écrit, sauf le droit de notre église (2). » Ceci se passait en présence de Pierre, abbé de Saint-Cyprien de Poitiers (3), de Gosbert le Chauve, d'Étienne de Vendeuvre (4) et de Guillaume de Mortemer (5). Là s'arrête pour le moderne continuateur de la *Gallia christiana* la querelle de Migné. Le dernier mot n'était cependant point dit sur cette délicate affaire. En effet, condamnés à Angoulême et à Poitiers, les religieux de Montierneuf s'inclinèrent devant la force des choses, mais sans renoncer à leurs droits. Bientôt ils en appelèrent à l'autorité du pape, et obtinrent successivement de Pascal II, de Gélase II et de Ca-

(1) *Pièces justif.*, n° 15.
(2) Biblioth. impér., *Collect. Gaignières*, 192, abbaye de Bourgueuil.
(3) Pierre est le successeur de Bernard de Marca ou d'Abbeville, dont nous venons de parler.
(4) Vendeuvre (Vienne), arrondissement de Poitiers, canton de Neuville.
(5) Mortemer (Vienne), arrondissement de Montrillon, canton de Lussac-les-Châteaux.

lixte II la consécration de leurs droits méconnus (1118-1119) (1). Nous regrettons que M. Hauréau ait oublié de consulter les archives du département de la Vienne, elles lui auraient fourni sur ce procès bien d'autres renseignements utiles dont nous parlerons plus tard.

L'abbé de Saint-Martial de Limoges, Amblard (dont nous avons déjà parlé), n'était point venu au concile d'Angoulême comme simple témoin : les affaires de son monastère l'y avaient appelé. Il s'agissait de l'église de Saint-Sulpice, que Pierre Ier, abbé de Saint-Étienne de Vaux, disputait aux religieux de Saint-Martial. Girard ne voulut pas trancher seul ce différend, et il s'adjoignit l'archevêque de Dol, Baudri ; les évêques du Mans et d'Angers, Hildebert et Renaud de Martigné; Pierre, abbé de Maillezais; Guillaume Ier, abbé de Talmont; Hugues Ier, abbé de Saint-Cybard d'Angoulême. On décida d'un commun accord que les moines de Saint-Étienne de Vaux posséderaient en paix l'église en litige, moyennant que chaque année, à la fête de Saint-Martin, ils payeraient à l'abbé de Saint-Martial de Limoges deux sous de cens. Cet accord fut fait à Angoulême, au chapitre de l'église cathédrale, l'an de l'Incarnation du Seigneur M.C.XVII, indiction X (2). De l'évêque de Saintes, dans le diocèse duquel était située l'abbaye de Saint-Étienne de Vaux, nulle mention. Il était ce-

---

(1) Archives du département de la Vienne.
(2) *Gall. Christ.*, t. II, col. 1033, 1114, 1366, 1423.

pendant présent à Angoulême, et nous allons le voir paraître avec ses clercs dans l'affaire qui va suivre. La raison de ce silence, nous l'avons indiquée déjà : Pierre de Confolent avait été élu évêque de Saintes, mais son sacre n'ayant pas encore eu lieu, la sainte discipline de l'Église lui défendait de s'ingérer des affaires, soit temporelles ou spirituelles, de son église. C'est en cette qualité d'évêque élu de Saintes que Pierre assista au jugement d'une affaire qui retentit dans toute la Bretagne.

L'an de l'Incarnation du Verbe 1008, Alain III (1), comte de Cornouailles (que la mort de Geoffroy Ier venait de faire duc de Bretagne), avait fondé à Quimperlé une église et un monastère du nom de Sainte-Croix, et, pour la subsistance des moines, il avait donné Belle-Ile-en-Mer. Catwallon, abbé de Saint-Sauveur de Redon, avait contribué à la fondation de l'église de Sainte-Croix. Alain lui demanda pour prieur du nouveau monastère un de ses moines, nommé Gurloës, que de nombreux miracles ont fait placer au nombre des saints. Catwallon ne pouvait refuser le comte de Cornouailles; saint Gurloës fut donc fait prieur de Quimperlé. Alain était prévoyant; il mit sous la sauvegarde de la sainte Église romaine

(1) Alain III, duc de Bretagne, fut le tuteur de Guillaume le Bâtard, duc de Normandie, surnommé plus tard le Conquérant. C'est avec l'aide de son tuteur et du roi Henri Ier que Guillaume, à l'âge de vingt ans, soumit ses vassaux rebelles, et gagna sur Guy de Bourgogne, son compétiteur, la célèbre bataille du Val-des-Dunes (1047).

le monastère qu'il venait de fonder. Hoël V, son fils, suivit l'exemple de son père. Un cens de deux deniers d'or fut tout le prix auquel le Saint-Siége attacha sa protection souveraine. En quittant Redon pour aller vivre à Quimperlé, saint Gurloës était devenu le lien qui unissait les deux monastères. La bonne harmonie régnait ainsi depuis cinquante-six ans, sans qu'il se fût jamais élevé entre eux le plus petit nuage, lorsque la pensée vint à l'abbé de Redon de disputer aux moines de Quimperlé la possession de Belle-Ile (1). Hervé le fit même d'une manière peu gracieuse : à l'insu de Gurhand, abbé de Quimperlé, et de l'évêque diocésain, il porta la cause devant le pape Pascal II, qui renvoya l'affaire à son légat (1116). Non content de cette première démarche, Hervé s'adressa au comte Conan (2), fit briller à ses yeux l'appât de l'or et, par cet indigne moyen, dit la Chronique de Quimperlé, s'assura son puissant concours. Pour en rendre le succès moins douteux, le duc de Bretagne évoqua l'affaire à son tribunal, et défendit aux moines de Quimperlé tout recours au légat. Girard ne fut pas la dupe de toutes ces intrigues; il les démêla sans peine, et s'appliqua à les déjouer. « La nouvelle de votre
« amour de la justice et de la paix, écrivait-il à
« Conan, nous remplit de joie; c'est, en effet, ainsi
« que les bons princes obtiennent la faveur du Roi

(1) Belle-Ile autrefois *Guedel*, nom qu'affecte de lui rendre M. Hauréau, contrairement à tous les actes du procès, qui ne la désignent que sous celui qu'elle porte aujourd'hui.

(2) Conan III le Gros.

« des rois. » Il félicite le duc du bien qu'il a déjà fait, et qui doit lui servir d'encouragement à mieux faire encore. A cet effet, il lui accorde la bénédiction des saints apôtres ; lui rappelle que c'est Dieu qui donne le pouvoir ; l'exhorte à procurer l'honneur de la sainte Église, et met en conséquence, d'une manière toute spéciale, sous sa sauvegarde l'abbé de Quimperlé et le monastère de Sainte-Croix. Le légat aborde enfin la question délicate, objet principal de sa lettre : « Quant à ce que nous avons entendu dire
« de la défense que vous faites à vos sujets de re-
« courir à la justice de la sainte Église romaine,
« grand est notre étonnement de vous voir entre-
« prendre ce que ni rois ni princes n'ont eu la har-
« diesse de tenter, vous dont les ancêtres, les chartes
« en font foi, n'ont évidemment tenu leur puissance
« que du vicaire du B. Pierre, c'est-à-dire, du pape.
« Si donc vous vous obstinez à suivre des conseils
« pervers, sachez, ô prince ! que l'anathème de l'É-
« glise et le glaive du B. Pierre sont suspendus sur
« votre tête et sur toutes vos terres (1). »

En même temps, pour assurer l'effet de cette lettre, Girard écrivait à Robert, *vénérable évêque de Quimper* : « Si le comte Conan, votre diocésain, a la témé-
« rité de s'emparer des biens de l'abbé de Quimperlé,
« nous ordonnons à Votre Charité de l'excommunier,
« et de lancer l'interdit sur toutes les terres qu'il
« possède dans votre diocèse. Si, ce qu'à Dieu ne

(1) *Pièces justif.*, n° 16.

« plaise ! au mépris des lois de la justice, vous deve-
« niez le complice d'un aussi grand sacrilége, sachez
« que, pour cette coopération, vous seriez vous-
« même aussitôt frappé d'anathème (1). » Ces lettres
produisirent leur effet : Briccius, évêque de Nantes ;
Hervé, abbé de Redon, et quelques-uns de ses religieux ; Robert, évêque de Quimper-Corentin ; Gurhand, abbé de Quimperlé, et quelques-uns de ses
religieux, vinrent trouver le légat, et lui exposèrent
leurs raisons. Girard allait prononcer le jugement,
lorsque, sentant combien étaient faibles les raisons
apportées à l'appui de sa cause, l'abbé de Redon demanda un sursis. Ce délai lui fut unanimement accordé. Au jour dit, Hervé fit demander, par un exprès,
un nouveau sursis, qui lui fut encore accordé, au grand
déplaisir de l'abbé de Sainte-Croix, désireux de voir
finir ce procès. Avant le terme fixé pour le jugement
définitif, l'abbé de Redon, se confiant plus dans
l'épée du duc de Bretagne que dans la bonté de sa
cause, envahit Belle-Ile, en chasse les serviteurs du
monastère de Quimperlé, et s'y installe contre toute
raison. A la nouvelle d'un si lâche attentat, l'évêque
d'Angoulême ordonne, par lettre et par un exprès, à
Hervé de se présenter à son tribunal. L'ordre fut
exécuté. Nous venons, en effet, de voir arriver à
Angoulême les évêques de Bretagne. Écoutons le
jugement du concile, le légat lui-même va nous le
dire : « Interrogé sur la susdite invasion, l'abbé de

(1) *Pièces justif.*, n° 17.

« Redon balbutia quelques mots d'excuse, et finit par
« dire qu'il ne répondrait pas présentement à ce nou-
« veau chef d'accusation. Voyant donc qu'il usait de
« subterfuge, et ne pouvait se justifier canoniquement,
« de concert avec nos Frères : Pierre, évêque élu de
« Saintes ; Hugues, abbé de Saint-Cybard ; Ithier,
« écolâtre de Saintes ; Hugues, chanoine du Mans,
« nous avons adjugé la pleine investiture de l'île en
« question à Gurhand, abbé de Quimperlé, et, tout
« en sauvegardant les droits du monastère de Redon,
« nous l'en avons investi autant que nous le pou-
« vions, ordonnant à l'abbé de Redon, qui était pré-
« sent, de rappeler de Belle-Ile ses serviteurs, et
« d'en laisser l'abbé de Quimperlé paisible posses-
« seur (1). »

Il n'est pas sans intérêt d'entendre ici les raisons qu'invoquait Hervé à l'appui de ses prétentions, et la réponse qu'y faisaient les moines de Quimperlé. L'abbé de Redon prétendait d'abord que Belle-Ile avait été enlevée à son monastère par les violences d'Alain, qui, disait-il, avait fait périr en cette circonstance cent vingt personnes. En vain, ajoutait Hervé, en vain ai-je plusieurs fois demandé justice de cette injure dans les conciles, justice ne m'a jamais été rendue. A cela l'abbé de Quimperlé répliquait que Belle-Ile avait été donnée à son monastère par le comte Alain, qui en avait hérité de ses ancêtres ; que ses prédécesseurs,

(1) *Pièces justif.*, n° 18.

c'est-à-dire cinq abbés, l'avaient possédée en paix pendant au moins trente ans. Alors on lui demanda combien d'années s'étaient écoulées depuis la fondation de son monastère jusqu'à Benoît, son prédécesseur immédiat; en quelle année avait été fondé son monastère. Gurhand répondit que la fondation de son monastère remontait jusqu'à l'an 1008 de l'Incarnation du Verbe; que cinquante-six ans s'étaient écoulés depuis cette époque jusqu'à Benoît. Et, pour montrer combien étaient mal fondées les prétentions des moines de Redon, il fit remarquer que saint Gurloës, premier abbé de Sainte-Croix de Quimperlé, n'avait abandonné Saint-Sauveur de Redon, pour prendre en main le gouvernement de la nouvelle fondation, qu'avec l'agrément de ses frères de Saint-Sauveur et sur la demande formelle du comte Alain. Mes prédécesseurs, répondait l'abbé de Redon, n'ont permis à saint Gurloës de devenir abbé de Sainte-Croix que parce que, en son vivant, l'île en question n'avait pas encore été enlevée à notre monastère. Les juges lui demandèrent alors : où, quand, et à qui plainte avait été portée. Il répondit que Huguimar, l'un de ses prédécesseurs, avait attaqué à ce sujet Gurloës à Verceil, devant le pape saint Léon IX. En quoi il était en contradiction manifeste avec lui-même ; il venait de dire, en effet, que du temps de saint Gurloës l'île appartenait à son monastère de Redon. Hervé comprit sa faute ; il reprit aussitôt que c'était à Rennes que les moines de Saint-Sauveur avaient fait entendre leur plainte. On lui demanda s'il pouvait apporter en preuve

quelque écrit, signé d'un cardinal, ou des témoins du fait. Il dit qu'il n'avait pas de témoins à offrir, et qu'il avait laissé à son monastère la charte, qui n'était pas scellée. On lui demanda de nouveau quel était l'abbé de Quimperlé qui avait ainsi dépouillé son monastère. Il répondit que c'était Benoît, et que le comte Hoël, son frère, l'avait aidé à commettre cette injustice. En quoi on vit clairement qu'il mentait impudemment, puisqu'il avait dit au commencement de la discussion que l'île en litige avait été enlevée à son monastère par la violence du comte Alain. Ainsi parle le moine de Quimperlé, à qui nous empruntons ce récit de l'instruction de ce procès fameux (1). Nous connaissons le jugement prononcé contre l'abbé de Redon à la suite de sa malheureuse défense. L'évêque de Vannes, dans le diocèse duquel était située l'abbaye de Redon, n'assistait pas à ce concile d'Angoulême ; Girard dut lui notifier le jugement qu'il venait de prononcer contre Hervé. « Nous avons interdit à l'abbé de Redon, dit
« le légat à Morvan, toute fonction sacerdotale et
« abbatiale, privé son abbaye des divins offices, si
« dans moins d'un mois, terme que nous lui avons
« donné pour la faire, cette pleine investiture n'avait
« eu lieu. C'est pourquoi nous mandons à Votre Fra-
« ternité, et lui ordonnons, par l'autorité du siége
« apostolique, de faire inviolablement garder à l'abbé
« et à sa communauté, tant en votre nom personnel

(1) D. Lobineau, *Hist. de Bret.*, tome II, Preuves, colonnes 271-272.

« qu'au mien propre, cet interdit dont nous les avons
« frappés (avril 1117) (1). »

En prononçant le jugement que nous venons de lire et en le notifiant à l'évêque de Vannes, Girard craignait l'obstination d'Hervé; ses craintes ne furent bientôt que trop justifiées. Fort de l'appui du comte Conan, l'abbé de Redon ne tint, en effet, aucun compte de la sentence du concile d'Angoulême, et le légat dut sévir contre lui avec vigueur. « L'abbé de Redon,
« écrivait-il *à ses vénérables frères* : *Briccius de*
« *Nantes, Marbode de Rennes, Morvan de Vannes,*
« *Rivallon d'Alet (Saint-Malo), et autres évêques de*
« *la Bretagne,* l'abbé de Redon n'a point rendu aux
« frères de Quimperlé les biens qu'il leur avait enle-
« vés; il a violé notre interdit, qui est moins le nôtre
« que celui de la sainte Église romaine, et son audace
« va jusqu'à le violer encore chaque jour. C'est pour-
« quoi nous chargeons Votre Fraternité de publier,
« dans vos églises et dans vos assemblées synodales,
« l'indignité de sa conduite; de le traiter en schisma-
« tique et en excommunié, et d'empêcher vos diocé-
« sains de visiter le monastère de Redon, et d'y rece-
« voir la sépulture. Défendez de plus l'office divin dans
« les obédiences et celles qui, dans vos diocèses, dé-
« pendent de ce monastère. N'oubliez pas encore d'aller
« trouver de notre part le comte Conan, et de lui signi-
« fier qu'il répare sans aucun retard, dans les trente
« jours, l'énormité d'une invasion si audacieuse. S'il

(1) *Pièces justif.,* n° 19.

« ne le fait, nous tirerons contre lui et contre toutes
« ses terres le glaive terrible du Saint-Esprit (1)
« (après mai 1117). »

Cette lettre fit en Bretagne la sensation qu'avait prévue l'évêque d'Angoulême ; elle ne produisit cependant pas tout l'effet qu'il en attendait. Les fidèles n'osaient plus franchir le seuil du monastère de Saint-Sauveur ni communiquer avec les religieux, mais le duc Conan reçut mal les ordres du légat. Les sages remontrances des évêques l'irritèrent, et le poids de sa colère tomba principalement sur l'évêque de Quimper, dans le diocèse duquel était située l'abbaye de Quimperlé. Robert affronta généreusement la tempête, et rien ne put le faire dévier de la ligne que Girard lui avait tracée. Cette rigueur affligeait profondément le duc de Bretagne :
« Mon fils se plaint, écrivait à notre évêque la com-
« tesse Ermengarde, qu'elle est pour lui le sujet de la
« peine la plus vive, et pour les moines la cause du
« plus grand préjudice. » Mais pendant que leurs amis s'affligeaient de la juste rigueur dont ils étaient l'objet, que faisaient les moines de Redon ? Ils persévéraient dans la voie malheureuse où ils s'étaient engagés. Pour triompher de leur orgueilleuse opiniâtreté, Girard ne vit d'autre moyen que de porter l'affaire devant toutes les provinces réunies de sa légation. Il communiqua donc son dessein au pape. Cette lettre de notre évêque n'est pas arrivée jusqu'à nous, mais voici la réponse qu'y fit Pascal II :

(1) *Pièces justif.*, n° 20.

« Pascal, évêque, serviteur des serviteurs de Dieu,
« à son vénérable frère Girard, évêque d'Angoulême,
« vicaire du siége apostolique, et aux frères en com-
« munion avec lui, salut et bénédiction apostolique.

« Nous avons appris les angoisses dont votre âme
« est pleine, à cette pensée nos entrailles sont émues
« de compassion pour Votre Fraternité. Il n'est pas
« moins lourd le poids des tribulations que nous por-
« tons nous-même, et nous demandons à Votre Frater-
« nité d'adresser au Dieu tout-puissant vos prières
« et vos gémissements; d'y associer toutes les pa-
« roisses de votre légation, afin que ce Dieu tout-puis-
« sant jette sur son Église un regard de pitié, et fasse
« cesser le feu de la persécution. Nous confirmons,
« jusqu'à ce qu'il se soit soumis à votre jugement,
« la sentence d'interdit que vous avez lancée con-
« tre l'abbé de Redon et son abbaye. Nous écri-
« vons au comte pour l'avertir de ne point favoriser
« son entêtement, et nous l'engageons à faire tout ce
« qui sera en son pouvoir pour le forcer à vous obéir.
« S'il ne suit pas nos conseils, nous approuvons
« d'avance toutes les rigueurs que d'un commun ac-
« cord vous décréterez contre lui.

« Donné à Trévi, le 11 des calendes de décembre (30 novem-
« bre 1117) (1). »

La persécution dont le pape se plaint ici datait de
l'année précédente (26 mars 1116). Le préfet de Rome
venait de rendre le dernier soupir, ses cendres n'étaient

(1) Mabillon, *Annal. bened.*, VI, 634

pas encore froides, lorsqu'une foule de scélérats, de gens perdus, élurent pour son successeur son fils, un enfant. Pascal veut faire comprendre à ces séditieux l'inconvenance de leur conduite : il leur montre la tombe encore ouverte du préfet, l'impossibilité de réunir les comices. Les factieux ne veulent rien entendre, et se retirent en murmurant. Ils débauchent le peuple ; une révolution éclate, et le pape est obligé de se réfugier dans Albano. Tout le pays se soulève, le feu de la guerre civile s'allume et le sang coule. Les travaux pressants de la moisson, les chaleurs étouffantes de l'été, la Providence aussi sans doute, amènent une trêve. L'empereur d'Allemagne, Henri V, apprend de Lombardie (d'où il négociait sa paix avec le pape) la révolte des Romains. En faire son profit fut sa première pensée. En habile politique, il envoie donc aussitôt des présents considérables au nouveau préfet et à ses partisans, leur mandant qu'il viendrait lui-même à Rome. Il tint parole : « Ipse Romam venit, seditio-
« nem in populo concitavit, excommunicatos ab Eccle-
« siâ in communionem suscepit, beati Petri, quæ
« potuit occupavit, alia devastationi exposuit . . .
« . . . .
« . . . Ad apostolorum limina, et ad nostram
« præsentiam venientes positis in viam custodibus
« capiuntur, bonis suis exspoliantur, nec liberum ha-
« bere transitum permittuntur. » Après ce sombre tableau des fureurs de l'implacable Henri, Pascal implore en faveur de l'Église le secours de l'archevêque de Cologne : « Le comble de la honte pour des fils,

« c'est de voir maltraiter leur mère et, le pouvant, de
« ne pas voler à sa défense. » Frédéric de Carinthie
n'était plus ce courtisan timide que les murmures des
seigneurs laïques faisaient trembler si fort (1112) : le
courage héroïque de Girard l'avait rassuré, il venait
d'excommunier l'Empereur *à cause des rapines, des in-
cendies et des autres iniquités* dont il s'était rendu coupable. Pascal, en terminant sa lettre, confirme la sentence de l'archevêque, et l'assure qu'il s'y est conformé
déjà, et s'y conformera encore, avec l'aide de Dieu (1).

Comme il en avertissait son légat, le pape écrivit
au duc de Bretagne :

« Pascal, évêque, serviteur des serviteurs de Dieu,
« à son cher fils Conan, illustre comte des Bretons,
« salut et bénédiction apostolique.

« Vous devez savoir, très-cher fils, que toute puis-
« sance vient de Dieu. Ayant donc reçu de lui la puis-
« sance, n'élevez point contre lui votre cœur,
« n'attaquez point son Église ; réfléchissez plutôt à
« sa toute-puissance, et, afin de mériter des bénédic-
« tions encore plus abondantes, soumettez-vous hum-
« blement aux ordres de l'Église. Nous avons appris
« que l'abbé de Redon, au mépris du respect dû à
« notre vicaire l'évêque d'Angoulême, s'aidant de
« votre puissance, s'est emparé de Belle-Ile, et en a
« chassé les religieux de Quimperlé. A ce refus dé-
« daigneux de se soumettre au jugement de notre
« vicaire, ce dernier a répondu par une sentence

(1) Mansi, *Concil.*, XX, 1084.

« d'interdit, qui suspend l'abbé de ses fonctions sacer-
« dotales et abbatiales, et prive toute l'abbaye du ser-
« vice divin. Mais ils méprisent avec une audacieuse
« obstination l'interdit fulminé contre eux. C'est
« pourquoi nous vous avertissons et, comme à un fils
« de l'Église, nous vous ordonnons de ne point vous
« associer à leur arrogance, et de les contraindre à
« se soumettre au jugement de l'Église; autrement,
« nous approuverons, au nom de Dieu, la sentence
« que cette faute vous fera encourir.

« Donné à Trévi, le II des calendes de décembre (30 novem-
« bre 1117) (1). »

Qu'il est beau de voir Pascal oublier, pour ainsi dire, ses propres douleurs pour ne songer qu'à celles de son légat, et travailler à les adoucir en aplanissant ainsi toutes les difficultés!

Le concile était donc chose convenue. Girard écrivit à Hervé : « Je vous saluerais au commencement de cette
« lettre, si vous ne méprisiez notre interdit, et si vous
« ne vous rendiez sciemment coupable, vous et vos
« religieux, de faits schismatiques. Nous vous ordon-
« nons donc par l'autorité du siége apostolique, tout
« prétexte mis de côté, de vous présenter au concile
« que nous célébrerons à Angoulême la seconde se-
« maine du prochain carême, pour y entendre le ju-
« gement que dictera la justice sur l'invasion de Belle-
« Ile, et sur la désobéissance dont vous avez fait
« preuve jusqu'à ce jour (2). » En même temps, le

(1) D. Mabillon. *Annal. bened*, VI, 634.
(2) *Pièces justif.*, n° 21.

légat écrivait à l'évêque de Vannes une lettre dans laquelle, après lui avoir parlé des motifs qui l'avaient déterminé à convoquer le concile, il lui disait : « Nous « invitons Votre Fraternité à y assister et, par l'au- « torité du siége apostolique, nous vous ordonnons « d'inviter, de notre part et de la vôtre, Hervé, « abbé de Redon, à écarter tous les obstacles qui « pourraient l'empêcher de se rendre à ce même con- « cile. S'il évite une réunion si considérable, sans le « moindre doute il sera frappé selon toute la rigueur « des canons (1). » Les rigueurs dont il menace ici l'abbé de Redon n'étaient pour l'évêque d'Angoulême qu'une de ces nécessités que son cœur cherchait toujours à éviter. Une porte restait encore ouverte à la conciliation, il y frappa. Pendant que cette discussion s'élevait entre les monastères de Redon et de Quimperlé, la mère du duc de Bretagne, la comtesse Ermengarde, qui s'était retirée à Fontevrault, laissant le comte Alain (2), son époux, s'enfermer dans l'abbaye de Redon, sortit de son couvent. Alain et le B. Robert d'Arbrissel (dont elle était l'une des plus chères disciples) étaient morts. Cette étrange sortie de Fontevrault lui valut de vifs reproches que lui fit Geoffroy de Vendôme (3). Hâtons-nous cependant de dire que la piété de la comtesse n'avait souffert qu'une éclipse passagère ; qu'elle reprit bientôt dans le monde

(1) *Pièces justif.*, n° 22.
(2) Alain Fergent.
(3) Despont, *Bibliothec. max.*, t. XXI. *Goffrid. Vindoc.*, lib. V, epist. XXIII, p 57.

sa ferveur première (1), et qu'elle fonda plus tard, au diocèse de Nantes, sur les bords de la Loire, l'abbaye de Buzai (1134), où elle s'enferma juqu'à sa mort. Plus d'une fois le légat avait vu Ermengarde à Fontevrault ; il savait la puissance d'une mère sur le cœur de son fils ; il lui écrivit, la pressant de travailler à la paix des deux communautés. Nous n'avons pas cette lettre de Girard, mais nous possédons la réponse de la pieuse princesse qui nous en révèle le contenu.

« Au vénérable seigneur et père plein de piété
« Girard, évêque d'Angoulême et légat de la sainte
« Église romaine, la comtesse Ermengarde, humble
« servante de Votre Humilité, salut.

« Je rends grâce à Votre Bienveillance d'avoir jugé
« mon humilité digne de vos salutations, de votre
« bénédiction et surtout de vos prières. La tâche que
« vous m'imposez, de travailler à ramener parmi les
« moines la concorde et la paix, sur votre ordre je
« l'accepte volontiers. Une chose cependant m'est
« pénible : vous tenez les moines de Redon sous le
« coup de l'interdit et de l'excommunication. Si
« Votre Prudence l'agréait, il faudrait, je crois, se
« départir temporairement de cette rigueur ; car mon
« fils se plaint qu'elle est pour lui le sujet de la peine
« la plus vive, et pour les moines la cause du plus
« grand préjudice. Tout ce qu'il a fait, il affirme ne
« l'avoir fait que sur les ordres du pape et sur les

(1) Despont, *Bibliothec. max.*, t. XXI. *Goffrid. Vindoc.*, lib. V, epist. XXIV, p. 57.

« vôtres, et, s'il s'est trompé en quelque chose, il est
« prêt à réparer ses torts, sur le jugement des évêques
« de son duché. Il dit même que si vous venez en un
« lieu favorable, il répondra en votre présence à
« toutes les accusations formées contre lui, et fera ce
« qu'exigera la justice. Vous ferez donc bien d'accor-
« der un sursis au comte et aux moines jusqu'à votre
« concile. Envoyez-nous, je vous en prie, pendant ce
« temps-là les moines de Quimperlé, pour qu'avec
« l'aide de Dieu nous travaillions ensemble à la con-
« corde. Nous prions par vous l'évêque de Quimper
« de revenir : mon fils est tout disposé à lui accorder
« pleine justice, d'après l'avis des évêques, ou à se
« réconcilier avec lui. Si Votre Prudence n'agrée au-
« cune de ces propositions, mon fils aura soin de vous
« faire dans votre concile, par ses évêques et par
« ses abbés, la réponse que lui dictera la raison (1). »

On comprend et les termes de la lettre d'Ermengarde, et le motif de l'intérêt que la comtesse et son fils portaient aux moines de Redon. La bienveillance du légat devait paraître, en effet, bien douce à la pieuse princesse, après les vifs reproches que lui avait attirés sa sortie de Fontevrault. Quant à l'abbaye de Redon, elle était pleine pour son fils et pour elle des plus chers souvenirs : là le comte Alain avait passé les dernières années de sa vie ; là il avait rendu le dernier soupir ; là reposaient ses cendres ! N'était-ce pas assez pour que le cœur de l'un et de l'autre

(1) D. Lobineau, *Hist. de Bret.*, t. II, Preuves, col. 276.

parlât en faveur d'Hervé ? Est-il bien nécessaire après cela d'avoir recours, comme le fait la Chronique de Sainte-Croix, à l'appât de l'or pour expliquer la faveur avec laquelle Conan accueillit les plaintes de l'abbé de Redon ? Girard, de son côté, ne voyait que la justice, et la justice ne fait acception de personne. Le cœur et la raison étaient donc en lutte dans cette affaire : c'est ce qui la rendit si difficile et si longue.

Le légat ne se contenta pas de la démarche qu'il venait de faire auprès de la comtesse de Bretagne. L'archevêque de Tours, Gilbert, était, il paraît, dans l'intimité de Conan (*Gisleberto,... dilecto suo dulcissimo*, lui écrit le comte); il était de plus son métropolitain ; Girard eut recours à lui pour ramener le duc à de meilleurs sentiments. Il est assez probable, en effet, que l'amitié ne fut pas la seule conseillère de la négociation que Gilbert entama. Qui, sinon le légat, lui avait montré la lettre que ce dernier avait reçue du pape sur cette affaire? « Quasdam etiam (litteras)
« ad dominum legatum de eodem negotio vidimus, in
« quibus, salvâ vestrâ gratiâ dico, consilium illud
« papæ quod dicitis nequaquam consonat. » Nous n'avons pas la première lettre de l'archevêque de Tours à Conan, mais nous avons la réponse du duc et la seconde lettre de l'archevêque.

« Au plus cher de ses amis, à Gilbert, par la grâce
« de Dieu, archevêque de Tours, Conan, duc de Bre-
« tagne, salut et obéissance.

« Je vous suis infiniment reconnaissant de la bonne
« nouvelle que vous avez daigné m'annoncer. Quant

« à ce que vous m'avez dit de l'évêque de Quimper
« et de son abbé, je vous assure que s'il y a eu erreur,
« il faut l'attribuer aux ordres du pape, et que,
« d'après votre conseil et celui des évêques de Bre-
« tagne, je suis tout disposé à le réparer ou, s'ils le
« préfèrent, à leur rendre justice devant vous et de-
« vant les évêques de Bretagne. C'est pourquoi je
« vous demande avec les plus vives instances de les
« engager, à ma considération, à accepter l'une ou
« l'autre de ces propositions (1). »

Cette lettre confirme, ce que nous avait révélé déjà la comtesse Ermengarde, l'heureux changement opéré dans l'esprit du duc par la fermeté de Girard et par les sages conseils de Pascal. Conan commence à comprendre qu'il s'est trompé ; il lui est cependant pénible de s'avouer coupable ; il rejette la faute sur le pape. Le concile d'Angoulême se présente à lui comme un fantôme ; il en a peur ; il cherche à l'éviter ; il se flatte qu'il arrangera l'affaire par un arbitrage. Gilbert, son ami, ne partage pas sa confiance.

« Gilbert, par la grâce de Dieu, humble serviteur
« des fidèles de l'Église de Tours, à son cher fils Co-
« nan, duc illustre de Bretagne, salut et bénédiction.
 « Je vous rends tout d'abord les actions de grâces qui
« vous sont dues pour l'accueil si gracieux que vous
« avez fait à notre messager, et que nous avons appris
« de sa propre bouche ; mais ce qui a été encore pour
« notre cœur le sujet d'une plus grande joie, c'est, si

---

(1) Dom Lobineau, *Hist. de Bret.*, t. II, Preuves, col. 275.

« elle se continue, la bienveillance avec laquelle vous
« avez accueilli notre demande et nos prières. Quant
« à ce que vous m'avez dit que le conseil du pape a
« été la cause de votre erreur, si erreur il y a eu, je
« vous assure que j'ai vu la lettre qu'il vous a adres-
« sée au sujet de l'affaire de l'évêque de Quimper et
« de l'abbé de Quimperlé; que j'ai vu également celle
« qu'il a écrite au légat pour la même affaire, et que,
« ni dans l'une ni dans l'autre, rien ne révèle ce con-
« seil du pape dont vous parlez. La promesse que
« vous faites de corriger cette erreur et de traiter
« cette affaire d'après notre conseil ou notre juge-
« gement, et d'après celui de nos confrères les évê-
« ques de Bretagne, nous est très-agréable, et nous
« vous en remercions. C'est aussi notre dessein d'a-
« dresser à la bienveillance de Votre Charité nos con-
« frères l'évêque de Quimper et l'abbé de Quimperlé,
« et de vous supplier, de vous exhorter, comme le
« plus cher de nos fils, à faire en sorte de ne contra-
« rier en rien dans cette affaire les instructions ou
« même les ordres du pape Pascal, et les prescrip-
« tions des pontifes ses prédécesseurs, dont nous
« avons vu les priviléges sur cette possession du mo-
« nastère de Quimperlé. Nous désirons plutôt que
« vous rendiez intégralement à l'abbé de Quimperlé
« la terre que le pape Pascal et son légat l'évêque
« d'Angoulême lui ont adjugée; nous vous en con-
« jurons, nous vous y exhortons. Si cependant, avec
« l'aide de Dieu et par le conseil de nos frères les
« évêques de Bretagne, vous pouvez apaiser cette

« querelle, nous le voulons et nous y consentons ;
« mais si, ce qu'à Dieu ne plaise ! si cette question ne
« peut avoir pour le moment de paisible solution,
« avec la grâce de Dieu, nous ne refuserons pas
« aux parties, en temps et lieu, la justice que vous
« nous demandez, et qu'il est de notre devoir de leur
« rendre (1). »

Sur ces entrefaites, l'évêque d'Angoulême reçut une lettre de Lyon. Elle était ainsi conçue :

« A leur glorieux frère Girard, vénérable évêque
« d'Angoulême et vicaire du siége apostolique, Jo-
« ceran, serviteur de l'Église de Lyon, et Anserin,
« archevêque de Besançon, salut et honneur de votre
« sacerdoce.

« Le Pape, ayant appris le jugement par lequel
« Votre Prudence a mis fin à la discussion qui s'était
« élevée entre Gurhand, abbé de Sainte-Croix de
« Quimperlé, et Hervé, abbé de Redon, a confirmé
« par l'autorité de ses lettres tout ce que vous avez
« fait en cette circonstance. Pleins de confiance en
« votre justice et en votre droiture, nous prions
« instamment Votre Dignité de rendre à l'abbé de
« Sainte-Croix, jusqu'à ce qu'il soit en paisible pos-
« session des droits de son église, la justice qui lui
« est légitimement due. Faites respecter toujours et
« ponctuellement exécuter ce jugement que le Pape a
« confirmé, étant bien persuadé que nous ferions pour
« vous cent fois plus, si vous aviez besoin pour quel-

(1) D. Lobineau, *Hist de Bret.*, t. II, Preuves, col. 275.

« que affaire de notre concours. Nous vous souhaitons
« une santé toujours parfaite et la même fermeté dans
« tous vos actes (1). »

Quel motif avait pu dicter cette lettre, et d'où venait la part que Joceran prenait à cette affaire? Ce n'est pas, en effet, une simple lettre de félicitation et d'encouragement ; c'est presque une supplique en faveur de Quimperlé. La réponse à cette question, nous l'avons trouvée dans les lettres de Pascal II : à l'exemple de ses prédécesseurs, le Pape venait d'élever Joceran à la dignité de primat des quatre primaties de Lyon, de Rouen, de Tours et de Sens (14 mars 1116), il était donc naturel qu'il intervînt dans l'affaire de Belle-Ile. Pour Anserin, l'admiration seule qu'excitait en lui la noble conduite de Girard l'avait associé à la démarche de Joceran.

Nous venons de le voir, Gilbert de Tours ne partageait pas l'illusion du duc de Bretagne. Il n'y avait, en effet, qu'un moyen de terminer le procès : rendre Belle-Ile aux moines de Quimperlé, et ce moyen, que lui conseillait l'archevêque de Tours et que le Pape lui ordonnait de prendre, était celui que la grande affection de Conan pour le monastère de Redon lui faisait toujours repousser. La médiation du comte n'arrangea donc rien. Il fallut plaider. Comme l'avait promis Ermengarde, les parties se rendirent à Angoulême ; c'était l'heure du concile, ce fut aussi l'heure de la justice. Avant d'entreprendre l'histoire de ce concile,

(1) D. Lobineau, *Hist. de Bret.*, t. II, Preuves, col. 274.

disons que, le 16 juin 1117, l'un des premiers juges de cette affaire, Pierre de Confolent, avait été sacré évêque de Saintes (1), et que le premier soin du nouvel évêque avait été de donner au chapitre de Saint-Pierre d'Angoulême (dont il avait été grand chantre) l'église de Saint-Médard d'Auge (2). Girard reçut cette donation, à laquelle avaient consenti les clercs de l'église de Saintes et le chapelain de ladite église de Saint-Médard, en présence de tous les chanoines (3); ce qui donne lieu de penser que cette charte fut faite à Angoulême même.

(1) Besly, *Hist. des Comtes de Poitou*, Preuves, p. 448, *Chronique de Maillezais*.
(2) Auge était alors du diocèse de Saintes.
(3) Cartul. mss. du chapitre de Saint-Pierre d'Angoulême.

CHAPITRE III

GIRARD, LÉGAT DU PAPE GÉLASE II

(25 janvier 1118 — 29 janvier 1119)

IIe concile d'Angoulême. — Gélase II victime des violences des Frangipanes et de l'empereur Henri V. — Lettre de ce pape aux évêques de France. — Voyage de Girard à Saint-Gilles, en Provence. — Girard est témoin de plusieurs donations faites au chapitre de Saint-Pierre d'Angoulême.

Il en est du second concile d'Angoulême (1118) comme de tous ceux qu'a tenus le légat : nous n'en avons ni les actes ni les décrets, et nous en eussions entièrement ignoré l'existence sans les affaires ecclésiastiques qui y furent jugées. C'est même à une de ces affaires, comme nous le verrons bientôt, que nous devons de connaître, à quelques noms près, les évêques qui composaient cette auguste assemblée. Le concile s'ouvrit à Angoulême la seconde semaine de carême, 14 mars 1118. La première préoccupation de Girard fut de confirmer l'élection de l'archevêque de Tours, Gilbert; de l'évêque d'Agen, Audebert; et d'un autre évêque dont on ignore également et le nom et le siége, mais que nous soupçonnons d'être Bernard II de Sainte-Christie, archevêque d'Auch. « Decimo quarto kalendas Aprilis...: et Engolismæ « aliud (concilium), ubi Archiepiscopus Turonensis, « et alii duo episcopi confirmati sunt, unus eorum « Audebertus civitati Agenno (1). » Cette confirmation par le légat de l'élection de Gilbert rendait à l'église de Tours le calme qu'elle désirait depuis longtemps. Si nous en croyons Geoffroy de Vendôme écrivant au légat Richard d'Albano et au trésorier de l'église de Saint-Martin de Tours (2), la vie de l'archevêque Raoul n'avait été qu'une longue chaîne de scandales. Sa mort semblait donc promettre à son peuple la fin de ses douleurs. Il n'en était rien. Quand il fallut donner un successeur à l'archevêque défunt, la division régna parmi les électeurs. Les uns nommèrent le neveu de Raoul, Gilbert; les autres (à qui sans doute le souvenir de son oncle rendait Gilbert suspect) appelèrent à monter sur le siége de saint Martin le trésorier de son église, Gautier. Les seigneurs laïques se divisèrent comme le clergé, et chacun défendit, les armes à la main, le candidat de son

---

(1) Besly, *Hist. des Comtes de Poitou*, Preuves, p. 448, Chron. Malleac.

(2) Despont, *Goffrid. Vindoe.*, lib. I, epist. XVII, p. 11; lib. V, epist. II, p. 51.

choix. Alors le fer et le feu dévastèrent les rives du Cher, de l'Indre et de la Loire. Pendant ce temps-là, Gautier, l'archevêque élu, pressait l'abbé de Vendôme, son ami, d'envoyer un exprès à Rome pour intéresser le pape à sa cause. Mais déjà une sédition avait éclaté dans la ville éternelle, Sutri n'était plus au pouvoir de Pierre de Léon, et Pascal II, cherchant son salut dans la fuite, était allé demander un asile à Bénévent (1). Le Tout-Puissant vint enfin au secours de

(1) Despont, *Goffrid. Vindoc.*, lib. V, epist. III, p. 51. Le P. Sirmond fait mourir l'archevêque Raoul en 1119, et pense qu'il s'agit dans cette lettre de la prise de Sutri par l'antipape Maurice Bourdin, et de la fuite du pape Calixte II à Bénévent (1120). Nous ne pouvons accepter ce sentiment, qui nous paraît en opposition formelle avec des faits incontestables. Qu'on se rappelle, en effet, l'affaire de Belle-Ile ; la lettre de Conan III à Gilbert, qu'il qualifie d'archevêque de Tours, et la réponse de ce prélat à son ami, réponse dans laquelle il prend lui-même le titre d'*humble serviteur des fidèles de Tours*. Or, qu'on ne l'oublie pas, ces lettres sont au plus tard de l'année 1118, la charte qui termina ce procès fameux étant très-certainement, comme nous le verrons bientôt, de cette année-là. Au reste, Gilbert écrivait au duc de Bretagne du vivant du pape Pascal II, la manière dont il en parle le prouve : « In hâc re commonitionibus seu etiam
« præceptis domini papæ Paschalis, præceptionibus quoque
« prædecessorum ejus pontificum....., nequaquam obsistere
« studeatis. Potiùs juxtà consilium domini papæ Paschalis et
« Engolismensis legati..... » Gilbert eût-il oublié la formule d'usage : « Paschalis, beatæ ou felicis memoriæ, » et de faire mention de son successeur, comme il parle de ses prédécesseurs, si Pascal eût été mort ? Non. La mort de ce pape, arrivée le 18 janvier 1118, ne permet donc pas de placer cette

la malheureuse église de Tours. Le roi de France, Louis VI le Gros, intervint, et son heureuse médiation arrêta l'effusion du sang et les ruines. Hugues d'Amboise, le plus chaud partisan de Gautier, déposa les armes et se réconcilia avec Gilbert, que les suffrages du peuple de Tours et des suffragants de cette métropole appelaient à régner paisiblement sur eux. La confirmation par Girard de l'élection de cet archevêque scella donc la paix que les partis venaient de signer. Cette histoire des troubles qui s'élevèrent dans l'église de Tours à l'occasion de l'élection de l'archevêque Gilbert (que le P. Longueval, Rorbacher et Mgr Jager semblent avoir ignorée), nous l'avons empruntée à un fragment de la Chronique

lettre du neveu de Raoul, et conséquemment son élection au siége de Tours, après cette époque. Alors le P. Sirmond se trompe quand il date la lettre de Geoffroy de Vendôme à Gautier, archevêque élu de Tours, du pontificat de Calixte II. Ni le texte de la *Chronique d'Amboise* (que nous avons sous les yeux), ni la lettre de l'abbé de Vendôme ne lui donnaient ce droit.

Sans renouveler positivement la méprise du P. Sirmond, le P. Longueval (*Hist. de l'Église gallic.*, t. VIII, liv. XXIII, p. 317, note 1) n'ose maintenir le texte de la *Chronique de Maillezais* contre d'*anciennes chroniques qui ne placent la mort de Radulfe, oncle et prédécesseur de Gilbert, qu'en 1119.* » Ainsi, dit ce judi-
« cieux historien, si la *Chronique de Maillezais* ne s'est point
« trompée, il faudra dire que Radulfe abdiqua, et fit élire son
« neveu de son vivant. » Avouons plutôt que les *anciennes chroniques* qu'a consultées le savant jésuite se sont trompées, et que les suffrages d'une partie du clergé de Tours avaient désigné Gillebert pour successeur de son oncle dès l'année 1117.

d'Amboise, publié par le P. Sirmond dans ses notes sur les lettres de Geoffroy de Vendôme (1).

Nous pourrions, à l'occasion de cet acte d'autorité apostolique fait par l'évêque d'Angoulême, dire avec les canonistes les diverses attributions des légats, en préciser l'étendue ; mais ce soin nous entraînerait trop loin de notre sujet. Qu'il nous suffise donc de noter ici que toutes les fois que le souverain pontife n'en fait pas de réserve expresse, le droit de confirmer l'élection des évêques et des abbés appartient au légat dans toute l'étendue de sa juridiction. Girard avait su inspirer assez de confiance à la cour romaine pour que ce droit ne lui fût pas refusé. *Vir magni nominis et potestatis in Romano senatu*, dit Orderic Vital. Voilà pourquoi le B. Robert d'Arbrissel vint avec tant d'empressement demander à l'évêque d'Angoulême d'approuver l'élection de Pétronille de Chemillé. Si dans cette circonstance le légat fit demander à Pascal II de confirmer lui-même l'approbation qu'il avait déjà donnée, ce n'était pas qu'il doutât du pouvoir qui lui avait été confié, mais, comme le fait remarquer l'auteur de la vie du B. Robert, c'était pour donner à cette élection de la première abbesse de Fontevrault une consécration encore plus éclatante (2).

L'élection de Gilbert confirmée, le concile s'occupa de la fameuse affaire de Belle-Ile. L'issue ne pouvait

---

(1) Despont, *Goffrid. Vindoc.*, notæ ad lib. V, epist. III, p. 113.
(2) Pavillon, *Vie du B. Robert d'Arbris.*, ch. LXXIII, p. 242.

en être douteuse ; le bon droit était trop visiblement du côté de l'abbaye de Quimperlé pour que la sentence ne fût pas en sa faveur. La confusion de l'abbé de Redon fut complète : le duc de Bretagne, après le jugement du concile d'Angoulême, se déclara contre lui, et investit son heureux rival, l'abbé de Quimperlé, de la terre tant disputée. C'est ce que prouve la charte suivante :

« Au nom de la sainte et indivisible Trinité, moi
« Conan, humble duc de Bretagne, du consentement
« de ma mère Ermengarde et de ma sœur Hadeu-
« guis, je donne et j'accorde, pour le salut de mon
« âme et de celles de mes parents, au monastère
« construit à Quimperlé en honneur de la Sainte-
« Croix (1), la terre qu'on appelle Belle-Ile et tous
« ses revenus, comme l'ont fait Alain mon père, Hoël
« mon grand-père, et Alain mon bisaïeul. Car l'au-
« torité apostolique, devant laquelle nous avons ren-
« voyé Hervé, abbé de Redon, et Gurhand, abbé de
« Quimperlé, nous a appris, par le jugement qui a
« terminé cette affaire, l'injustice de la querelle
« qu'ont excitée de notre temps, à l'occasion de cette
« terre de Belle-Ile, la cupidité et la jalousie des
« moines de Redon ; querelle que l'évêque de Quim-
« per, Robert, et le clergé du comté de Cornouaille,

(1) Le 21 mars 1862, des travaux de restauration mal conduits ont déterminé la chute de la grande tour, qui a écrasé en tombant une partie de l'église, et fait lézarder si profondément l'autre partie que la reconstruction entière de l'église de Sainte-Croix a été jugée nécessaire.

« Gurhand, abbé de Quimperlé, et ses moines
« ont dû soutenir pendant près d'un an et demi. Je
« rends donc maintenant pour toujours au monastère
« de Quimperlé et à tous les religieux qui l'habitent,
« dans la personne de Gurhand, abbé dudit monas-
« tère, sans que ni mes successeurs ni moi ne puis-
« sions jamais troubler à l'avenir leur possession,
« ladite île avec toutes ses appartenances, terre
« qu'Hervé, abbé de Redon, leur avait ravie avec
« l'aide de ma puissance, ce qui l'avait fait frapper
« par l'autorité apostolique, lui et toute son abbaye,
« d'une sentence bien méritée d'interdit et d'excom-
« munication. Nous avons fait rentrer dans son cou-
« vent de Redon le moine qu'Hervé avait amené
« avec lui de Belle-Ile. Quiconque troublera désor-
« mais le monastère de Quimperlé dans la possession
« de cette terre sera frappé par l'autorité apostoli-
« que, et sentira toute la rigueur de notre puissance
« consulaire.

« Fait à Redon, l'an de l'Incarnation du Verbe 1118, en pré-
« sence de Robert, évêque de Quimper ; de Marbode, évêque de
« Rennes ; de Briccius, évêque de Nantes, et de Morvan, évêque
« de Vannes (1). »

L'affaire de Belle-Ile terminée, le concile s'occupa d'un autre procès qui durait depuis plusieurs années, et auquel l'autorité même du pape n'avait pu mettre fin. On se souvient du saint empressement avec lequel

(1) D. Lobineau, *Hist. de Bret.*, t. II, Preuves, col. 276-277.

un des ancêtres des La Rochefoucauld (Foucauld, fils de Frénicard) appela à Tusson les religieux de Fontevrault, et de toute la résistance qu'opposa à ses désirs le B. Robert d'Arbrissel. Vaincu par les instances du saint évêque de Poitiers Pierre II, Robert avait donc fait cette fondation tant désirée. Mais, à mesure que Tusson sortait de ses ruines, nous avons vu grandir la jalousie dans le monastère de Nanteuil. De là une action en revendication que ces moines exercèrent contre les religieux de Fontevrault, et que le donateur Foucauld arrêta avec l'aide de l'évêque de Poitiers (1112). Quelques années après, le légat étant venu visiter Fontevrault, le B. Robert lui avait fait approuver l'acte fait à Nanteuil (1115). Précaution inutile : car deux ans après, les religieux de Nanteuil essayaient de nouveau de ressaisir Tusson. En vain les religieuses de Fontevrault (le B. Robert d'Arbrissel était mort) avaient-elles invoqué l'autorité de Pascal (5 avril 1117), les moines de Nanteuil s'obstinaient à faire revivre toutes leurs prétentions. Peut-être aussi la mort du pape (arrivée près de deux mois avant le concile) leur avait-elle fait concevoir de nouvelles espérances ? L'affaire en était là. Il s'agissait de savoir qui serait maître du nouveau monastère de Tusson. Pour régler cette question, l'évêque d'Angoulême nomma une commission composée de treize évêques : l'archevêque de Tours, Gilbert (dont l'élection venait d'être confirmée), et ses suffragants : Hildebert du Mans, Marbode de Rennes, Morvan de Vannes, Jean de Saint-Malo ; l'archevêque d'Auch,

Bernard (1), et ses suffragants : Grégoire de Tarbes, Guy de Lescar, Bertrand de Bazas. Quatre autres évêques faisaient partie de cette commission : Gilbert de Paris, Jean d'Orléans, Manassès de Meaux et le célèbre évêque de Châlons, Guillaume de Champeaux, le maître clairvoyant qui devina Abailard, l'ami dévoué de saint Bernard, à qui il eut le bonheur et la gloire de donner la bénédiction abbatiale. Étrangers à la légation de Girard, ces derniers évêques avaient été attirés auprès de lui par son amitié et par le renom de ses services et de son dévouement à la cause de Dieu et de l'Église. « Les raisons des
« deux parties attentivement écoutées, dit le légat,
« nous avons ordonné aux archevêques et aux évê-
« ques de se réunir en séance de concile pour y juger
« l'affaire. A la suite de cette réunion, leur réponse
« fut que la charte de l'évêque (Pierre II), de si heu-
« reuse mémoire, et le privilège du pape étaient tou-
« jours valables, toujours immuables, et suffisaient
« pour vider le débat ; que les religieux de Fonte-
« vrault devaient à jamais paisiblement posséder le
« lieu de Tusson, et les moines de Nanteuil renon-
« cer entièrement à les inquiéter (2). » Déboutés de

(1) Comme nous l'avons déjà fait remarquer, Bernard d'Auch pourrait bien être le troisième évêque dont l'élection fut confirmée au concile d'Angoulême. Il est, en effet, certain que Raymond II de Pardiac ne mourut qu'en 1118, un ou deux mois au plus tard avant l'ouverture du concile, et qu'il eut pour successeur immédiat, la même année, Bernard II de Sainte-Christie, celui dont il est ici parlé.

(2) *Pièces justif.*, n° 23.

leur demande, les moines de Nanteuil (1) regagnèrent leur monastère, n'emportant avec eux que la confusion dont ils avaient été couverts. L'histoire ne dit pas qu'ils aient jamais songé dans la suite à faire revivre leurs prétentions sur Tusson.

Dans ce même concile de 1118 fut réglé un procès pendant entre les monastères de Saint-Florent de Saumur et de Tournus. L'église de Saint-Nicolas de Loudun était la pomme de discorde. Étienne Ier, abbé de Saint-Florent de Saumur, et Francon, abbé de Tournus, prétendaient également y avoir des droits. La cause plaidée, Girard prononça le jugement en faveur du monastère de Saumur (2).

Le concile se termina par une imposante cérémonie, la translation des reliques de saint Ausone, premier évêque d'Angoulême. « Au mesme temps (de
« Guillaume Taillefer, IIIe du nom), dit Corlieu, fut
« translaté par l'évesque Gerald le corps de sainct
« Auzone, du lieu où il estoit en son église près la
« porte d'icelle, et fut mis derrière le grand autel,
« ainsi qu'il a été sceu ces iours par vne lame de
« plomb trouvée en son tombeau lorsque par les
« guerres il fut violé, où l'histoire de la translation
« estoit escripte (3)..... » Nous regrettons vivement de ne pouvoir donner ici le récit du saint enthousiasme de nos pères à la vue de ce cher dépôt, dont

---

(1) Nanteuil-en-Vallée (Charente), arrondissement de Ruffec.
(2) Hauréau, *Gall. Christ*, t. XIV, col. 631.
(3) Corlieu, *Recueil*, ch. IX, p. 22.

leur foi comprenait si bien tout le prix ; mais ce récit n'est pas venu jusqu'à nous (1).

Pendant que la ville d'Angoulême assistait joyeuse à ces fêtes sacrées, Rome voyait se renouveler dans ses murs les plus horribles scènes dont l'histoire ait gardé le souvenir. Le pape Pascal II étant mort (18 janvier 1118), les cardinaux lui donnèrent pour successeur le chancelier Jean de Gaëte, qui prit le nom de Gélase II (21 janvier). Le nouveau pape n'était pas intronisé que Cencio Frangipani, le partisan le plus exalté de l'empereur d'Allemagne, accourt l'épée à la main et, frémissant de colère, brise les portes de l'église, prend Gélase à la gorge, le frappe à coups de poing et de pied, l'ensanglante de ses éperons et le traîne par les cheveux et par les bras jusque dans son palais, où il le charge de lourdes chaînes. En même temps, ses satellites envahissent l'église et se saisissent des cardinaux, des prêtres et des laïques qui ne peuvent se soustraire par la fuite à leurs mauvais traitements. Au bruit de ces violences, la noblesse et le peuple de Rome prennent les armes, on court au Capitole. Les Frangipanes, effrayés, se jettent aux genoux du pape et lui rendent sa liberté. Le peuple, dans l'ivresse de son triomphe, déploie ses bannières;

(1) Les bénédictins de la *Gallia Christiana* se sont donc trompés, quand ils ont affirmé qu'il ne restait de ce concile d'Angoulême que le passage de la *Chronique de Maillezais* relatif à la confirmation de l'élection de l'archevêque de Tours, d'Audebert, évêque d'Agen, et d'un autre évêque dont on ignore et le nom, et le siége.

Gélase est couronné; on le met sur une haquenée blanche, on le mène par la voie Sacrée à Saint-Jean de Latran. On respirait enfin, quand la nouvelle se répandit que l'empereur d'Allemagne, Henri V, était aux portes de la ville éternelle. En partageant la captivité de Pascal, son successeur avait appris jusqu'à quel degré d'infamie l'ambition peut faire descendre un césar; il partit donc au milieu de la nuit, gagna la mer, et s'embarqua sur le Tibre. Les Allemands lançaient des flèches empoisonnées; les éclairs sillonnaient les nues, le tonnerre grondait, la pluie tombait avec violence; la mer mugissait et soulevait ses flots comme des montagnes. On eût dit que le Ciel poursuivait ce royal fugitif. Enfin, après quatre jours de mortelles angoisses, le pape aborde à Gaëte, sa patrie. C'est de là qu'il apprit à la France les persécutions qu'on exerçait contre lui.

« Gélase, serviteur des serviteurs de Dieu, aux ar-
« chevêques, aux évêques, aux abbés, aux clercs, aux
« princes et aux autres fidèles de France, salut et
« bénédiction apostolique.

« Comme vous êtes des membres de l'Église romaine,
« nous avons soin de mander à Votre Charité ce qui
« s'y est passé dernièrement. Après notre élection,
« l'Empereur est venu furtivement et inopinément à
« Rome, ce qui nous a obligé d'en sortir. Il a demandé
« ensuite la paix avec menaces, disant que, si nous
« ne l'en assurions par serment, il userait de son
« pouvoir. Nous avons répondu que nous étions prêt
« à terminer le différend entre l'Église et le royaume,

« soit à l'amiable, soit par justice, dans le lieu et le
« temps convenables, à Milan, à Crémone, à la Saint-
« Luc prochaine ; et cela par le conseil de nos frères,
« que Dieu a établis juges dans l'Église, et sans les-
« quels cette question ne pouvait être traitée. Nous
« promettions à l'Empereur verbalement et par écrit,
« si lui-même n'y mettait obstacle, la sauvegarde qu'il
« nous demandait. Cette demande était cependant in-
« jurieuse à l'Église et contraire à la coutume. Aussitôt,
« c'est-à-dire le quarante-quatrième jour après notre
« élection, il a placé dans l'Église un intrus, Maurice,
« évêque de Braga, excommunié l'année passée par
« le pape Pascal au concile de Bénévent, et qui autre-
« fois, en recevant le pallium par notre intermé-
« diaire, avait fait serment de fidélité au même pape
« et à tous ses successeurs, dont je suis le premier.
« Grâce à Dieu, l'Empereur n'a pas trouvé dans le
« clergé romain de complice de ce forfait. Les Gui-
« bertins seuls, Romain de Saint-Marcel, Cencius
« qu'on appelait de Saint-Chrysogone, Teuton qui
« pendant longtemps a ravagé la Dacie, partagent
« cette ignoble gloire. Nous vous ordonnons donc par
« les présentes de vous préparer, comme il convient,
« après en avoir délibéré en commun, à venger, avec
« l'aide de Dieu, l'Église votre mère.

« Donné à Gaëte, le 16 mars (1). »

L'Église de France s'apprêtait à répondre à cet ap-

(1) Mansi, *Concil*, t. XXI, 166.

pel du pape, lorsque l'horizon sembla s'éclaircir. Henri V avait repris le chemin de l'Allemagne, Gélase crut qu'il était opportun de revenir à Rome. Il entra donc secrètement dans la ville éternelle et se cacha dans une petite église nommée Sainte-Marie-du-Second-Cierge (juillet). Bientôt sa retraite fut découverte, le sang coula de nouveau, et le pape, qui jusquelà avait fait tête à l'orage, voyant que toute résistance devenait inutile, dit à ceux qui l'entouraient : « Mes « Frères et mes Enfants, puisque nous ne pouvons « vivre dans cette ville, fuyons dans une autre, « fuyons Sodome, fuyons l'Égypte, fuyons la nou- « velle Babylone, fuyons la ville de sang. Un jour « viendra, croyez-moi, où, par la faveur divine, nous « reviendrons soit tous, soit ceux que le Seigneur « voudra, et il y aura des temps meilleurs. » Il disposa tout dans Rome, et partit (2 septembre 1118). Quelques jours après, Gélase abordait à Pise (13 septembre). Pise n'était qu'une étape ; le pape y resta jusqu'au 2 octobre et fit ensuite voile pour la France. C'est la mission de notre patrie de défendre le vicaire de Jésus-Christ et d'être le gardien de sa liberté. Le saint pontife entra dans le port de Marseille le 23 octobre. Quinze jours après, nous le trouvons à Saint-Gilles, au milieu de tous les évêques du pays, d'un grand nombre de religieux, de nobles gens et de la foule pressée du peuple, qui saluaient en lui la vertu persécutée et qui lui apportaient l'humble tribut de leur admiration. L'évêque d'Angoulême était là ; la même pensée de dévouement l'y avait conduit. Nous le voyons figurer, en effet, avec le pape, avec Richard, archevêque de Narbonne, Guy de Sainte-Balbine, cardinal-prêtre, et plusieurs autres témoins, dans une transaction que Guy, évêque de Lescar, et Ponce, abbé de Cluny, firent à l'occasion de l'église de Sainte-Foi de Morlaas (1). C'est même à cette circonstance que nous devons de connaître ce voyage de Girard en Provence. Il n'est pas douteux que Gélase n'ait alors continué à l'évêque d'Angoulême la charge de légat, et, si nous n'en avons pas trouvé la preuve écrite, nous ne pouvons l'attribuer qu'à la mort qui frappa le pape quelques mois à peine après son arrivée en France.

La même année (1118), Seguin de Coursac, Giraud et Foucauld, ses frères, firent don aux chanoines de Saint-Pierre d'Angoulême de tout ce qu'ils possédaient en propre ou par inféodation des dîmes de la paroisse de Charment. L'acte qui renfermait cette donation fut par eux déposé sur l'autel de Saint-Pierre, en présence de l'évêque de Girard, de son neveu Richard, grand chantre, d'Itier d'Archambaud et des autres chanoines de la cathédrale (2).

Nous pouvons rapporter à la même époque une autre donation au même chapitre de Saint-Pierre d'Angoulême, et dans laquelle Girard figure encore comme témoin. Hugues, fils de Raoul, Pierre et Zacharie disputaient aux chanoines de Saint-Pierre la moitié de la

---

(1) Pierre de Marca, *Hist. de Béarn*, p. 458.
(2) Cartul. mss. du chapitre d'Angoulême.

borderie et de la dîme de *Calisia*, près de la forêt de Boixe. Pour le salut de leur âme et de celles de leurs parents, les trois frères renoncèrent entre les mains de l'évêque Girard à toutes leurs prétentions. Ils reconnurent, et réparèrent en cette circonstance l'injustice dont ils s'étaient rendus coupables en s'emparant et de la moitié des dîmes qu'ils devaient au chapitre sur leurs maisons et les jardins qui touchent le bourg de Puyréaux, et de la dîme entière de la borderie appelée *Grauge*, et de la langue de terre qui longe la route de Mansle, près dudit bourg de Puyréaux. C'est alors sans doute que Girard, surnommé Rapace, fit don au même chapitre de Saint-Pierre, entre les mains du légat, de sa part de redevance de cette manse de *Calisia* (1).

(1) Cartul. mss. du chapitre d'Angoulême.

CHAPITRE IV

GIRARD, LÉGAT DU PAPE CALIXTE II

(1ᵉʳ février 1119 — 12 décembre 1124)

Voyage de Girard à Cluny. — Lettres de Geoffroy de Vendôme au légat. — Concile de Reims. — Girard est témoin de l'accord passé à l'occasion de l'église de Saint-Sauveur de Montébo. — Il assiste à plusieurs donations faites à son église. — Il réconcilie Vulgrin Taillefer et Adhémar de la Rochefoucauld. — Calixte II continue à l'évêque d'Angoulême la charge de légat. — Fin de l'affaire de Migné. — Procès relatif à l'Ile-d'Espagnac. — Mort de l'archidiacre Achard, à qui succède Richard, neveu de Girard. — Donation faite à Saint-Pierre d'Angoulême du mas de Lunesse. — Dédicace de l'abbaye de Bournet. — Lettres de Geoffroy de Vendôme au légat. — Querelle entre les moines de Sainte-Croix de Bordeaux et ceux de Saint-Macaire. — IIIᵉ concile d'Angoulême. — Girard assiste, avec ses neveux, à la donation de l'église de la Rochebeaucourt, faite aux moines de Cluny par Guillaume d'Auberoche, évêque de Périgueux. — Fondation de Lugeth. — Le chapitre de Saint-Pierre d'Angoulême afferme Girac à la famille Brumont. — Itier d'Archambaud donne audit chapitre les maisons que son oncle paternel lui avait laissées en héritage. — Pierre de Confolens, évêque de Saintes, restitue Ladiville au chapitre de Saint-Pierre et confirme la donation de l'église de

Touzac, faite par son prédécesseur.— A la sollicitation de Girard, Guillaume d'Auberoche, évêque de Périgueux, donne l'église de Saint-Orse de Gorzon aux religieux de la Sauve-Majeure. — Le légat donne lui-même l'église d'Ambérac à l'abbaye de Saint-Amant-de-Boixe. — Le B. Lambert prend possession du nouveau monastère de la Couronne. — Girard met fin, par ordre du pape Calixte II, au procès pendant entre les religieux de Saint-Ruf et ceux de Mauléon.— Voyage de Girard à Lyon.— Mort du pape Calixte II.

Dans les premiers jours de l'année 1119 Girard entreprit un assez long voyage ; nous le retrouvons à Cluny. Nous l'avons déjà dit, Gélase ne fit, pour ainsi dire, que passer sur le siége de saint Pierre ; encore se vit-il obligé, pendant les quelques jours de son pontificat, d'aller porter sur la terre étrangère le sceptre de la papauté proscrite. Il mourut à Cluny, et il se fit un grand concours de seigneurs et de prélats pour honorer ses funérailles (29 janvier 1119). Girard assistait-il à la mort du pape ? Était-il venu seulement, comme ses frères, s'agenouiller pieusement devant son cercueil ? Nous l'ignorons. Les besoins pressants de l'Église ne permirent pas de différer longtemps l'élection d'un nouveau pape. Le choix des cardinaux qui avaient suivi Gélase II en France (c'était le plus grand nombre) tomba sur Guy, archevêque de Vienne, en Dauphiné, qui prit le nom de Calixte II (1er février 1119). Guy était un prélat également distingué par sa sagesse, par son courage et par sa noblesse. Il était fils de Guillaume, comte de Bourgogne, parent de l'empereur Henri V et oncle d'Adélaïde, reine de

France. C'était l'homme de la circonstance. Ce choix cependant déplut à l'évêque d'Angoulême, et il refusa de reconnaître le nouveau pape. Hâtons-nous de dire que son hésitation ne fut pas de longue durée. Calixte, en effet, n'était pas parti de Cluny (il n'y resta que quatre ou cinq jours après son élection) que déjà Girard avait fait sa soumission. C'est ce que nous apprend une lettre de Conon, évêque de Préneste (Palestrina), à Hugues, évêque de Nevers. Hugues était du nombre des prélats qui avaient assisté à l'élection de Calixte II ; le cardinal lui raconte amicalement ce qui s'est passé depuis leur séparation. « Avant d'ar« river à Lyon, dit-il, l'archevêque de cette ville ap« prouva l'élection que nous avions faite ; il la signa « à Lyon. Avant de nous quitter, l'évêque d'Angou« lême l'avait déjà souscrite et s'était humblement « soumis au pape (1). »

Pendant que Calixte parcourait ainsi la France et recevait la soumission des prélats de ce royaume, l'abbé de Vendôme écrivait à l'évêque d'Angoulême pour le remercier de l'affection qu'il lui conservait, lui apprendre l'accueil favorable que le pape avait fait à son envoyé, et lui demander une entrevue. « Je dé« sire jouir de votre présence et causer avec vous ; « daignez me faire dire ou m'écrire où et quand je « pourrai obtenir l'audience que je désire vivement. « Le bien de l'Église de Dieu et votre propre utilité

---

(1) Migne, *Patrol.*, t. CLXIII, col. 148, Epist. IX, Conon. ad H. Nivernensem episcopum.

« l'exigent (1) » Quel était donc l'objet de la requête de Geoffroy de Vendôme au pape? Pourquoi cet abbé souhaitait-il si ardemment causer avec notre évêque? Quel bien devait en résulter pour l'Église et pour le légat? Autant de questions auxquelles l'histoire jusqu'ici n'a pas répondu.

Quelques mois après, le même abbé écrivait à Girard une seconde lettre. L'année précédente, de profonds dissentiments, dont nous ignorons la nature, s'étaient élevés entre Lambert, abbé de Saint-Nicolas d'Angers, et ses moines. La querelle avait été portée devant le légat, et, pour le bien de la paix, Girard avait cru devoir demander à l'abbé le sacrifice de sa dignité. Lambert s'était donc retiré à Montreuil-Bellay, auprès de son fils, nommé Guy. Cette réconciliation n'était qu'un baiser Lamourette. Huit jours ne s'étaient pas écoulés que les religieux de Saint-Nicolas refusaient d'observer les conditions de la paix qu'ils avaient signée. « C'est pourquoi, Père d'un si grand
« discernement, disait au légat Geoffroy de Vendôme
« (à qui Lambert avait fait entendre ses plaintes), nous
« prions avec les plus vives instances Votre Piété,
« pour l'amour de Dieu et en ma considération, de
« rendre à Lambert et le gouvernement de l'abbaye
« que vos conseils lui ont fait abandonner, et la jus-
« tice qui lui est due et que, au mépris de leur pro-
« messe, les religieux de Saint-Nicolas lui ont refusée

---

(1) Despont, *Biliothec. max.*, t. XXI; *Goffrid. Vindoc.*, lib. I, epist. XXII, p. 13.

« et lui refusent encore. Si vous vous rendez à mes
« désirs, soyez assuré que je vous en conserverai une
« éternelle gratitude. Il n'ira plus frapper désormais
« à la porte de la miséricorde angevine (1) : il sait
« déjà par expérience qu'il n'y trouverait pas la misé-
« ricorde. Cette démarche en faveur de sa réintégra-
« tion, ce n'est point la censure de votre justice qui
« l'a dictée, mais la compassion seule, et une im-
« mense compassion. Salut, donnez-nous une preuve
« de votre miséricorde (2). » On ignore comment
Girard accueillit cette requête.

Au mois d'octobre de la même année, l'évêque
d'Angoulême se rendait à Reims. Le premier soin de
Calixte après son élection avait été de convoquer un
concile dans cette ville : le pape espérait terminer par
ce moyen la grande querelle des investitures. C'est
ce qu'il écrivait du Puy, le 16 avril 1119, à Frédéric
de Carinthie, archevêque de Cologne (3). Le concile
fut très-nombreux : on y comptait quatre cent vingt-
sept évêques ou abbés, venus des quatre coins du
monde catholique. Parmi tous ces évêques, dont quelques-uns se firent remarquer par leur sagesse et par

(1) Renaud de Martigné, évêque d'Angers.
(2) Despont, *Bibliothec. max.*, t. XXI; *Goffrid. Vindoc.*, lib I, epist. XXIII. D. Brial se trompe quand il pense que cette lettre a été écrite en 1109 (*Recueil des Historiens des Gaules et de France*, t. XV, p. 285). Lambert ne s'étant démis de sa charge qu'en 1118, comment en 1109 Geoffroy eût-il pu demander au légat de lui rendre son abbaye?
(3) Dom. Martène, *Amplis. collect.*, I, 651, è mss. Colbertino.

leur éloquence, Girard sut prendre le rang qui convenait à ses talents et à la haute position qu'il occupait dans l'Église de France. « Je ne puis raconter en par-
« ticulier tout ce qui se passa au concile, dit Orderic
« Vital. Des orateurs pleins d'élégance traitèrent avec
« grande habileté les nombreuses affaires de l'Église,
« et exposèrent avec beaucoup de clarté, devant les
« auditeurs attentifs, les preuves multiples des causes
« qu'ils défendaient. Là les princes de l'éloquence,
« *Girard d'Angoulême,* Atton de Viviers, Geoffroy de
« Chartres et Guillaume de Châlons (1), tonnèrent
« entre tous les autres, et l'éclat de leur parole excita
« l'envie des orateurs les plus mordants, des amis les
« plus passionnés de la sagesse (2). »

Il y avait lieu pour les pères du concile à faire briller leurs talents, si l'on en juge par les affaires

---

(1) Guillaume de Champeaux, évêque de Châlons-sur-Marne.

(2) Orderic. Vital., *Hist. eccles.*, part. III, lib. XII, X. D, col. 880. Les auteurs de la *Gallia Christiana* rapportent ces paroles à un précédent concile, qu'ils prétendent avoir été tenu à Rome par Pascal II : « Anno 1117, mense oct., adfuit (Girardus) concilio romano, Paschali II præsidente, ubi dux verbi, cum Attone Vivariensi, Goffredo Carnot, et Guillelmo Catalaunensi appellatur ab Orderico Vitali, lib. XII. Histor. (*Gallia Christ.*, t. II, col. 995). En vain avons-nous cherché dans Orderic Vital la preuve de ce que lui fait dire ici la *Gallia Christiana*, nous n'avons trouvé que les paroles du livre XII que nous venons de citer, et qui ne parlent que de Calixte II et du concile tenu par lui, en 1119, dans la ville de Reims. Il faut donc mettre ce prétendu concile de 1117 au nombre des erreurs échappées à la science des bénédictins.

délicates qui furent traitées dans cette auguste assemblée. C'était, en effet, le roi de France, Louis le Gros, qui venait demander justice au pape des injures que lui avait faites Henri, roi d'Angleterre, dont la principale était l'usurpation sur la couronne de France du duché de Normandie ; c'était Mathilde, comtesse de Poitiers, qui venait se plaindre de l'injure que lui avait faite le comte Guillaume, son époux, en la répudiant pour vivre en adultère avec la femme du vicomte de Châtellerault ; c'était Audin le Barbu, évêque d'Évreux, qui accusait Amauri de Montfort de l'avoir chassé de son siége et d'avoir brûlé son évêché ; c'était enfin la grande question des investitures, objet jusqu'à ce jour des anathèmes de tous les conciles, que la fourberie de l'empereur d'Allemagne avait empêché de résoudre à Mouson, qui se ravivait. Henri V fut excommunié nommément, et, de son autorité apostolique, le pape délia tous ses sujets du serment de fidélité. On le voit par celui de Reims, les conciles étaient au moyen âge comme les grandes assises de l'Europe chrétienne ; c'était là que se plaidaient, souvent par les parties elles-mêmes, les causes des empereurs, des rois et des autres principaux personnages. Si le pontife romain ne prononçait pas toujours la sentence sur le moment, il donnait des avertissements qui valaient des sentences ; souvent il renvoyait les causes à huitaine pour opérer dans l'intervalle une conciliation. Aujourd'hui les empereurs et les rois tiennent des congrès auxquels manquent une autorité prépondérante et une conclusion autre que celle de la force ; aujourd'hui les peuples se délient eux-mêmes du serment de fidélité, appellent les rois à leur tribunal, les condamnent sans les entendre, et font rouler leur tête sur l'échafaud ou les envoient en exil ! Autre temps, autres mœurs.

De toutes les affaires du concile, celle à laquelle le légat prenait le plus d'intérêt, après la cause sacrée de l'Eglise, était sans contredit l'affaire de la comtesse de Poitiers. On se rappelle la sentence d'excommunication lancée par Girard contre le duc d'Aquitaine (1111), cette sentence renouvelée par le saint évêque de Poitiers Pierre II (1114). Une indécente plaisanterie et l'exil de Chauvigny avaient été toute la réponse de Guillaume. L'heure de la justice semblait enfin arrivée. Calixte avait mandé Guillaume IX au concile. Mathilde (1) entre avec ses suivantes

(1) Guillaume de Tyr (*Hist. Rerum transmarin.*, lib. XIV, cap. 1, col. 579) prétend que l'épouse légitime du duc d'Aquitaine était Hermengarde, fille de Foulques le Réchin, comte d'Anjou ; qu'injustement répudiée par Guillaume, cette princesse alla chercher auprès d'Alain Fergent, duc de Bretagne, un amour plus constant, et qu'elle en eut un fils, Conan III le Gros, qui succéda à son père en 1112. Nous ne pouvons admettre ce sentiment, qui nous paraît en opposition formelle avec des faits bien constants. Nous voyons, en effet, figurer dans un privilége donné, au concile de Bordeaux (1096), en faveur de l'abbaye de Sainte-Croix de Bordeaux, par Guillaume IX, l'épouse vraie du duc d'Aquitaine ; Mathilde est son nom. En l'année 1099 un fils naquit à Guillaume, et l'histoire rapporte que lorsque Guillaume X eut grandi, il prit les armes contre son père, pour venger sa mère outragée. Cette épouse méprisée, qu'Orderic Vital (*Eccles. Hist.*, lib. XII, p. 859) ap-

et expose sa plainte, qui fut écoutée avec un religieux silence. Le pape appelle le coupable. Alors Guillaume, évêque de Poitiers, plusieurs évêques d'Aquitaine, se lèvent et présentent les excuses du comte, assurant qu'il s'était mis en chemin pour se rendre au concile, suivant les ordres du pape, mais qu'une maladie l'avait obligé de s'arrêter (1). Le pape agréa cette ex-

pelle *Hildegarde*, et le P. Longueval (*Hist. de l'Eglise gallic.*, t. VIII, liv. XXIII, p. 329), tantôt *Adélaïde*, tantôt *Hildegarde*, nous l'appelons *Mathilde*. Parmi les lettres de Geoffroy de Vendôme, nous en trouvons une (lib. V, epist. XXII, p. 56) adressée par cet abbé *à sa très-chère dame Mathilde, comtesse de Poitiers*, lors du voyage de son époux à Jérusalem, c'est-à-dire, en l'année 1101. Comment douter que l'épouse de 1096 et de 1101 ne soit la mère de l'enfant de 1099 ? Au reste, l'abbé de Vendôme a écrit aussi *à sa chère fille en J.-C. Ermengarde, comtesse de Bretagne* (lib. V, epist. XXIII et XXIV, p. 57), et ni dans l'une ni dans l'autre de ces deux lettres nous ne trouvons un seul mot d'allusion au prétendu mariage de cette princesse avec le duc d'Aquitaine. Peut-on supposer que Geoffroy de Vendôme ait ignoré une telle particularité de la vie de la comtesse Ermengarde ? Non.

(1) Orderic Vital et tous les historiens après lui nous semblent se tromper quand ils disent que l'évêque de Saintes, Guillaume (qu'ils appellent *eloquentissimus juvenis*), se leva pour présenter les excuses du duc d'Aquitaine. Pierre III de Confolens, l'acte de Ladiville en fait foi, était encore évêque de Saintes en 1122, et Guillaume Guadrat, le seul des évêques de Saintes dont le nom pourrait ici faire illusion, ne lui succéda que vers 1127, d'après les auteurs de la *Gallia Christiana*. Ce qui confirme notre sentiment, c'est qu'à l'époque du concile de Reims nous trouvons à Poitiers un évêque du nom de Guillaume Ier, qui ne fit, pour ainsi dire, que passer sur le siége de

cuse, et assigna un terme à Guillaume IX pour venir à sa cour terminer ce procès, en reprenant son épouse légitime, ou, pour ce divorce scandaleux, se voir frapper d'anathème.

Au concile de Reims, Girard vit un personnage dont la vue ne lui était guère agréable : je veux parler d'Hervé, abbé de Redon. Après la sentence du concile d'Angoulême, après la mise en possession par Conan de l'abbé de Quimperlé, la fameuse affaire de Belle-Ile semblait terminée. Il n'en était rien. En s'emparant à main armée de Belle-Ile, Hervé s'était en même temps emparé des revenus, et il en avait joui pendant plus d'une année. Le vieil adage de droit qui veut que *la chose fructifie pour son maître*, voulait, en même temps, la restitution de ces revenus aux religieux de Quimperlé. Ainsi l'avait jugé le concile d'Angoulême. L'abbé de Redon n'était point du tout de cet avis, et, dans l'impossibilité de conserver Belle-Ile, il voulait du moins en retenir les revenus. Une année entière se passa ainsi pour les moines de Quimperlé, en attente vaine d'une restitution à laquelle Hervé se sentait de jour en jour moins disposé. Impatienté, l'abbé

---

saint Hilaire (1117-1123). N'était-il pas, en effet, plus naturel que les excuses du duc d'Aquitaine fussent présentées au concile par celui qui avait été chargé de l'y convoquer, c'est-à-dire par l'évêque de Poitiers? Si le souvenir de l'exil de son prédécesseur devait gêner les relations de l'évêque de Poitiers avec son diocésain, les souvenirs d'Angoulême devaient-ils moins détourner l'évêque de Saintes de prendre la défense de Guillaume IX?

de Quimperlé porta l'affaire devant le pape. Calixte écrivit en ces termes à l'abbé de Redon : « Nous avons
« reçu la plainte de l'abbé du monastère de Sainte-
« Croix de Quimperlé et de ses frères contre vous :
« vous ne leur avez point restitué, conformément au
« jugement de notre confrère Girard d'Angoulême,
« alors légat du siége apostolique, l'argent de Belle-
« Ile dont vous vous êtes violemment emparé. Nous
« ordonnons donc à Votre Charité de faire sans délai
« cette restitution, ou, si vous croyez avoir quelques
« droits à cet argent, de vous rendre au concile de
« Reims pour les justifier, avec l'aide de Dieu.

« Donné à Périgueux, le 3 août (1). »

Le rude Breton, c'est le pape lui-même qui nous l'apprend, fut au concile de Reims ce qu'il avait été, l'année précédente, au concile d'Angoulême, c'est-à-dire intraitable : il méconnut l'autorité du pape comme il avait méconnu celle du légat, et Calixte se vit dans la nécessité de recourir contre lui aux peines les plus sévères. C'est l'objet de la lettre de ce pontife aux évêques de Vannes et de Nantes.

« Calixte, évêque, serviteur des serviteurs de Dieu,
« aux vénérables évêques Morvan de Vannes, Bric-
« cius de Nantes, salut et bénédiction apostolique.

« Conformément au jugement prononcé par notre
« confrère Gérard d'Angoulême, alors légat du siége
« apostolique, nous avons ordonné, il y a quelques
« mois, à Hervé, abbé de Redon, de restituer sans

(1) D. Bouquet, *Recueil*, XV, 231.

« délai l'argent qu'il a injustement usurpé sur le mo-
« nastère de Sainte-Croix de Quimperlé, ou de se
« présenter au concile de Reims pour y rendre raison,
« devant nous, de sa conduite. Hervé est venu au
« concile, mais il en est reparti sans terminer cette
« affaire, et (ce qui est plus grave) il s'efforce, comme
« nous l'avons appris, d'appuyer sa faute de l'auto-
« rité du comte. En conséquence, nous ordonnons à
« Votre Fraternité de l'avertir de notre part de resti-
« tuer intégralement cet argent à l'abbé de Sainte-
« Croix, avant l'octave de l'Epiphanie, et, s'il ne le
« fait, de le soumettre, lui, son abbaye et les obé-
« diences qui, dans vos diocèses, en relèvent, à toute
« la rigueur canonique, jusqu'à ce qu'il ait fait en
« notre présence amende honorable du mépris de
« notre autorité, et réparé envers l'abbé de Sainte-
« Croix les injures qu'il lui a faites.

« Donné à Reims, le 9 novembre (1). »

Hervé se rendit sans doute à ce nouvel avertissement, car, à partir de cette époque, nous ne trouvons plus trace dans l'histoire de cette malheureuse affaire de Belle-Ile.

Un autre procès auquel Girard ne s'intéressait pas moins est celui de Migné. Le légat, nous l'avons vu, avait donné à Angoulême, en 1117, l'investiture de l'église de Migné à Guibert, abbé de Bourgueil. Le triomphe de Bourgueil avait été court. Marcher, abbé de Montierneuf, en avait appelé au pape du

(1) D. Bouquet, *Recueil*, XV, 231.

jugement de son légat, et il avait été assez heureux pour obtenir dès l'année suivante, de Pascal II, la reconnaissance de ses droits sur Migné. Gélase II avait maintenu le jugement de son prédécesseur, et Calixte II, à son tour, pendant un voyage qu'il fit en Poitou avant le concile de Reims, avait de nouveau consacré, à Mauzé, les droits de Montierneuf. Les choses en étaient là, lorsque, le pape passant par Bourgueil, les religieux de ce monastère crurent opportun de renouveler le procès. Calixte, qui devait se rendre à Tours, assigna l'abbé de Montierneuf à y comparaître. L'abbé de Cluny, de qui relevait le monastère de Montierneuf, ne s'étant pas trouvé au rendez-vous, le pape ajourna l'affaire jusqu'au concile de Reims. Ceci se passait vers la mi-septembre 1119. Arriva le temps du concile. Les deux parties se rendirent exactement à l'invitation de Calixte, et, en présence des cardinaux et de beaucoup d'autres personnages illustres, la discussion s'engagea. L'archevêque de Dol, Baudri, se fit l'avocat des moines de Bourgueil, plaida leur cause avec toute l'éloquence dont il était capable, ne nia pas que les moines de Montierneuf n'eussent reçu de l'évêque Pierre l'investiture de l'église de Migné. A cet aveu, les cardinaux demandèrent aux religieux de Bourgueil de montrer les titres de leur propriété, promettant, s'ils étaient plus solides que ceux de Montierneuf, de leur adjuger la propriété de l'église en litige. Les moines de Bourgueil se concertèrent, et leur réponse fut qu'ils ne consentiraient jamais à traiter la question de *fond* avant que celle de *l'investiture* eût été jugée. On voit bien, leur répondirent les cardinaux, que vous vous plaigniez à tort. Si votre cause était juste, vous ne refuseriez pas de répondre à notre juste demande. Vous avez perdu votre procès. L'église de Migné, sa dîme et ses appartenances furent donc adjugées à l'abbé de Cluny et aux religieux de Montierneuf. Outre les cardinaux, faisaient partie de cette commission : Guillaume de Champeaux, évêque de Châlons ; Geoffroy de Chartres et beaucoup d'autres personnes compétentes. Calixte, à qui nous devons tout ce récit, ne parle point de l'évêque d'Angoulême (1). Les légats Pierre de Léon, cardinal-prêtre ; Grégoire de Saint-Ange, cardinal-diacre, délivrèrent quelque temps après aux moines de Saint-Jean de Montierneuf une attestation en bonne forme du jugement rendu en leur faveur au concile de Reims (2).

La même année, Girard paraît comme témoin de plusieurs donations.

Guillaume Élie revendiquait la dîme et le casuel de Saint-Sauveur de Montébo, prétendant qu'ils constituaient la dot de Pétronille, son épouse (3). L'heu-

(1) Archives du département de la Vienne, Bulle du pape Calixte II qui confirme un jugement rendu au concile de Reims en faveur de l'abbaye de Montierneuf, à qui les religieux de Bourgueil disputaient la possession de l'église de Migné (31 mars 1123).

(2) *Ibid.*, Pierre de Léon et Grégoire de Saint-Ange, cardinaux légats, confirment aux religieux de Montierneuf la possession de l'église de Migné (vers 1120).

(3) C'était la coutume de donner en dot aux filles les biens

reuse médiation d'Achard, archidiacre de l'église d'Angoulême, d'Ithier d'Archambaud et de Pierre Robert, mit fin à cette querelle. Les religieux de Saint-Maixent, à qui appartenait l'église de Montébo, donnèrent à Guillaume quarante-deux sous et demi, en présence de l'évêque d'Angoulême, et, pendant que ce prélat offrait le saint sacrifice, sous ses yeux, devant l'autel de Saint-Pierre, Guillaume présenta aux moines de Saint-Maixent un couteau en signe d'investiture. D'Angoulême, les moines de Saint-Maixent se rendirent à Montébo, où, dans sa propre maison, Pétronille leur donna l'investiture de l'église de Saint-Sauveur, en leur présentant une écorce de garrit (1). La charte est datée de l'épiscopat de Girard et du règne de Louis, roi de France, l'an de l'Incarnation du Seigneur 1119 (2).

ecclésiastiques, qui étaient alors regardés comme biens patrimoniaux. Aussi, de violents murmures s'élevèrent dans l'assemblée quand, au concile de Reims, le pape fit lire le décret suivant : « Nous défendons absolument qu'on reçoive d'une « main laïque l'investiture d'aucune église ni d'aucun bien « ecclésiastique. » Les seigneurs croyaient que Calixte voulait leur ôter par là les droits de patronage ou les fiefs ecclésiastiques et les dîmes qu'ils possédaient depuis longtemps. Le pape se vit donc dans la nécessité de renvoyer la clôture du concile au lendemain et de modifier ainsi le décret : « Nous défendons absolument de recevoir d'une main laïque l'investiture des évêchés et des abbayes. » (*Gretseri opera*, t. VI, p. 549, Hessonis scholastici commentariolus.)

(1) On appelait ainsi autrefois une espèce de chêne.
(2) D. Fonteneau, t. XV, p. 599.

La même année, se termina, en présence du même Girard, le procès qu'avaient intenté aux chanoines de Saint-Pierre d'Angoulême les fils d'Émeric Cornoil (1), au sujet de la terre de Moulède. Émeric Cornoil avait donné au chapitre de Saint-Pierre d'Angoulême sa part entière de la terre et du bois de Moulède (les Cornoil, dit l'acte, possédaient le huitième de cette terre et de ce bois). Arnaud Cornoil et Itier Ladenz, son frère, niaient cette donation de leur père; un procès s'ensuivit. Un jour, touchés de la crainte de Dieu (ce sont eux-mêmes qui le racontent), les deux frères vinrent à résipiscence et, pour le salut de leur âme et de celle de leur père, reconnurent et confirmèrent tous les droits des chanoines sur la terre et le bois en litige. La charte sur laquelle Arnaud et Itier tracèrent de leur propre main le signe de la croix fut par eux déposée sur l'autel de Saint-Pierre, en présence de Girard, évêque d'Angoulême et légat du saint-siége, d'Ithier d'Archambaud, de Guillaume de la Roche, de Geoffroy d'Angoulême, d'Arnaud Ponsat et des autres chanoines de la cathédrale.

(1) Dans la charte de 1117 (*Pièces justificatives*, n° 14) ce nom est écrit *Cornol* (Cornolium); Corlieu l'écrivait, au XVI° siècle, *Corgnol*. Je ne doute pas, en effet, que cette famille ne soit la même que celle dont parle cet écrivain dans son *Recueil* (ch. IX, p. 21), et dont le nom s'est éteint dans la personne de M. Jean Guy, marquis de Corgnol, qui n'a laissé à sa mort (11 octobre 1830) que des filles, dont deux habitent le château de Rochebertier, commune de Vilhonneur.

Enfin, Odon de Bouteville (1), fils d'Émeric, fit don à l'église Saint-Pierre d'Angoulême et aux chanoines qui y célébraient l'office divin, de la moitié de la dîme de toute la paroisse de Verrières (2), et de la dîme entière de celle de Vaux (3). Odon fit cette donation entre les mains d'Ithier d'Archambaud, en présence de Girard, évêque d'Angoulême et légat de la sainte Église romaine, de Ramnulfe Achard, d'Audoin Truaud, de Jourdain Jousseaume, de Renaud de la Monnaie (4) et de Boniface de Bouteville (5).

Cette même année (1119), pendant que notre comte Guillaume III prenait le bâton de pèlerin et s'acheminait vers Jérusalem, une discussion s'élevait entre Vulgrin son fils et le seigneur de la Rochefoucauld. Adhémar était la personnification de l'astuce et de l'audace. Le jeune comte d'Angoulême ne se laissa point intimider, et fit marcher contre son rebelle vassal une armée de plus de mille combattants. On allait en venir aux mains, lorsque l'évêque d'Angoulême parut

---

(1) Bouteville (Charente), arrondissement de Cognac, canton de Châteauneuf.

(2) Verrières (Charente), arrondissement de Cognac, canton de Segonzac.

(3) Probablement le lieu de Chez-Vaux (Charente), commune de Criteuil, arrondissement de Cognac, canton de Segonzac.

(4) Reinaldus de Moneta, ainsi appelé de ses fonctions de monétaire. Vigier de la Pile nous apprend (*Hist. de l'Angoumois*, art. II, p. XIII) que de son temps l'hôtel de la monnaie s'appelait *la Monette*.

(5) Cartul. mss. du chapitre de Saint-Pierre d'Angoulême.

sur le champ de bataille ; il portait le rameau d'olivier. Vulgrin et Adhémar se laissèrent persuader, et la paix fut signée sans effusion de sang (1).

Le concile de Reims terminé, le pape était parti pour Rome, où l'appelaient depuis longtemps les vœux du clergé et du peuple. Son voyage au delà des monts fut un véritable triomphe, une ovation continuelle. Rome, Rome surtout se distingua par les transports de sa joie (2). Calixte n'était pas homme à s'endormir dans les délices de cette nouvelle Capoue. Un mois à peine après son entrée solennelle dans la capitale du monde chrétien, il parcourut l'Apulie et les principales villes de l'Italie méridionale, pour y réunir ses forces contre l'antipape Maurice Bourdin et terminer enfin le schisme qui désolait l'Église. C'est pendant ce voyage qu'il écrivit aux archevêques, aux évêques, aux abbés, aux princes, au clergé et aux fidèles des provinces de Bourges, de Bordeaux, d'Auch, de Tours et de Bretagne, pour leur notifier le choix qu'il avait fait de Girard pour son légat. Cette lettre, datée de Bénévent, 16 octobre (1120), est ainsi conçue :

« Les règles établies par nos prédécesseurs et la
« charité fraternelle que nous vous devons deman-
« dent que nous pourvoyions, avec l'aide de Dieu, aux

---

(1) *Hist. Pontif.*, cap. XXXV, p. 45.
(2) Tanta gloria est ac honore susceptus, quanta diebus nostris nullus unquam fuerit præsul de Roma tractatus, dit Pandulfe de Pise (Muratori, *Rerum Italic. Scriptores*, t. III, part. I, p. 418).

« besoins de tous nos enfants. Mais comme nous ne
« pouvons être présent partout ni tout faire par nous-
« même, nous appelons à partager notre sollicitude
« ceux de nos frères que nous croyons les plus pro-
« pres à cette charge. C'est pourquoi, à l'exemple de
« notre prédécesseur le pape Pascal, de sainte mé-
« moire, nous avons jugé convenable de nous déchar-
« ger de nos devoirs envers vous sur notre vénérable
« frère Girard, évêque d'Angoulême. Nous avons la
« douce confiance qu'avec la coopération du Saint-
« Esprit, il remplira fidèlement ce ministère, à l'hon-
« neur de Dieu et pour votre salut. Nous vous prions
« donc tous, nous vous avertissons et au besoin nous
« vous ordonnons de lui obéir en toute humilité
« comme à notre vicaire. Ayez soin, quand le deman-
« dera l'utilité de l'Église, de vous rendre tous à
« son appel lorsqu'il célébrera des conciles ; afin
« qu'il puisse réformer avec votre concours, au nom
« de Dieu, ce qui devra être réformé, et consolider le
« bien qui aura besoin d'être soutenu (1). »

Nous avons vu tout à l'heure le pape et le concile de Reims donner gain de cause, dans l'affaire de Migné, aux religieux de Montierneuf ; l'abbé de Bourgueil et ses moines ne se tinrent cependant point encore pour battus : cette même année (1120), ils revinrent à la charge. Le moment paraissait opportun : Calixte II venait de continuer les fonctions de légat à l'évêque d'Angoulême. Leurs espérances furent trom-

(1) Labbe, Concil., t. X, col. 851.

pées : Girard confirma simplement le jugement du concile de Reims. Il appartient à l'évêque d'Angoulême de nous faire l'histoire de cette nouvelle instance des religieux de Bourgueil, écoutons-le : « Les moines de
« Bourgueil nous ont de nouveau porté leur plainte
« au sujet de cette église; en conséquence, nous avons
« fixé un jour à l'abbé de Montierneuf pour se dé-
« fendre. Le jour dit, l'abbé de Montierneuf nommé
« Marcher se présenta, mais l'abbé de Bourgueil ne
« vint pas. Les moines de Bourgueil se présentèrent
« cependant sans lettre de leur abbé et du chapitre,
« et, parce qu'il n'était pas convenable qu'ils agissent
« ainsi sans autorisation, nous avons assigné aux deux
« parties un autre jour pour traiter l'affaire. Le jour
« fixé, les religieux de Montierneuf se présentèrent
« munis des lettres de leur abbé et du chapitre, mais
« ni l'abbé de Bourgueil ni ses moines ne parurent.
« Ils ne se mirent pas même en peine de nous envoyer
« une excuse canonique ni d'aucune sorte. Les reli-
« gieux de Montierneuf s'en retournèrent donc à leur
« monastère maîtres absolus de ladite église (1). »
Guillaume Ier, évêque de Poitiers, donna ensuite à l'abbaye de Montierneuf l'investiture de l'église de Saint-Pierre de Migné (2), et, trois ans après, le pape Calixte donna la bulle dont nous avons déjà parlé (31 mars 1123). Ainsi finit, en faveur de Montierneuf, ce procès de Migné, que le moderne continuateur de

(1) *Pièces justif.*, n° 24.
(2) D. Fonteneau, t. XIX, p. 167.

la *Gallia Christiana* donne comme s'étant terminé à l'avantage des moines de Bourgueil(1). Les bénédictins de la congrégation de Saint-Maur avaient dit comme nous le contraire (2); pourquoi M. Hauréau l'a-t-il oublié?

Cette même année (1120), Girard fut assez heureux pour voir la fin d'une discussion dont l'Ile-d'Espagnac était l'objet. L'île de Spanac, comme on disait au XIIe siècle, était possédée par le chapitre de Saint-Pierre d'Angoulême et par la famille Audoin. Les rapports de bon voisinage cessèrent, je ne sais à quelle occasion. Bref, on se disputait la propriété, et la querelle semblait devoir s'envenimer avec le temps, lorsqu'un heureux événement la termina. Un membre de la famille Audoin nommé Bernard, se sentant appelé à la vie ecclésiastique, vint frapper à la porte du chapitre de Saint-Pierre d'Angoulême, et les chanoines le reçurent avec grande bienveillance. Touchés de la bonne volonté des chanoines pour leur frère (qu'ils avaient agrégé à leur chapitre sans condition pécuniaire), Guillaume d'Audoin et Audoin firent avec eux leur paix. Mû par le même sentiment et en considération de Bernard et de ses frères, Guiscard, prévôt d'Angoulême, renonça, de son côté, à toutes ses prétentions sur le bourg et la terre de l'Ile-d'Espagnac (3). Pour

(1) Hauréau, *Gallia Christ.*, t. XIV, col. 660.
(2) *Gall. Chris*, t. II, col. 1266, D.
(3) Cette petite paroisse, dit Vigier de la Pile (*Hist. de l'Angoum.*, p. CXLVII), est située à une lieue d'Angoulême, dans un pays fort maigre. Le fief d'Espagnac, relevant de l'évêché, est

fermer la porte à toute nouvelle contestation, Girard écrivit les clauses de l'accord. « Lesdits frères Guil-
« laume et Audoin consentent à laisser les chanoines
« de Saint-Pierre jouir en paix et en toute liberté de la
« terre qu'ils possèdent dans la dite île et dans la mé-
« tairie adjacente, de la rive et des hommes qui l'ha-
« bitent, sans que nulle autre personne ne puisse, ni
« par violence, ni par discussion, ni d'aucune autre
« façon, y percevoir de redevance ; à posséder par
« indivis avec les chanoines la terre qui déjà est indi-
« vise, et où se trouve une habitation de métayers :
« ainsi à en partager par moitié les revenus avec les
« chanoines, à lever d'un commun accord les tailles ou
« taxes, et à les partager de la même façon. Quant à la re-
« devance de l'avoine qu'on appelle *civada* (1), Guillau-
« me et son frère se réservent le droit d'en prendre cha-
« cun une hémine, c'est-à-dire un setier dans chaque
« métairie de la terre indivise; les chanoines jouiront
« du même droit. La rive circonjacente, soit cultivée,
« soit inculte, sera indivise : par conséquent les cha-
« noines et lesdits frères partageront par égale portion
« les produits des jardins, des prairies ou de toute

considérable : il s'étend sur la partie du bourg où l'église est située. La cure est à la présentation du chapitre d'Angoulême, qui a toutes les grosses dîmes, plusieurs droits seigneuriaux et justice exercée dans ce qui est de sa direction. Le surplus de la paroisse plaide à la prévôté aussi bien que le village de Chaumontet et ses dépendances.

(1) Nom particulier que l'avoine a conservé dans le midi de la France.

« autre culture qu'on y appliquera. Les chanoines et
« lesdits frères fourniront chacun à leurs hommes les
« rouches et les pâturages de leurs bestiaux. Si d'au-
« tres que les gens des chanoines ou desdits frères
« veulent y avoir le droit de rouches ou de pâturages,
« le cens ou service sera mis en commun, et partagé
« également entre lesdites parties . . . . . .
« Les chanoines, de leur côté, ont promis de rendre
« auxdits frères et à leurs épouses, après leur mort,
« les honneurs de la sépulture dans le cimetière de
« Saint-Pierre. » Cet accord fut conclu dans le cloître
de Saint-Pierre. La charte (sur laquelle l'évêque d'Angoulême, Achard son archidiacre, et Richard, grand
chantre, au nom des chanoines, le chanoine Bernard,
Guillaume et Audoin ses frères, en leur propre nom,
tracèrent le signe de la croix) fut faite en chirographe,
et partagée entre le chapitre et la famille Audoin (1).
Ainsi finit le procès de l'Ile-d'Espagnac.

Nous voyons paraître ici Achard pour la dernière
fois : cette même année 1120, il rendit son âme à Dieu.
Il avait été fait chanoine peu de temps avant l'élection d'Adhémar au siége d'Angoulême; son nom de
famille était *Debor;* il apporta au chapitre la terre de
Malaville, près de Chateauneuf (2). Achard Debor eut
pour successeur, la même année, dans la dignité d'archidiacre, un des neveux de Girard, nommé Richard,
qui remplissait alors, comme nous venons de le voir,

(1) *Pièces justif.*, n° 25.
(2) Cartul. mss. du chapitre de Saint-Pierre d'Angoulême.

les fonctions de grand chantre. L'évêque d'Angoulême donna, de l'agrément du chapitre de Saint-Pierre, au nouvel archidiacre, sans doute à titre de joyeux avénement, les églises de Saint-Cybard, de Nanteuil-en-Vallée, de Voulgézac, de Magnac, de Saint-Jean-Baptiste ; la moitié des revenus de la métairie de Marsac, dix sous sur l'église de Saint-Martial, la moitié du mas de Lunesse (1), le pré et les vignes que possédait Foucauld de Rivières. L'église de Saint-Jean-Baptiste, les dix sous de l'église de Saint-Martial, la moitié du mas de Lunesse, le pré et les vignes que possédait Foucauld de Rivières, étaient réversibles après la mort de Richard ou son élévation à l'épiscopat, et défense était faite sous peine d'excommunication, de tenter de les distraire à l'avenir de la mense commune des chanoines (2). C'est dans cette prédilection marquée de Girard pour sa famille qu'Arnould de Lisieux puisa sans doute le reproche de népotisme qu'il fait à notre évêque : « (cœpisti) ; nepotibus tuis quos natalis soli
« finibus eadem quæ te causa depulerat, rerum tradere
« summam, et dignitatibus Ecclesiæ sublimare, quasi
« Platonem scientia, Catonem moribus, Scipionem
« genere superarent (3). »

(1) On appelait ainsi au moyen âge une grande propriété formée par la réunion de plusieurs domaines de différente étendue. Quelques hameaux de notre département portent encore aujourd'hui ce nom de *Mas*, abréviation du latin *massus* ou *masa*.
(2) *Pièces justif.*, n° 26.
(3) *Tract. de Schismate*, cap. I, B.

On n'a pas oublié que les chanoines de Saint-Pierre, en faisant chanoine Bernard d'Audoin, avaient mis de côté tout intérêt pécuniaire. La famille Audoin ne voulut pas se laisser vaincre en générosité, et, de leur propre mouvement, Guillaume, Bernard, Audoin et Arnaud donnèrent à perpétuité au chapitre de Saint-Pierre la moitié du manse de Lunesse, leur alleu. Terres, vignes, bois, prairies, cours d'eau, redevances, droits, tailles et revenus de toute sorte, tout devait se partager également. Au manse de Lunesse était affecté un droit annuel de past (1), converti en redevance ; lesdits frères et les chanoines devaient en jouir alternativement, et les chanoines recevoir, pour ce sens, la somme de deux sous. Pour valider cet acte, les quatre frères tracèrent le signe de la croix sur la charte, qu'ils déposèrent ensuite entre les mains de Girard, évêque d'Angoulême et légat de la sainte Église romaine (2).

Lunesse, quelques années plus tard, fut converti en léproserie. C'est, en effet, à ce domaine qu'il faut appliquer, d'après M. de Chancel, ces paroles de l'*Histoire de nos évêques* : « Girard fit construire une chapelle et des cellules pour les lépreux (3). » Une fontaine qui coule au levant d'un pré dépendant du

(1) On appelait ainsi autrefois l'obligation imposée au vassal de loger et de nourrir le seigneur dans certaines circonstances. Le vassal pouvait s'en affranchir en payant une redevance, un cens.
(2) Cartul. mss. du chapitre de Saint-Pierre d'Angoulême.
(3) *Hist. Pontif. Engolism.*, p. 51.

domaine de Lunesse porte encore aujourd'hui le nom de *Fontaine des Lépreux*. Cette désignation, que l'on retrouve dans un acte de 1455, ainsi que dans le langage des gens du voisinage, confirmerait au besoin la tradition dont nous venons de parler, dit M. de Chancel (1).

Le site ne pouvait être plus heureusement choisi : les eaux limpides de la fontaine offraient au pauvre lépreux des ablutions faciles; les grands bois du voisinage l'invitaient à de solitaires promenades, pendant lesquelles il apercevait, à travers ce rideau de verdure, ici les riches et charmantes vallées qui fuyaient dans le lointain; là Angoulême, ses remparts, ses tours, ses clochers si pleins de doux souvenirs, et cette vue tempérait un peu les amertumes de son âme. C'est ainsi que l'Église faisait tourner au profit de l'humanité souffrante ces libéralités qu'on lui a tant reprochées depuis, et que le siècle dernier s'est montré si jaloux de lui ravir.

A la même époque, si nous en croyons la chronique de Maillezais, eut lieu la dédicace du monastère de Bournet (que les auteurs de la *Gallia Christiana* affirment n'avoir été achevé qu'en 1125) (2) : « Anno 1120.......... in pago Angolismæ civitatis est aliud (cœnobium) quod vocatur Bornet, similiter *dedicatum*,

(1) *Bulletin de la Société archéol. et histor. de la Charente*, année 1846, p. 132-133. Ce qui corrobore le sentiment émis ici par M. de Chancel, c'est l'existence, à quelques pas de Lunesse, d'un hameau nommé la *Maladrie* ou la *Maladrerie*.

(2) *Gall. Christ.*, t. II, col. 1051.

ubi l fuit abbas Guillelmus (1). » Bournet, dit la même chronique, reconnaît le B. Giraud de Sales pour son fondateur : « Anno 1113. Giraudus de Sala monasteria duo Cadonco et Bornet ædificare incœpit (2). » L'histoire de nos évêques et de nos comtes dit que Girard contribua de sa puissance et de son argent à cette fondation : « *Tempore cujus et beneficio et auxilio*, ecclesia de Corona, *Bornetensis*, et ecclesia de Grosso bosco et de Aulavilla ædificari cœperunt (3). » Un quart d'encens, que l'abbé de Bournet devait donner annuellement à l'évêque d'Angoulême et à ses successeurs à perpétuité, fut tout le prix du généreux concours que Girard avait prêté. C'est ce qu'atteste Guillaume IV, évêque d'Angoulême, d'après une charte qu'il avait lue, au mois de décembre 1402.

. . . .

« et in quodam chartario fundationis supradicti mo-
« nasterii habebatur, » dit Guillaume : « Et ut diligentiori curâ monasterium ipsum ab Engolism. episc. foveatur et tueatur, dilectus filius noster Helias, primus ejusdem monasterii abbas (4), cum consilio fratrum suorum, mihi Gerardo Engolism. episc. meis que successoribus episcopis cessit quartam partem libræ incensi singulis annis reddendam (5). » Le peu qui reste

(1) Besly, preuves de l'*Histoire des Comtes de Poitou*, p. 449.
(2) *Ibid*., p. 447.
(3) *Hist. Pontif.*, p. 50-51.
(4) La *Chronique de Maillezais* se trompe donc quand elle donne un *Guillaume* pour premier abbé de Bournet.
(5) *Gallia Christ.*, t. II, col. 1051.

de cette abbaye, située dans la paroisse de Courgeac, rappelle les meilleurs temps de l'architecture monastique.

Faut-il assigner la même date de 1120 à la fondation de l'église de Lanville? Nous l'ignorons; mais ce que nous savons, c'est que Lanville partage avec la Couronne, Bournet et Grosbot l'honneur d'avoir eu Girard pour fondateur. « Lanville est une vaste église conventuelle d'une magnifique construction. Coupole centrale. Nef qui a eu autrefois trois coupoles. Elles ont été remplacées par trois travées de voûtes ogivées à nervures, ce qui ôte au monument son unité. Pour le reste, l'édifice a son beau cachet roman. Rien de majestueux comme cette large coupole autour de laquelle rayonnent l'abside, le transsept et la nef, comme le nimbe de la croix sur lequel se place la tête du Christ. La façade (visiblement copiée de celle de Saint-Pierre d'Angoulême, dit M. de Verneilh) est sévère et d'un beau style (1). » L'église de Lanville, on le voit, trahit, par les vestiges de ces coupoles et par sa façade, l'influence architecturale de notre cathédrale et la part que l'évêque d'Angoulême eut à sa construction. « *Tempore cujus et beneficio et auxilio, ecclesia de Corona, Bornetensis, et ecclesia de Grosso bosco et de Aulavilla, ædificari cœperunt.* »

Après l'Assomption de cette même année, dans les premiers jours de septembre sans doute, l'abbé de Vendôme écrivait à l'évêque d'Angoulême : « Sache

---

(1) Michon, *Statistique monum.*, art. III, § II, p. 300.

Votre Charité, Très-Cher Père, que deux fois nous avons envoyé de nos frères à l'évêque de Poitiers, le priant de vouloir bien nous faire conduire jusqu'à vous. » Geoffroy raconte ensuite au légat l'accueil fait à ses envoyés par Guillaume Ier, la promesse de ce dernier de se trouver à Fontevrault pour l'Assomption de la Vierge, son désappointement lorsque, après avoir vainement attendu cet évêque, il se vit obligé de partir de Fontevrault sans le sauf-conduit qu'on lui avait fait espérer. « Je vous prie donc, aussi humblement que je le puis, d'agréer la requête d'un serviteur fidèle et d'un ami sincère, et d'obtenir dudit évêque qu'il me fournisse le moyen d'arriver jusqu'à vous. Je veux prendre conseil de Votre Sainteté pour certains projets que je ne veux ni confier au papier, ni révéler à personne (1). »

Les projets de l'abbé de Vendôme ne nous sont pas moins inconnus que les raisons qui empêchèrent l'évêque de Poitiers de se trouver au rendez-vous. Geoffroy obtint-il de l'évêque Guillaume le sauf-conduit si impatiemment attendu? Nous l'ignorons; mais ce que nous savons, c'est qu'avant la fin de cette même année, l'abbé de Vendôme envoyait à Angoulême un des religieux de sa communauté pour entretenir le légat de certaines affaires dont l'histoire a gardé jusqu'à ce jour le secret. Peut-être ce religieux était-il porteur de la lettre dont nous venons de par-

---

(1) Despont, *Biblioth. max.*, t. XXI, *Goffrid. Vindoc.*, lib. I, epist. XXIV, p. 13.

ler. Quoi qu'il en soit de ce messager et de son message, Girard en profita pour notifier à Geoffroy une plainte qu'il avait reçue contre l'abbaye de Vendôme. Ce monastère possédait dans l'Isle-d'Oléron trois églises : Saint-Georges, Notre-Dame et Saint-Nicolas. De ces églises, l'abbaye de Bassac revendiquait les deux dernières. Le légat avait ajourné au prochain concile d'Angoulême la discussion de ces prétentions des religieux de Bassac La commission fut faite, car, dès les premiers jours de l'année suivante au plus tard, l'abbé de Vendôme écrivait à son ami : « Vous m'avez fait savoir par le frère que je vous avais envoyé pour une autre cause, ignorant absolument celle-ci, que j'eusse à faire justice, dans le concile que vous devez célébrer au milieu du carême, à l'abbé de Bassac, relativement aux églises de Notre-Dame et de Saint-Nicolas, que de notoriété publique notre monastère a possédées sans contestation canonique pendant plus de soixante-dix ans dans Oléron. C'est pourquoi je vous annonce qu'au temps fixé, si aucun empêchement canonique ne s'y oppose, je répondrai au susdit abbé, autant que l'exigera la sainte autorité du siége de Rome (1). J'offre même, si l'abbé de Bassac le veut, de lui faire justice avant ce temps-là partout où un sauf-conduit me permettra de me rendre.

(1) On comprendra la condescendance qu'affecte ici Geoffroy, quand on saura qu'un des priviléges de l'abbé de Vendôme était de ne pouvoir être appelé au concile ni par l'évêque diocésain, ni même par le légat apostolique, mais seulement par le pape.

S'il n'agrée ni l'une ni l'autre de ces propositions, je demande et je lui offre le jugement du pape, de qui l'on sait que relèvent et le monastère de Vendôme et tout ce qui lui appartient. Qui refuse de s'en rapporter à l'équité de ce jugement doit craindre le poids de la colère du B. Pierre. Sachez que notre monastère est le patrimoine de saint Pierre et son alleu (1), et soyez assuré que la propriété de ces églises a été garantie à perpétuité à notre abbaye par l'autorité irréfragable des pontifes romains. . . . . . . (2). »

Cette affaire s'arrangea sans doute, et Geoffroy ne put assister au concile d'Angoulême, car, dans la lettre suivante, cet abbé reparle à Girard de l'entrevue qu'il avait déjà demandée, et renouvelle ses instances pour l'obtenir. Le sujet principal de cette dernière lettre était de déférer à la justice du légat les violences de Pierre de Moncontour (3). Nous ne savons à quelle occasion ce seigneur, ayant surpris, à leur retour de Vendôme, quelques-uns des frères de cette communauté, s'était emparé de leurs chevaux, de

---

(1) Geoffroy Martel, comte d'Anjou, en fondant le monastère de Vendôme, en avait donné tous les biens à saint Pierre, c'est-à-dire au Saint-Siége, et ne s'en était réservé que la protection.

(2) Despont, t. XXI; *Goffrid Vindoc.*, lib. I, epist. XXV, p. 14

(3) Moncontour (Vienne), arrondissement de Loudun, chef-lieu de canton, sur la Dive. Le 3 octobre 1569, le duc d'Anjou (Henri III) y remporta une victoire sur les calvinistes, commandés par Coligny.

leurs bagages, et même de leurs personnes. Défenseur né du monastère de Vendôme, le comte d'Anjou, Foulques V, s'était mis aussitôt à la poursuite du ravisseur, mais il n'avait pu lui arracher que la moitié de sa proie. Le sacrilége Pierre tenait en lieu sûr une partie de son butin, hélas! et les moines. Cette captivité de ses frères était pour Geoffroy le coup le plus sensible. « Je vous prie humblement, disait-il à Girard, d'en tirer une telle vengeance que les ravisseurs, en l'apprenant, soient saisis de crainte, et s'empressent de réparer ce crime. Je désire ardemment vous aller voir, comme je vous l'ai déjà mandé; mais, à cause des guerres nombreuses qui se sont élevées dans le diocèse de Poitiers, je n'ose entreprendre ce voyage, ni visiter les lieux que nous possédons dans ces contrées. » L'abbé de Vendôme raconte ensuite au légat les embûches qu'a semées sur ses pas une femme dont il a encouru la haine et qu'il ne nomme pas, mais que nous soupçonnons d'être la vicomtesse de Châtellerault, Malbergis, la concubine du duc d'Aquitaine. Il termine sa lettre en suppliant l'évêque d'Angoulême, au nom de l'amitié, de lui procurer, par l'évêque de Poitiers ou par toute autre personne, un sauf-conduit à la faveur duquel il lui sera possible d'arriver jusqu'à lui; « car, dit-il, je ne puis dépasser Fontevrault sans compromettre ma sécurité (1). »

Pendant que Girard et Geoffroy échangeaient cette

---

(1) Despont, t. XXI; *Goffrid. Vindoc.*, lib. I, epist. XXVI, p. 14.

correspondance, une querelle s'élevait entre les moines de Sainte-Croix hors des murs de Bordeaux et ceux de Saint-Macaire (1). Saint-Macaire était fille de l'abbaye de Sainte-Croix, mais, avec le temps, s'étaient affaiblis les liens qui les rattachaient l'une à l'autre. Un jour Andron, abbé de Sainte-Croix, ayant appelé à Bordeaux quelques religieux de Saint-Macaire dont la ferveur première s'était démentie, ceux-ci refusèrent de se rendre à ses ordres. Ils prétendaient que l'obéissance qu'ils avaient promise ne s'étendait pas jusqu'à Sainte-Croix, qu'elle avait pour limites Saint-Macaire et les celles qui en dépendaient. Révolté de ces prétentions hautaines des moines de Saint-Macaire, Andron en appela à l'autorité de son archevêque. Arnaud de Chabenac, qui occupait alors le siége de Bordeaux, prit jour pour régler cette affaire. Les deux parties se rendirent fidèlement à son invitation. L'archevêque avait appelé, dans cette circonstance, auprès de lui quelques abbés et quelques religieux de son diocèse. L'abbé de Sainte-Croix exposa le sujet

---

(1) Saint-Macaire (Gironde), chef-lieu de canton, fut d'abord une ville gallo-romaine, sous le nom de *Ligena*, puis un oratoire dédié à saint Laurent, et où saint Macaire fut inhumé ; enfin, au XIe siècle, une abbaye de bénédictins. Cette ville fut saccagée par les calvinistes en 1562. Nous ne savons pourquoi Dom Ceillier, dans son *Histoire générale des Auteurs sacrés et ecclésiastiques*, l'appelle Saint-Macary, et pourquoi surtout le nouvel éditeur de cet ouvrage du savant bénédictin n'a pas corrigé cette faute (t. XIV, 2e partie, ch. LXXXVI, p. 1097, n° 76).

de sa plainte. Quand il eut cessé de parler, Raymond, archidiacre de Bordeaux, présenta la défense des moines de Saint-Macaire. Ces religieux ne niaient pas que l'abbé de Sainte-Croix ne fût leur abbé, mais ils s'appuyaient, pour décliner son autorité, sur une franchise que, disaient-ils, Goscelin, archevêque de Bordeaux, et Gui, comte de Poitiers (et duc d'Aquitaine), avaient déjà reconnue. Arnaud de Chabenac demanda alors aux moines de Saint-Macaire de montrer les chartes qui assuraient leur indépendance. Ils répondirent qu'ils ne les avaient pas apportées. Trois jours leur furent donnés pour se les procurer. Ce temps écoulé, les moines de Saint-Macaire refusèrent de les présenter. Les abbés et les religieux que l'archevêque avait appelés à juger avec lui cette affaire virent bien que cette mauvaise volonté des moines de Saint-Macaire dissimulait une impuissance; ils prononcèrent le jugement. De leur propre aveu, l'abbé de Sainte-Croix étant leur abbé, y disaient les juges, les religieux de Saint-Macaire lui doivent une obéissance sans limites, et, par conséquent, sont obligés d'habiter où il plaira audit abbé de les envoyer, les choses essentielles de la vie ne leur étant pas refusées. Cette sentence fut lue par Rumaud, abbé de la Sauve-Majeure (1), qui se fit fort de la défendre partout où elle serait attaquée par un appel. Les moines de Saint-Macaire ayant également refusé d'interjeter

---

(1) La Sauve-Majeure (Gironde), arrondissement de Bordeaux, canton de Créon.

appel et d'observer le jugement, l'abbé de Sainte-Croix les frappa d'une sentence bien méritée d'excommunication, que l'archevêque de Bordeaux confirma. Ceci se passait en 1120.

Le temps amène la réflexion. Les religieux de Saint-Macaire ne tardèrent pas à s'apercevoir que leur mauvaise humeur n'empêchait rien, et que, pour se soustraire à l'autorité de l'abbé de Sainte-Croix, le seul parti à prendre était de recourir à la voie de l'appel. Ils portèrent donc l'affaire devant le légat. Les deux parties se rendirent à Angoulême. C'était l'heure du concile dont la lettre de Geoffroy de Vendôme vient de nous révéler l'existence (1). L'affaire fut plaidée, et la conclusion fut que « les moines de
« Saint-Macaire se rendraient au chapitre de Sainte-
« Croix, et que là ils feraient audit Andron, leur abbé,
« selon la règle de Saint-Benoît, toutes les satisfac-
« tions que nécessitait leur désobéissance . . . . .
« . . . . . . Les témoins de ce jugement furent:
« Audebert, évêque d'Agen ; Bertrand, évêque de
« Bazas, A., abbé de Saint-Martial; E., doyen de
« Poitiers ; Hilaire, chevecier de Poitiers, et plu-
« sieurs autres . . . .
« L'an de l'Incarnation du Seigneur M.CXXI (2). »

Cette sentence est tout ce que nous savons de ce concile. L'affaire ne se termina point là. Pour consoler sans doute l'abbé de Saint-Macaire du double

(1) *Gall. Christ.*, t. II, col. 860.
(2) *Ibid.*, *Instrum. Eccles. Burdig.*, col. 278-279.

échec que venait de recevoir son amour-propre, Girard lui accorda, sur sa demande, le droit de porter la crosse. Cette condescendance du légat lui fournit un nouveau moyen de servir son ambition. Dans ce bâton pastoral il entrevit la possibilité de se soustraire à l'obéissance de l'abbé de Sainte-Croix, et proclama bientôt une seconde fois l'indépendance de son monastère. Sentant l'inutilité d'un nouveau procès, l'archevêque de Bordeaux en appela à l'autorité du pape. Calixte manda les deux parties à Rome, au concile de Latran (27 mars 1123). Quand l'abbé de Saint-Macaire entendit appeler sa cause, il demanda un sursis que le pape lui accorda volontiers. Il en profita pour disparaître avec les religieux qui l'avaient accompagné. Ils redoutaient sans doute la confusion publique d'une nouvelle condamnation. Le concile n'en prononça pas moins la sentence. L'église de Saint-Macaire fut replacée sous la dépendance de l'abbaye de Sainte-Croix, et, pour qu'elle ne devînt pas une nouvelle occasion de scandale, la crosse abbatiale qui avait servi de prétexte à cette dernière révolte dut être déposée entre les mains de l'abbé de Sainte-Croix, et mise en pièces. Enfin, les religieux de Saint-Macaire restaient sous le coup de l'excommunication jusqu'au jour de leur entière soumission à l'autorité de l'abbé de Sainte-Croix. Le pape donna ensuite aux religieux de Sainte-Croix la bulle qui assurait leurs droits sur Saint-Macaire (30 mars 1123) (1).

(1) Dom Mabillon, *Annal. benedict.*, VI, 98.

La même année (1121), sur le conseil de ses clercs : Guillaume de Nanclars, Arnauld, Guillaume, Itier de Sauzet et autres, et de l'agrément des chanoines de son église : Itier, Gardrat, Elie de Sauzet, Pierre Itier, Gérald Ferrono, Pierre Hugues et autres, Guillaume II d'Auberoche, évêque de Périgueux, donna à perpétuité au vénérable Ponce, abbé de Cluny, l'église de Saint-Théodore de la Roche-Beaucourt. Girard, évêque d'Angoulême et légat de la sainte Église romaine, loua cette donation, et la confirma en présence des clercs d'Angoulême : Richard et Guillaume, ses neveux ; d'Eldrad, son chapelain ; et de Théaume, son notaire. La charte fut ensuite scellée du sceau de l'évêque de Périgueux, et l'abbé de Cluny reçut l'investiture de ladite église. Outre les clercs de l'église de Périgueux, les témoins étaient : Ponce, prieur de Barbezieux ; Gérald Robert, prieur de Montbron ; Arnaud, prieur de Roncenac (1).

Dans les profondeurs d'un vallon solitaire de la paroisse de Charras, au milieu de grands bois qui plus tard lui donnèrent leur nom (*Grossus-Boscus*), un seigneur de Marthon avait jeté, dès les premières années du Xe siècle, les fondements d'une abbaye que ses eaux vives firent d'abord appeler Font-Vive (2). Avec le temps, Font-Vive avait grandi. Se détachant de leur communauté, quelques-uns de ses religieux

---

(1) *Gall. Christ.*, tom. II, *Instrum. Ecoles. Petragoric.*, col. 486-487.

(2) Corlieu, *Recueil*, ch. IV, p. 17.

étaient venus se fixer près de Pranzac, au milieu des forêts, au lieu qu'on appelle encore Lugeth. En quelle année y vinrent-ils? Qui les y avait appelés? Deux questions auxquelles l'histoire n'a pas encore répondu. Mais nous savons qu'en l'année 1121 Lugeth, défriché par ses moines, payait déjà à ces pieux travailleurs le prix de leurs fatigues et de leurs sueurs. A cette époque, en effet, nous voyons arriver à Angoulême un abbé de Font-Vive, du nom de Jean, qui vient demander à Girard la concession, pour Lugeth, d'un oratoire et d'un cimetière. Le titre suivant va nous dire l'accueil fait par l'évêque d'Angoulême à la supplique de l'abbé : « ..... nous faisant un devoir de charité de consentir à la demande de notre vénérable frère Jean, abbé de Font-Vive, nous lui avons concédé, dit Girard, le droit de bâtir, pour le service de Dieu et la gloire de son nom, un oratoire au lieu communément appelé Lugeth. Nous donnons de plus, et accordons audit abbé et à ceux de ses frères qui y servent Dieu, la dîme de cette terre de Lugeth, que leurs sueurs ont fertilisée. Nous accordons encore à tous les serviteurs, clercs ou laïques, desdits frères, le droit de sépulture dans ce même lieu, sauf l'autorité de l'évêque d'Angoulême et le droit de la paroisse sur le territoire de laquelle la chapelle a été construite (1). »

Trois chapiteaux assez grossièrement sculptés, deux bases et quelques débris de fûts de colonnes,

(1) *Pièces justif.*, n° 27.

un bénitier séparé de son pied, une vieille porte en plein-cintre que se disputent la ronce et le lierre, dix-huit pieds de murailles derrière lesquelles s'abritent de pauvres métayers : tels sont les derniers vestiges de l'oratoire de Lugeth. Au chevet de cet oratoire, pour être plus près sans doute, après leur mort, de celui dont l'amour avait fait le charme de leur vie, les moines avaient placé pieusement leur cimetière. On nous a montré le lieu où, sous l'œil de Dieu, leurs corps et ceux de leurs serviteurs ont longtemps reposé en paix. Voilà le Lugeth des religieux de Font-Vive !

Ces tristes ruines nous ont rappelé d'autres ruines qu'a pleurées Jérémie; nous en avons redit dans notre cœur les Lamentations (1). Mais qui les a faites, ces ruines? S'il nous était permis de hasarder notre sentiment, nous accuserions le XVIe siècle et le ravage des protestants dans notre contrée. Nous savons, en effet, qu'avant 89, les religieux avaient abandonné Lugeth, et qu'une famille dont les descendants possèdent aujourd'hui le domaine en payait alors la rente à l'abbaye de Grosbot. « Des forêts sauvages, a dit Châteaubriand, des marais impraticables, de vastes landes, furent la source de ces richesses que nous avons tant reprochées au clergé (2). »

De Lugeth, l'histoire nous transporte, la même année, à Girac (3). Hugues de l'Ile avait donné au cha-

(1) *Ierem., Thren.*, cap. I, 4 ; cap. II, 6 et 7 ; cap. IV, 1.
(2) *Génie du Christian.*, t. IV, ch. VII, p. 335.
(3) Il y a, dans la paroisse de Saint-Michel-d'Entraygues, le

pitre de Saint-Pierre d'Angoulême Élie, son fils, et tous ses droits sur la terre qu'on appelle manse de Girac. Alon, son frère; Arnaud, trésorier; Itier d'Archambaud ; Jourdain, fils de Jousseaume, et Geoffroy d'Angoulême étaient les témoins de cette donation (1). De son côté, Geoffroy Narzac abandonnait également au même chapitre tous ses droits sur Girac. Les témoins étaient : Richard, archidiacre; Arnaud, trésorier; Geoffroy d'Angoulême et le laïque Ramnulfe, fils d'Étienne (2). Ces donations, la dernière du moins, devinrent pour le chapitre la source d'un différend avec

fief de Girac, appartenant, dit Vigier de la Pile (*Hist. de l'Angoumois*, ch. VIII, § XXV, p. CLI), au sieur Bareau, chanoine de la cathédrale. Le chanoine Bareau était en même temps prieur de Montmoreau (Vigier, *ibid.*, p. LXXXIX). Il devint doyen et vicaire général d'Angoulême, évêque de Saint-Brieux en 1766, de Rennes en 1769, et mourut chanoine de Saint-Denis et doyen de l'épiscopat français, le 29 novembre 1820. Pendant qu'il était évêque de Rennes, il fonda (1786), à Angoulême, place Saint-Martial, la maison des Filles de la Charité (Michon, *Statist. monum.*, p. 101). Nous ne pensons pas, en effet, que de 1766 à 1786 il y ait eu, à Angoulême, un autre doyen du nom de Bareau de Girac. Vigier n'a connu qu'un chanoine de ce nom, et c'est celui dont nous venons de parler. Les Bareau avaient ajouté à leur nom celui de la propriété du Petit-Girac, que Pierre Bareau, procureur du roi et grand-père de notre évêque de Rennes, avait achetée de M. Nesmond de Brie, chanoine. (E. Castaigne, *Bulletin de la Société archéol. de la Charente*, année 1846, 2ᵉ semestre, p. 204 et 205.)

(1) Cartul. mss. du chapitre de Saint-Pierre d'Angoulême.
(2) *Ibid.*

Arnaud Bonpar (1) et Guillaume son frère. Ce procès ne fut cependant pas de longue durée, car, avant la mort du trésorier Arnaud (2), les deux frères avaient

(1) Cet Arnaud Bonpar, ou bon compagnon, n'est pas le seul du nom que nous connaissions. Nous voyons, en effet, un Raoul Bonpar, fils de Bernard, comte de Périgord, usurper avec ses frères le comté d'Angoulême sur Arnaud Taillefer, dit *Manser*. Vigier de la Pile prétend que les fils de Bernard (ils étaient cinq) moururent sans postérité (*Hist. de l'Angoumois*, ch. II, p. XVI). Vigier se serait-il trompé, et cet Arnaud de Bonpar (Arnaldus Boni paris) serait-il un descendant de Bernard, cousin germain de notre Guillaume Ier, dit Taillefer? Nous n'osons trancher cette question, qui intéresse l'histoire du Périgord; mais volontiers nous pencherions vers l'affirmative. Ce qui semble justifier notre conjecture, c'est que, sous l'épiscopat de Rohon, le 20 mai 1020, nous voyons un autre Arnaud Bonpar donner, pour le salut de son âme et de celles de son père, de sa mère, de ses frères, *au crucifix de N.-S.-J.-C. qui est dans la basilique de Saint-Pierre, église matrice de la cité d'Angoulême*, son alleu de Sers, vicairie de Vouzan, au territoire d'Angoulême, et six manses situés dans la vicairie d'Edon (de Aidomno), au territoire de Périgueux. Rixendis, son épouse, et Hélie, son fils, s'étaient associés à cette bonne œuvre d'Arnaud (Cartul. mss. du chapitre de Saint-Pierre d'Angoulême).

De cet Arnaud Bonpar (1020) à celui de notre charte (1121), il n'y a que cent ans. En comptant donc trois générations par siècle, le premier Arnaud pourrait être facilement le bisaïeul, et Hélie, son fils, l'aïeul de notre Arnaud de 1121. L'histoire ne nous fournit pas de données assez certaines pour supputer le degré possible de parenté entre Arnaud Bonpar (1020) et Raoul Bonpar, l'usurpateur, pendant trente ans, du comté d'Angoulême.

(2) En 1122, comme on le verra par le titre de Ladiville,

cessé les poursuites, fait l'abandon aux chanoines de tous leurs droits sur Girac, et confirmé la donation d'Itier de Narzac et de ses frères. Ceci se passa en présence d'Itier d'Archambaud, du trésorier Arnaud, de Geoffroy d'Angoulême, de Jourdain, fils de Jousseaume, et de plusieurs autres (1).

Paisible possesseur du manse de Girac (2) par la renonciation d'Arnaud Bonpar et de Guillaume son frère, le chapitre de Saint-Pierre y établit la famille Brumont. Les conditions n'étaient pas trop onéreuses, et justifiaient assez le proverbe : *Il fait bon vivre sous la crosse*. Arnaud de Brumont s'engageait à donner annuellement à l'église d'Angoulême et aux chanoines de cette église : huit setiers de froment, mesure d'Angoulême, à la fête de Saint-Michel; deux sous, monnaie d'Angoulême, à la fête de Saint-Pierre-ès-liens; huit chapons, à la fête de Noël, et à rendre en vrai gentilhomme, loyalement et de bonne volonté, les corvées que les chanoines exigeraient de lui (3).

Nous devons placer à peu près à la même époque

Arnaud avait déjà pour successeur dans la charge de trésorier Guillaume, neveu de l'évêque Girard, ce qui met sa mort au plus tard à cette époque, et justifie la place que nous avons assignée à la charte suivante.

(1) Cartul. mss. du chapitre.

(2) Le *manse*, qu'il ne faut pas confondre avec la *mense*, était, au moyen âge, une sorte de ferme à laquelle était attachée à perpétuité une quantité de terre déterminée, et en principe invariable, mais qui varia par la suite.

(3) *Pièces justif.*, n° 28.

(1121-1125) une donation qu'Itier d'Archambaud fit au chapitre de Saint-Pierre d'Angoulême. « Nous faisons savoir à tous présents et à venir, dit l'évêque Girard, qu'Itier d'Archambaud, chanoine de notre Eglise, a donné entre nos mains à saint Pierre et à la cathédrale d'Angoulême, pour que les chanoines de la dite Église en aient à perpétuité, et des métairies qui en dépendent, la paisible possession, les maisons que lui avait laissées Itier d'Archambaud, son oncle paternel, à condition que ceux à qui les chanoines affermeront les maisons susdites payeraient chaque année, à la fête de saint Sixte, martyr, et à celle de Notre-Dame de Châtres, deux sous de cens, monnaie d'Angoulême (1). » Une charte de Vulgrin II, comte d'Angoulême, faite avant la mort d'Itier d'Archambaud (1125), nous apprend l'heureuse conclusion d'un procès qu'avaient intenté au chapitre d'Angoulême, à l'occasion des maisons susdites, Arnaud Barba, fils de Benoît Pelletan, et Pierre Arnauld (2).

L'année suivante, Pierre III de Confolens, évêque de Saintes, rendait à Girard, évêque d'Angoulême et légat du siége apostolique, et à son neveu Guillaume, trésorier du chapitre de Saint-Pierre, l'église, le cimetière, la dîme, les prairies et les autres appartenances de Ladiville, église, dit la charte, qui était anciennement la propriété de la cathédrale d'Angoulême et de son trésorier. Pierre de Confolens réser-

---

(1) *Pièces justif.*, n° 29.
(2) Cartul. mss. du chapitre d'Angoulême.

vait seulement les droits canoniques de l'évêque de Saintes. Cette restitution fut consentie par Amalvin, archidiacre (1), qui la signa avec l'évêque Pierre. Trois chanoines d'Angoulême en étaient les témoins : Arnaud, Robert son frère, et Julien. La charte est datée de l'année M. C. XXII de l'Incarnation du Seigneur (2).

(1) La *Gallia Christiana* met cet Amalvin au nombre des archidiacres de l'église d'Angoulême, et le place après Richard, neveu de Girard, dont elle paraît assez embarrassée. Elle constate, en effet, qu'Achard Debor ne mourut qu'en 1120, lui donne pour successeur Richard, s'appuyant sans doute des chartes que nous venons de donner, et en 1122 elle trouve, dans la charte de Ladiville, l'archidiacre Amalvin. Que faire de Richard? Etait-il mort? Elle n'en sait rien. Cette difficulté n'est cependant pas très-sérieuse. Il fallait se demander à quel titre Amalvin consentait à la restitution de Ladiville. Assurément ce ne pouvait être qu'en qualité d'archidiacre de l'église de Saintes. Appartenait-il à l'archidiacre d'Angoulême d'approuver les libéralités de l'évêque Pierre? Au reste, le même Amalvin apparaît encore en qualité d'archidiacre dans une charte où il n'est nullement question de l'église d'Angoulême. C'est un acte de 1121, par lequel le même évêque Pierre donne à Itier, prieur de Saint-Remy de Merpins, l'église de Gimeux, moyennant un cens annuel de cinq sous, monnaie d'Angoulême. Les témoins sont : *Amalvin, archidiacre*; Guillaume de Giraud, chancelier; Bernard de Fléac, archiprêtre ; Pierre d'Aymar, curé d'Ars ; Robert, chapelain de Merpins (Cartul. de l'abbaye de Savigné, t. I, p. 486). Il est donc hors de doute que les bénédictins de la *Gallia Christiana* ont commis une erreur, quand ils ont mis *Amalvin* au nombre des archidiacres d'Angoulême, et qu'il doit être inscrit sur la liste des archidiacres de l'église de Saintes.

(2) Cartul. mss. du chapitre de Saint-Pierre d'Angoulême.

Nous trouvons dans le cartulaire du chapitre de Saint-Pierre une autre charte du même évêque Pierre de Confolens, que nous ne pouvons placer avant 1118 ni après 1127 (1) : c'est la confirmation de la donation de l'église de Touzac (2). Rainaud Chesnel, on se le rappelle, avait donné à Saint-Pierre et aux chanoines d'Angoulême, *ses frères et ses amis*, l'église, le cimetière et le casuel de Touzac. Pierre III ne l'avait pas oublié : « Considérant, dit cet évêque, la donation que Rainaud, évêque de Saintes, mon prédécesseur, d'heureuse mémoire, a faite aux chanoines d'Angoulême de l'église de Touzac, du cimetière et du fief presbytéral, en présence du seigneur Girard, légat, et en ma présence (j'étais alors grand chantre de l'église d'Angoulême) ; considérant, dis-je, cette donation, je la loue, et la confirme de mon autorité épiscopale, aux mêmes conditions que mon prédécesseur, réservant les droits canoniques de l'évêque de Saintes. » La charte, scellée du sceau de l'évêque Pierre et signée de sa main, porte en outre le seing de l'archidiacre Amalvin et celui de l'écolâtre Itier (3).

La même année (1122), par ordre de Boson, cardinal-prêtre du titre de Sainte-Anastasie, et de *Girard d'Angoulême, légat de l'Église romaine*, Guillaume II

(1) En 1117, nous l'avons déjà vu, l'église de Saintes n'avait pas d'archidiacre, et, en 1127, Guillaume Guadrad avait déjà succédé à Pierre III de Confolens.

(2) Touzac (autrefois du diocèse de Saintes), arrondissement de Cognac, canton de Châteauneuf-sur-Charente.

(3) Cartul. mss. du chapitre de Saint-Pierre d'Angoulême.

(d'Auberoche), évêque de Périgueux, donna au monastère de la Sauve-Majeure l'église de Saint-Orse de Gorzon, qui était une dépendance de l'Église romaine. C'est tout ce que nous disent de cette affaire les bénédictins de la *Gallia Christiana* (1).

Guillaume Ier, abbé de Saint-Amant-de-Boixe, reçut en don de Girard l'église d'Ambérac (2). En quelle année? Les graves auteurs de la *Gallia* ne le disent pas, et nous savons seulement que Guillaume Ier fut abbé de Saint-Amant-de-Boixe dès l'année 1112, et qu'il vivait encore en 1124.

A quelques kilomètres d'Angoulême, sur la route de Bordeaux, est un bourg qu'on appelle aujourd'hui *la Couronne* et que le XIIe siècle appelait *la Palud*, à cause de ses marais. Or, à la Palud, dans la seconde moitié du XIe siècle, naquit d'une famille honorable du bourg un homme dont le nom est intimement lié à celui de la Couronne. Lambert eut pour père Fouchier, et pour mère Leggarde. Il embrassa l'état ecclésiastique, fut ordonné prêtre par l'évêque Adhémar Taillefer, et par lui nommé curé de l'église de Saint-Jean de la Palud. Le jeune curé apporta dans son presbytère tous les goûts de la jeunesse séculière, c'est dire que les premières années de son sacerdoce se passèrent dans la dissipation et la frivolité. La chasse était sa passion favorite, et ses exercices l'occupaient plus que ceux de la piété. Un jour cependant les habitants de

---

(1) *Gall. Christ.*, t. II, col. 1463.
(2) *Ibid.*, col. 1036.

la Palud n'entendirent plus les aboiements accoutumés de la meute et les cris du chasseur ; le Seigneur avait fait entendre sa voix au nouvel Augustin. Lambert était converti ! Bientôt le parfum de ses vertus se répandit au loin et lui gagna des disciples. Lambert et ses frères vivaient depuis près de vingt ans dans le recueillement et la piété, lorsque, pendant son sommeil, un des anciens eut une vision. Dans le lieu qu'on appelait alors *Coronelle* (parce qu'il s'élevait au milieu des marais comme une petite couronne), le vieillard avait vu la sainte Vierge se promener en mesurant l'espace, il avait entendu ces paroles sortir de sa bouche : « Je veux demeurer ici avec mon fils. *Manere hic cum filio meo proposui.* » La petite communauté de la Palud avait compris : Dieu voulait la séparer davantage du commerce des hommes et des vains bruits de la terre. Lambert et ses frères s'empressèrent donc de préparer les matériaux de la nouvelle habitation que Dieu même venait de leur choisir, et, le 12 mai de l'année 1118, fête des saints Nérée, Achillée et Pancrace, martyrs, au chant des litanies et des psaumes, ils posaient la première pierre de la célèbre abbaye. Quatre ans ne s'étaient pas écoulés, et le jour de l'entrée des religieux dans leur nouveau monastère était fixé. A cette nouvelle, on accourt de toutes parts ; abbés, religieux, clercs et laïques se pressent dans l'église de la Palud. L'évêque de Périgueux, Guillaume d'Auberoche, et Vulgrin II, l'illustre comte d'Angoulême, rehaussent par leur présence l'éclat de cette fête. On entonne le chant des litanies, et les religieux de la Palud s'acheminent, au milieu des flots pressés du peuple, vers la Coronelle. La joie mêlait leurs larmes à leurs prières. A la porte de l'église abbatiale, l'évêque d'Angoulême les attendait avec grand nombre de religieux et de nobles gens. Girard franchit le seuil de l'enceinte sacrée, et les cérémonies de la prise de possession s'accomplissent... Le légat reçoit ensuite les vœux de Lambert, que ses frères avaient canoniquement élu, et lui donne la bénédiction abbatiale. Enfin, usant des pouvoirs qu'il tient du pape, Girard met le monastère sous la protection du siége apostolique, et déclare que *la Coronelle* s'appellera désormais *la Couronne*, et rappellera à ses pieux habitants la couronne céleste qui doit être l'éternelle récompense de leur sacrifice. C'était le dimanche de la Passion, fête de saint Grégoire, le 12 mars de l'année 1122. Le jour de Pâques suivant, le nouvel abbé donna l'habit canonial des Augustins à ses religieux (1). L'abbaye de la Couronne était fondée.

Vers ce même temps, le pape Calixte chargea son légat, l'évêque d'Angoulême, de régler un différend qui existait depuis longues années, au sujet de l'église de Cheffois, entre les religieux de Saint-Ruf (2) et ceux de Mauléon (3). Les auteurs de la *Gallia*

---

(1) *Documents historiques sur l'Angoumois*, t. I, E. Castaigne, *Chronique latine de l'abbaye de la Couronne*, cap. I-IV, p 18-25.

(2) Saint-Ruf, abbaye près d'Avignon.

(3) Mauléon, aujourd'hui Châtillon-sur Sèvre (Deux-Sèvres), chef-lieu de canton, arrondissement de Bressuire.

Christiana n'indiquent pas la nature de ce différend (1).

Deux ans après (1124), l'évêque d'Angoulême faisait un voyage à Lyon et visitait l'abbaye de Savigny (2). Le sujet de ce voyage du légat est connu. Girard, sur le conseil de son neveu Richard, archidiacre d'Angoulême, allait offrir au monastère de Saint-Martin de Savigny l'église de Saint-Amant, sur les bords de la Charente (3), sa dîme et toutes ses appartenances. Ponce était alors abbé de Savigny. Le légat lui mit à la main un livre en signe d'investiture. Cette donation se fit dans la salle du chapitre de Saint-Martin, en présence de tous les religieux du monastère (4).

Quelques mois plus tard, de grands événements s'accomplissaient à Rome : Calixte II mourait (12 décembre 1124), et, trois jours après, les cardinaux, assemblés à Saint-Jean de Latran, lui donnaient un successeur. Le nouvel élu, Thibaud, cardinal prêtre du titre de Sainte-Anastasie, prit le nom de Célestin II. On l'avait à peine revêtu des insignes de sa dignité, que des factieux envahissent l'église en criant : « Lambert, évêque d'Ostie, est notre pape ! Vive

---

(1) *Gallia Christ.*, t. II, col. 1392.
(2) Savigny (Rhône), arrondissement de Lyon, canton de l'Abresle.
(3) Saint-Amant-de-Graves (Charente), arrondissement de Cognac, canton de Châteauneuf.
(4) *Pièces justif.*, n° 30.

Lambert, souverain pontife, père des Romains! » On sait le reste : la modestie de Lambert fut vaincue par l'humilité de Célestin, et l'évêque d'Ostie, sous le nom d'Honorius II, resta en possession d'un trône qu'il était loin d'avoir brigué (21 décembre 1124).

CHAPITRE V

GIRARD, LÉGAT DU PAPE HONORIUS II

(21 décembre 1124 — 15 février 1130)

Lettre par laquelle le pape Honorius II continue à Girard la charge de légat. — Plainte de Geoffroy de Vendôme contre Ulger, évêque d'Angers. — Mort d'Itier d'Archambaud. — Hommage du château de Montignac fait à Girard, par Vulgrin Taillefer, X^e comte d'Angoulême. — Le légat consacre avec Guillaume Guadrad, évêque de Saintes, l'église abbatiale de Fontdouce. — Voyage de Girard à Tours. — Il travaille à la réconciliation du B. Hildebert, archevêque de Tours, et du roi de France, Louis le Gros. — Il préside à la translation des reliques de saint Aubin, évêque d'Angers. — Dédicace de la cathédrale d'Angoulême. — Jugement par lequel le légat met fin au procès pendant entre les abbés de Charroux et de Nouaillé, au sujet de l'église de Saint-Clémentin de Civray. — Dons faits à sa cathédrale par l'évêque d'Angoulême. — Girard intervient dans la querelle d'Élie de Vivonne et de l'abbaye de Saint-Hilaire de Poitiers. — Conciles de Dol et de Bordeaux. — Pierre le Rond, chapelain de Saint-Bibien de Vrach, à l'instigation de Girard, restitue à l'abbaye de Saint-Maixent les biens qu'il avait sur elle usurpés.

Comme ses prédécesseurs, le pape Honorius comprit que sa présence ne pouvait s'étendre à tous les lieux de l'univers catholique ; il sentit le besoin de partager avec quelques-uns de ses frères dans l'épiscopat le fardeau si lourd qu'il avait en vain essayé de déposer. La France occidentale ne fut point oubliée :

dans sa tendre sollicitude, le père commun des fidèles songea à lui donner un représentant de son autorité. Sa haute capacité, près de vingt années de services rendus à l'Église, désignaient à l'avance au pape l'évêque d'Angoulême. Honorius II écrivit donc aux archevêques de Bourges, de Bordeaux, de Tours, d'Auch et de Dol, aux évêques, au clergé et aux fidèles de ces vastes provinces, la lettre suivante :

« Placé par la miséricorde divine, tout indigne que nous en sommes, sur le trône pontifical comme la vivante image de nos bienheureux pères Pierre et Paul, apôtres, nous devons veiller, avec une affection toute paternelle, au salut des enfants de l'Église. C'est pourquoi, autant que nous le pouvons, nous étendons à tous notre pieuse sollicitude, et nous visitons par les légats du siége apostolique ceux que la longueur des chemins de terre et de mer ou les nombreuses affaires de l'Église romaine nous empêchent de visiter en personne. En conséquence nous choisissons pour notre légat au milieu de vous *notre cher frère Girard, évêque d'Angoulême,* qu'à l'exemple de nos prédécesseurs Pascal II et Calixte II, de sainte mémoire, *nous vénérons comme un homme intelligent et sage.* Nous vous conjurons donc, nous vous avertissons et, au besoin, nous vous ordonnons de le recevoir tous avec un profond respect, et de lui obéir en toute humilité comme à notre légat et au vicaire du siége apostolique (1) (1125). »

(1) D. Martène, *Thes. nov. Anecd.*, t. III, col. 885.

C'est ainsi que les pontifes se succédaient sur le siége de Rome, multipliant en faveur de l'évêque d'Angoulême les témoignages les plus flatteurs de confiance et de vénération particulières.

Nous devons enregistrer ici une plainte de l'abbé de Vendôme contre Ulger, évêque d'Angers. Ulger est un de ces prélats du XIIe siècle qui ne durent leur élévation qu'à leur savoir. On l'avait vu dès son enfance parmi les élèves de l'école d'Angers. La régularité de ses mœurs et les progrès qu'il fit dans les lettres lui valurent un canonicat et l'emploi d'écolâtre, après la retraite de Geoffroy Babion. Il y joignit, l'an 1113, selon les uns, ou 1119, selon les autres, la dignité d'archidiacre d'Outre-Loire. Les leçons du savant professeur attirèrent bientôt dans la ville d'Angers l'élite de la jeunesse française, parmi laquelle nous remarquons le fils du baron de Jonzac, Guillaume Guadrad, qui devint dans la suite évêque de Saintes. Sur ces entrefaites, la translation de Renaud de Martigné à l'archevêché de Reims (1124) laissa vacant le siége d'Angers. Ulger fut jugé digne de l'épiscopat (1). A peine le nouvel évêque était-il installé, qu'il

---

(1) Le P. Longueval (*Hist. de l'Eglise gallic.*, t. VIII, p. 385) fait Ulger évêque d'Angers dès l'an 1124, contrairement aux auteurs de l'*Histoire littéraire de la France* (t. XII, p. 302 et suiv.), qui donnent l'année 1125 comme l'époque de l'ordination de ce prélat ; nous nous rangeons à son avis. Les termes dans lesquels l'abbé de Vendôme parle de Calixte II prouvent, en effet, que la lettre XXVII fut écrite peu de temps après la mort de ce pape. D'un autre côté, si l'on rapproche cette lettre au légat

se vit obligé d'aller à Rome pour un sujet que nous ignorons. C'est au retour de ce voyage qu'Ulger renouvela le différend de ses prédécesseurs avec les abbés de Vendôme touchant le rachat des autels.

Urbain II, au concile de Molfetta (1090) (1), avait dit : « Qu'aucun laïque n'ait la témérité d'offrir, sans « l'agrément de l'évêque ou du pontife romain, aux « monastères ou aux chanoines, ses dîmes ou son « église, ou tout ce qui est de droit ecclésiastique. » De la nécessité de ce consentement certains évêques firent leur profit. Aux moines, qui par leur état ne pouvaient desservir les églises, surtout les paroisses (2), que leur offrait la piété des fidèles, ces évêques permettaient, moyennant somme, de mettre à leur place un vicaire ou desservant : c'est ce qu'on nommait une *personne*. Or, la mort de la personne, à moins d'un privilége spécial, remettait les églises ou

de celle qu'écrivit à Honorius II ledit abbé (lib. I, epist. XVI), il est facile de se convaincre qu'elles ont été écrites l'une et l'autre peu de temps après l'exaltation de ce pontife, comme l'atteste D. Ceillier de la dernière de ces lettres (t. XIV, p. 160, n° 6). Au reste, Renaud de Martigné ayant été transféré à l'archevêché de Reims en 1124, après la mort de Raoul le Verd, il est peu probable que le clergé et le peuple d'Angers aient différé pendant une année entière la nomination de son successeur.

(1) Molfetta, ville du royaume de Naples (terre de Bari). Jadis titre d'un duché qui appartint aux Gonzague depuis 1536.

(2) Au concile d'Autun (16 octobre 1094) présidé par le légat Hugues de Lyon, on défendit aux moines de desservir les églises paroissiales.

les autels (1) entre les mains de l'évêque (2), ce qui obligeait les moines ou les chanoines à les racheter en donnant une nouvelle somme. N'était-ce pas assimiler les églises aux fiefs, qui payaient au seigneur dont ils relevaient une redevance nouvelle toutes les fois qu'ils changeaient de possesseur? Ce droit féodal, dès longtemps implanté dans l'Église, embarrassait Yves de Chartres. « Je vois plus haut, écrivait ce
« saint évêque au pape Urbain II, bien des choses qui
« se font contre l'ordre, surtout en ce qu'on souffre
« que des personnes qui ne servent pas l'autel vi-
« vent néanmoins de l'autel. Quand je tâche, par mes
« avis, par mes reproches ou même par l'excommu-
« nication, de leur donner horreur de ce sacrilége, ils
« veulent *racheter* de moi les autels en nommant une
« *personne* pour les desservir, ainsi que, par une
« mauvaise coutume, ils les rachetaient de mes pré-
« décesseurs. En quoi j'ai besoin de votre conseil,
« si vous croyez qu'on puisse tolérer cet usage, ou
« de votre secours, si vous jugez qu'on ne doive pas le
« souffrir (3). » Urbain II, au concile de Clermont (1095), trancha la question que l'évêque de Chartres lui avait posée, et condamna ce droit de mutation comme une simonie. Cinq ans ne s'étaient pas écoulés

---

(1) On appelait *églises* les terres et les autres revenus fixes des églises, et *autels* les offrandes des fidèles; et c'est en ce sens qu'on distinguait quelquefois le rachat des *églises* du rachat des *autels*.

(2) Labbe, *Concil.*, t. X, col. 507; *Concil. Claromont.*, can. VII.

(3) Yvon. epist. XII.

que les évêques cherchaient à faire revivre cet usage abusif, sous le nom de cens annuel, ce qui obligea l'abbé de Vendôme de porter ses plaintes à Rome. O inconséquence de l'homme! Yves de Chartres était un des prélats dont Geoffroy de Vendôme avait à se plaindre. Le pape Pascal II lui écrivit (et à Ranulfe de Saintes) une lettre sévère qui le rappela sans doute aux prescriptions du concile de Clermont. « Ce que « nous vous disons, ajoute le pape en terminant sa « lettre, nous ordonnons à tous les autres évêques de « France de l'observer à l'égard des monastères de « leurs diocèses (14 mars 1100) (1). »

Ulger n'avait point assisté au concile de Clermont ; cette lettre de Pascal aux évêques de Chartres et de Saintes, il l'ignorait ou l'avait oubliée ; il voulut exiger de l'abbé de Vendôme le cens annuel dont nous venons de parler, et la querelle s'engagea. Elle fut vive. Un des priviléges de l'abbaye de Vendôme défendait à tout évêque de mettre en interdit les églises dépendantes de cette abbaye, d'en excommunier les moines ou de les interdire. L'évêque d'Angers excommunia les moines de la Trinité, et, voyant sans doute qu'ils ne tenaient aucun compte de son excommunication (2), s'empara des biens qu'ils possédaient dans son diocèse. Geoffroy eut alors recours au légat. Le temps

---

(1) Sismondi, *Opp.*, t. III, p. 492.
(2) Yves de Chartres ayant excommunié les moines de Vendôme, au mépris du privilége dont nous venons de parler, Geoffroy lui déclara qu'il ne tiendrait aucun compte de ses censures (*Goffrid. Vindoc.*, lib. II, epist. III, IV et VI).

nous a enlevé et cette première lettre de Geoffroy, et la réponse de Girard, mais la seconde lettre de l'abbé de Vendôme nous apprend toutes les démarches que notre évêque fit auprès d'Ulger pour l'amener à restituer les biens qu'il avait usurpés et à respecter les priviléges du monastère de la Trinité. Aux trois monitions exigées par le droit, le légat en ajouta une quatrième. Peine inutile. L'évêque d'Angers assemble son synode, se plaint amèrement de la prétendue révolte de l'abbé de Vendôme et de la témérité qu'il avait eue de le citer devant le légat. A cette nouvelle, Geoffroy écrit à Ulger pour lui faire comprendre ses torts et calmer son irritation. Il lui envoie même copie du canon du concile de Clermont qui traite de la matière (1). L'évêque d'Angers ne voulut rien entendre, et le monastère de Vendôme vit se rallumer le feu de la persécution. L'instigateur de toutes ces violences était l'archidiacre Richard. « Et parce que ni
« l'un ni l'autre ne cesse ses vexations, disait l'abbé
« de Vendôme au légat, nous ne pouvons cesser de
« faire entendre nos plaintes. C'est donc vers vous
« que nous crions, à vous qui remplacez le siége
« apostolique, et qui par cela même êtes établi le prin-
« cipal défenseur de l'alleu du B. Pierre, que nous
« demandons conseil et protection. Si notre titre
« d'ami vous fait fermer l'oreille à notre prière, cédez
« à notre importunité. Nous ne pensons pas que vous

(1) Despont, t. XXI. *Goffrid. Vindoc.*, lib. III, epist. XII, p. 29 et 30.

« ignoriez ce que le comte d'Angers a écrit à Votre
« Bienveillance, lui demandant de nous faire rendre
« justice. Salut, et que la persévérance et l'intégrité
« de votre justice réjouissent les humbles serviteurs
« de Votre Sainteté (1) ! »

Ni l'autorité du légat, ni l'intervention du comte d'Anjou ne purent amener Ulger à composition, et l'abbé de Vendôme se vit dans la nécessité d'en appeler à Rome. Pour terminer ce débat, le pape Honorius II délégua l'archevêque de Tours et l'évêque du Mans. Geoffroy, qui avait reçu la lettre du pape pour la communiquer à Hildebert et à Gui de Laval, la remit à l'évêque d'Angers, en présence de Girard ; mais Ulger ne voulut ni la lire, ni la rendre. « ......, in præsentia
« legati vestri Engolismensis episcopi suscepit; sed
« nec tunc legere, nec nobis deinceps reddere digna-
« tus est; et sic aliis, quibus eas misistis, postea non
« potuimus ostendere (2). » Geoffroy ne vit point l'issue de cette affaire, mais Fromard, son successeur, fit, par la médiation du pape Innocent II, l'accord suivant avec Ulger : l'abbé de Vendôme renonça aux offrandes des baptêmes dans ses églises du diocèse d'Angers, et l'évêque lui accorda pour l'avenir celles des mariages et des relevailles, comme il en avait joui par le passé (3).

La même année mourut à Angoulême un homme

---

(1) Despont, t. XXI. *Goffrid, Vindoc.*, lib. I, epist. XXVII, p. 14.
(2) *Ibid.*, lib. I, epist. XV, p. 11.
(3) Liron, *Sing. hist.*, t. II, p. 392.

dont le nom est désormais inséparable de celui de l'évêque Girard : je veux parler d'Itier d'Archembaud. Fils d'Archembaud, le prêtre Itier était Angoumoisin de naissance. A une immense fortune sa famille ajoutait l'illustration des armes. Itier fut fait chanoine sous le pontificat d'Adhémar Taillefer, et dès cette époque ses richesses furent acquises à l'église qui l'adoptait (1). Quand l'évêque Girard voulut rebâtir sa cathédrale, nous savons que la bourse du chanoine Itier s'ouvrit pour fournir aux dépenses de la moitié des murs. *Vir siquidem ditissimus super omnes coœtaneos suos.* Il n'eut pas la joie, nous le verrons bientôt, d'assister à la consécration de notre magnifique basilique, dont la grande tour lui offrit un tombeau, à côté du saint évêque Grimoard de Mussidan. Des déblais faits dans ces derniers temps au pied de ce clocher ont mis à nu les deux arceaux. Au haut de celui de gauche, on lit ces deux inscriptions :

Hic requiescit Domnus Iterius Archembaldi, canonicus hujus matricis ecclesie, in qua (multa bona opera) operatus est.

Obiit in die VIII idus Augusti, ab Incarnatione Domini anno M.CXXV.

Les bonnes œuvres d'Itier d'Archembaud, l'histoire les a racontées, en même temps qu'elle a dit la gratitude de l'église d'Angoulême (2).

C'est vers l'année suivante, après la mort de Guil-

(1) *Hist. Pontif. Engolis.*, cap. XXXIII, p. 39.
(2) *Ibid.*, cap. XXXV, p. 48 et 49.

laume IX, duc d'Aquitaine, qu'il faut placer l'hommage du château de Montignac (1), fait à Girard par Vulgrin Taillefer, X⁶ comte d'Angoulême. Girard de Blay, que Corlieu dit être un parent de l'évêque d'Angoulême (2), tenait ce château, et refusait de reconnaître les droits du comte Vulgrin. Il était soutenu dans cette félonie par Itier de Villebois (3), par Bardon de Cognac, par Geoffroy de Rancon (que Vigier de la Pile appelle de Rancogne) (4), par Hugues le Brun de Lusignan et par plusieurs autres barons du Poitou et de la Saintonge. Tous ces seigneurs étaient accourus à la défense du château de Montignac, et rien n'avait été négligé de ce qui pouvait en rendre les approches difficiles. Vulgrin se présenta sous les murs du château avec ses troupes, auxquelles s'étaient jointes celles du jeune duc d'Aquitaine, Guillaume X. Le siége fut long et meurtrier. Les assiégés firent plusieurs sorties, mais la victoire ne couronna pas leurs prodiges de valeur. La mort, qui faisait dans leurs rangs de terribles ravages, la longueur du siége, les assauts répétés des assaillants, déterminèrent les défenseurs de la place à l'abandonner. A la faveur des ténèbres de la nuit ils sortirent du château, gagnèrent sans bruit la campagne, et disparurent. Le lendemain, le comte d'Angoulême

(1) Montignac-Charente, arrondissement d'Angoulême, canton de Saint-Amant-de-Boixe.
(2) Corlieu, *Recueil*, p. 22.
(3) Aujourd'hui Villebois-la-Valette (Charente), arrondissement d'Angoulême.
(4) Vigier, *Hist. de l'Angoumois*, p. XXI.

s'aperçut que Montignac n'avait plus de défenseurs ; il en prit possession, et, comme le château était de la mouvance de l'évêque d'Angoulême, il en fit hommage à Girard. Vulgrin répara ensuite les brèches de la forteresse, la fit ceindre d'épaisses murailles, qu'il flanqua d'une haute tour (qu'on voyait encore du temps de Vigier de la Pile) (1).

En 1127, nous retrouvons le légat à Fontdouce, au diocèse de Saintes, consacrant, avec Guillaume Guadrad, l'évêque diocésain (Pierre III de Confolens était mort), l'église de cette abbaye, dédiée à la sainte Vierge. Guillaume de Conchamp, premier abbé de Fontdouce, gouvernait alors ce monastère (2).

La même année, l'histoire nous transporte à Tours. Le doyen de cette église, en s'acquittant des devoirs de sa charge, s'était fait des ennemis parmi les chanoines, et l'un d'eux, nommé Nicolas, ne cessait de répandre contre lui des calomnies. Un laïque, Foulques, frère du doyen, voulut le venger. Il prit donc le chanoine Nicolas, lui creva les yeux, et le mutila. Nicolas s'en plaignit à son archevêque, et accusa le doyen et un chanoine nommé Herbert. Le B. Hildebert, évêque du Mans, avait été déjà transféré au siége de Tours. Gilbert était mort (1125). Hildebert convoqua Gui de Laval, son successeur sur le siége du Mans, plusieurs abbés et les principaux de son clergé. On demanda à Nicolas de produire ses témoins : il n'en avait pas. On

---

(1) *Hist Pont. Engolism.*, cap. XXXV, p. 47 et 48.
(2) *Gall. Christ.*, t. II, col. 1120.

ordonna donc que le doyen et le chanoine Herbert se purgeraient par serment du crime dont ils étaient accusés, en faisant jurer avec eux six témoins de leur ordre. Ce qui fut exécuté. Peu satisfait de ce jugement, Nicolas en appelle au légat. Girard se transporte à Tours, et fait, avec les évêques de Rennes et du Mans, de nouvelles informations. Pas plus que la première, cette seconde enquête n'établit la complicité de Raoul, et le légat déclara que personne à l'avenir ne serait admis à l'accuser (1127)(1). Nicolas ne se déconcerta pas : il en appela au pape du jugement de son légat. L'année suivante, Raoul, en allant à Rome défendre sa cause, fut assassiné (1128) (2). On murmura les noms des amis du chanoine Nicolas, mais personne ne put fournir la preuve de leur culpabilité. Cette fin tragique de Raoul remplit d'amertume le cœur du saint pontife Hildebert. Dans l'excès de sa douleur, il s'en prit à l'appel illusoire que Nicolas avait interjeté au saint-siége, et il écrivit au pape Honorius II avec une liberté respectueuse, pour l'avertir de ne pas admettre ces sortes d'appels, qui ne servent qu'à donner lieu aux coupables de décliner le jugement et d'éviter

(1) Hildebert, lib. II, epist. 37.
(2) Le P. Longueval (*Hist. de l'Eglise gallic.*, liv. XXIV, p. 423) fait mourir le doyen Radulfe ou Raoul en 1127, c'est évidemment une erreur. Raoul vivait encore en 1128, puisqu'à cette époque il apparaît comme témoin dans une charte par laquelle Hildebert donnait aux chanoines de Toussains l'église de Saint-Hilaire de Tours (Hauréau, *Gallia. Christ.*, t. XIV, col. 144).

le châtiment. « Je suis obligé, lui dit-il, de vous
« écrire avec le même trait dont j'ai été blessé, en
« craignant de blesser la discipline de l'Eglise. J'es-
« père qu'en écrivant pour la justice, je n'encourrai
« pas l'indignation de mon père (1). »

Ses démêlés avec le chanoine Nicolas n'étaient pas le seul trouble que le doyen eût occasionné dans l'église de Tours. Quand le B. Hildebert arriva à Tours, dont il venait d'être nommé archevêque, il trouva vacants le doyenné et l'archidiaconé de cette église, et rien ne lui parut plus naturel que de donner ces charges à deux ecclésiastiques qu'il en jugea les plus dignes. Raoul fut donc fait doyen (1125). Or, un an après la nomination faite par l'archevêque, Louis le Gros fit choix, pour occuper ces mêmes dignités de doyen et d'archidiacre, de deux autres ecclésiastiques, et manda au B. Hildebert de les mettre en possession de ces bénéfices. Le saint prélat crut à un malentendu, alla trouver le roi, qui ne voulut rien entendre. Hildebert ne vit alors d'autre moyen de conciliation que d'en appeler à la justice des tribunaux, et il consentit, comme il le dit lui même, à être jugé par ceux qui n'avaient aucun droit de le juger (2). La cause fut plaidée, mais les juges n'avaient pas eu le temps de prononcer que défense était faite, de par le roi, à l'archevêque de disposer en aucune manière des re-

---

(1) Hildeb., lib. II, epist. 41.
(2) *Ibid.*, epist. 34.

venus des deux dignités en question, et que le prélat voyait confisquer les biens de son église situés dans les provinces du domaine royal. Dans cette circonstance difficile, Hildebert ne trouva point parmi ses confrères tout l'appui qu'il avait droit d'en attendre. Il s'en plaignit dans une lettre qui paraît avoir été circulaire pour les évêques, et dans laquelle il parle du roi avec la plus grande modération (1). Cette modération éclate surtout dans la lettre qu'il écrivit en particulier au légat. Après avoir fait à Girard le narré de ce qui s'était passé, il termine ainsi : « Je ne vous dis « point cela pour vous porter des plaintes contre le « christ du Seigneur, et pour vous prier d'user contre « lui de la rigueur de la discipline ecclésiastique. Je « vous prie seulement de parler avec charité au roi « pour faire ma paix avec lui (2). »

Girard avait l'âme trop grande pour abandonner son frère dans le malheur. Il parla au roi de France avec toute la fermeté que donne la conscience du devoir. A sa recommandation et à celle du roi d'Angleterre, Henri Ier (qui d'ennemi était devenu l'ami de l'archevêque), Louis rendit à Hildebert ses bonnes grâces et les biens de l'église de Tours qu'il avait si injustement usurpés (1128) (3).

(1) Hildeb., lib. II, epist. 33.
(2) *Ibid.*, epist. 34.
(3) Le P. Longueval (*Hist. de l'Eglise gall.*, t. VIII, liv. XXIV, p. 423) place cette réconciliation d'Hildebert et du roi de France en l'année 1127; D. Ceillier (*Hist. des Aut. sacrés et*

Le 1er mars de la même année, le légat se rendit à Angers, où l'appelait une imposante cérémonie. En l'année 529, les suffrages réunis du clergé et du peuple d'Angers avaient élevé sur le siége épiscopal de cette ville un moine de Tintillan. Aubin appartenait à une vieille famille noble d'Angleterre qui s'était fixée en France. Il naquit en Bretagne, au diocèse de Vannes. Aubin prit l'habit religieux dans le monastère de Tintillan, alors nommé Cincillas, en devint abbé, puis évêque d'Angers. Il mourut le 1er mars 549, à l'âge de quatre-vingt-un ans. Son corps fut solennellement déposé dans une chapelle de l'église de Saint-Maurice, sa cathédrale, d'où, sept ans après, saint Germain, évêque de Paris, le transporta dans une abbaye célèbre que le roi Childebert avait fondée en son honneur, et à laquelle le saint donna son nom (556). *« L'an de l'Incarnation du Seigneur M.C.XXVIII, indiction VIe, Louis, fils de Philippe, gouvernant avec courage le royaume de France, Gérald, évêque d'Angoulême et légat du siége de Rome, Hildebert, archevêque de Tours, et les vénérables évêques Guy du Mans, Hamelin de Rennes, Ulger d'Angers, Briccius de Nantes, s'assemblèrent et transportèrent le corps de saint Aubin, évêque, dans une nou-*

ecclés., t. XIV, p. 213, n° 18) indique l'année suivante comme la date vraie de la lettre d'Hildebert au légat. Nous nous rangeons volontiers à l'avis de ce dernier. Il nous paraît, en effet, peu probable que, commencée en 1126, la querelle du roi de France et de l'archevêque de Tours se soit si vite terminée.

velle châsse merveilleusement enrichie d'or et d'argent, en présence de Foulques, très-noble comte, de Geoffroy, son fils, etc... (1). »

Cette seconde translation des reliques de saint Aubin eut lieu le 1ᵉʳ mars, au témoignage des bénédictins de la *Gallia Christiana* (2). C'était la coutume de donner des reliques du saint aux évêques présents à leur translation. Girard revint en Angoumois avec son précieux trésor, et établit dans son diocèse, sur un rit très-élevé, le culte de saint Aubin. Nous ne doutons point, en effet, que le culte de ce saint évêque d'Angers ne remonte dans notre contrée jusqu'à cette époque reculée (3).

Pendant que le comte d'Anjou goûtait les joies pures de la piété, inquiet du sort de sa fille et de son trône, Baudoin II, roi de Jérusalem, consultait sa cour

---

(1) D. Lobineau, *Hist. de Bretagne*, t. II, Preuves, col. 281.
(2) *Gall. Christ.*, t. II, col. 999.
(3) On voit encore dans les environs de Chasseneuil les ruines d'une chapelle érigée en l'honneur de saint Aubin, près d'une source limpide qu'on appelle en patois : *Font Aubi*, où les populations se rendent en pèlerinage dans les temps de sécheresse. On a tenté, dans ces dernières années, de relever la chapelle de ses ruines, mais la générosité des fidèles ayant fait défaut, sa reconstruction est encore à l'état de projet.
La chapelle des environs de Chasseneuil fut-elle la seule que l'Angoumois ait bâtie en l'honneur de saint Aubin ? A quelle époque fut-elle construite ? Quel en est le fondateur ? Trois questions auxquelles notre histoire n'a pas encore répondu, et sur lesquelles nous ne pourrions que hasarder des conjectures.

et son peuple. Les vœux furent unanimes. Foulques V était l'élu de la Providence. Baudoin lui députa donc quelques-uns des princes de son royaume pour lui offrir sa fille et sa couronne. Le comte d'Anjou accepta, mit ordre à ses affaires, bénit ses enfants et partit. C'était deux mois à peine après la cérémonie dont nous venons de parler, vers le milieu du printemps. Foulques était doux, affable, bon, compatissant, pieux, généreux, capitaine non moins vaillant qu'expérimenté (1); son départ fut un deuil public.

Lorsque la ville d'Angers voyait se changer ainsi ses fêtes en tristesse, Angoulême se livrait aux transports d'une joie sainte, depuis longtemps attendue. Je veux parler de la consécration de la cathédrale de Saint-Pierre. Profanée par les Ariens Visigoths et par eux dédiée à saint Saturnin, la cathédrale primitive d'Angoulême, après la défaite d'Alaric II, fut renversée et rebâtie par Clovis pour qui notre cité venait d'être le théâtre d'une victoire éclatante), et de nouveau dédiée à saint Pierre. Trois siècles plus tard, ravagée (peut-être en partie détruite?) par les Normands, qui s'emparèrent d'Angoulême vers le milieu du IXe siècle, la cathédrale fut de nouveau rebâtie après l'an 1000, sous l'évêque Grimoard, et consacrée en 1017. Or, avec les premières années du XIIe siècle commençait la période la plus brillante de

---

(1) Guillelm. Tyr., *Hist. rerum transmarin.*, lib. XIII, cap. XXIV, col. 573; lib. XIV, cap. I, col. 578 et 579; cap. II, col. 580 et 581.

l'art roman. L'évêque Girard comprit ce mouvement et s'y associa. A côté des chefs-d'œuvre de l'art nouveau, sa cathédrale lui parut trop vieille ; il songea donc à la rebâtir, et fit partager son enthousiasme à un de ses chanoines. Nous connaissons la pieuse munificence d'Itier d'Archembaud. De l'édifice du XIe siècle on ne conserva qu'une partie de la façade et la coupole qui la suit : tout le reste est du XIIe siècle.

Grimoard de Mussidan avait transporté à Angoulême l'architecture byzantine de Saint-Front de Périgueux ; Girard reprend l'œuvre de son prédécesseur, mais pour l'enrichir de toutes les fleurs du roman perfectionné. A la coupole large et basse, nue et massive du XIe siècle, il en ajoute deux autres qui contrastent avec la première par la grâce de leurs formes et par la richesse de leurs ornements. Des arcs-doubleaux se détachent de la masse des grands arcs et retombent sur des colonnettes accouplées très-élégantes. Les chapiteaux, qui sont généralement corinthiens, sont réunis par une frise de feuilles d'acanthe qui sert de couronnement à l'ensemble du pilier. D'autres petites colonnes à chapiteaux variés décorent intérieurement et extérieurement l'embrasure des fenêtres. Enfin la galerie qui règne tout le long des murs latéraux, dans les intervalles des piliers, n'est plus portée sur de grossiers pieds-droits, mais sur des colonnes engagées, placées en avant d'un large pilastre. Comme pour les grands piliers, le chapiteau de chaque colonne se continue à plat sur chaque côté, et, tandis qu'il soutient l'archivolte principale, dont le bandeau est sculpté, une autre archivolte intérieure retombe sur ce prolongement.

Une quatrième coupole s'élève à l'intersection des deux branches de la croix, affectant dans sa forme originale les dômes bâtards des bords du Rhin. Est-ce le fruit d'une des impressions que le légat rapporta du voyage qu'il fit en Allemagne après le concile de Latran? Nous n'osons trancher la question. Cette quatrième coupole est plutôt carrée que ronde Son tambour, très-développé, est éclairé par de grandes fenêtres bien décorées. On en compte douze aujourd'hui; il n'y en avait primitivement que quatre; les huit autres étaient des fenêtres feintes (1).

Dans le prolongement des transsepts s'élevaient deux tours immenses dont le premier étage, terminé à une grande hauteur par une petite coupole octogone, agrandissait le vaisseau de la cathédrale. La plus élevée de ces tours, celle qui passait, au dire des cosmographes, *pour une des plus hautes aiguilles de France*, rasée au niveau des toits par les protestants, sert aujourd'hui de sacristie. Pour la tour du transsept nord, rebâtie, pour ainsi dire, il y a quelques années, elle attend encore son couronnement.

Pendant que l'évêque d'Angoulême empruntait de Saint-Front de Périgueux les coupoles et les clochers de sa cathédrale, de l'Allemagne le dôme central, il demandait aux artistes du Poitou leurs meilleures in-

(1) Cette restauration intelligente est l'œuvre du doyen Mesnau, et du commencement du XVIIe siècle.

spirations. Alors la façade agrandie de Saint-Pierre vit se dérouler sous le ciseau du sculpteur une des plus belles pages de la poésie murale.

En bas, sur le tympan de la porte principale, Notre-Seigneur, sauveur et docteur, bénissant d'une main, et de l'autre tenant le livre de son Évangile. Il est entre deux anges qui l'adorent.

Au tympan des quatre arcades feintes du portail, les douze apôtres, trois par trois, envoyés par lui, sont en marche pour remplir leur mission. Au-dessus, dans deux grands cartouches, la chute du paganisme, de Rome païenne, figurée par une femme qui tombe de son siége; le triomphe de l'Église, personnifié dans Constantin, premier empereur chrétien, et la Charité, dont saint Martin est le symbole (1). Plus haut, les apôtres, chacun dans une niche, triomphent dans la gloire; mais il n'y en a plus que onze; la pre-

(1) Nous savons qu'on vient de sculpter dans ces cartouches les statues équestres de saint Georges et de saint Martin, et de rendre sa tête et son diadème à la femme qui fait partie du bas-relief de saint Georges. On a voulu sans doute réaliser la pensée de M. Michon, qui, dans la femme, a vu l'Espérance; dans saint Georges, la Foi, et dans saint Martin, la Charité (*Statist. monum.*, p. 281, 282). Mais était-ce bien saint Georges que les artistes du XIIe siècle avaient sculpté sur cette pierre de notre cathédrale? Et cette femme qui tombe (sa posture l'indique), est-ce bien l'Espérance cherchant dans le ciel son fondement? Sans émettre son avis, M. Félix de Verneilh (*Architec. byzant. en France*, IIe part., ch. IV) n'a pas cru pouvoir accepter cette explication de M. Michon. Pour nous, nous l'avons dit, dans la

— 250 —

mière place, au-dessus de saint Pierre lui-même, est occupée par une femme, évidemment la sainte Vierge, que l'Église salue du nom de Reine des apôtres.

C'est en dehors de cette grande unité de l'Église que les hérétiques, les schismatiques et tous les réprouvés se tordent, à droite et à gauche, dans la souffrance et le désespoir.

Au sommet, le Christ dans sa gloire, entre les quatre

femme couronnée qui tombe de son siége, nous voyons la chute du paganisme, de Rome païenne, la nouvelle Babylone, dont l'ancienne, d'après *la tradition constante de tous les siècles*, comme dit Bossuet (t. I, *Préface sur l'Apocalypse*, VII, p. 383-384), n'était que la figure. Le cavalier, c'est Constantin, dont la conversion donna au christianisme la liberté de se produire au grand jour. Alors l'être informe que le triomphateur foule aux pieds de son cheval, et sous les traits mutilés duquel M. Michon a cru reconnaître l'infernal dragon, n'est plus que le vaincu qu'on retrouve toujours renversé dans la poussière sur les médailles du grand Constantin. (Voir dans le *Bulletin de la Société archéologique et historique de la Charente*, 3e série, t. IV, année 1862, p. 380-386, II, la note curieuse et pleine d'érudition de M. Gellibert des Seguins sur les statues équestres placées sur les façades de plusieurs églises romanes.)

Nous consentons à placer, avec M. Michon, dans l'autre cartouche, saint Martin, symbole touchant de cette grande charité que le paganisme ignorait, et que Notre-Seigneur a donnée comme signe distinctif de ses disciples (*Ev. sel. s. Jean*, ch. XIII, 35). Il est naturel de penser que les sculpteurs poitevins de Saint-Pierre d'Angoulême, ayant à tracer sur la pierre la figure de cette divine Charité, aient consulté les traditions de leur église, et emprunté les traits du plus glorieux disciple de saint Hilaire.

animaux de l'Apocalypse, au sein des anges et des phalanges des bienheureux, centre de toute vie et de toute félicité, attirant à lui tous les élus dont il est la récompense. Le Christ, dans son triomphe, la tête sur le nimbe crucifère, souvenir jusque dans le ciel de la passion douloureuse, ouvrant les bras à tous les élus. Les anges, intermédiaires entre Dieu et nous, nous invitant aux joies de la sainte patrie; l'Église militante séparée, par la lourde enveloppe des corps, du séjour où les corps sont transfigurés. Les saints des médaillons inférieurs, absorbés dans l'extase, n'ont pas même de mains.

Tel est le plan simple et grandiose de cette épopée de pierre (1) que nous pourrions si justement appeler le poëme de l'Église.

« La façade de Saint-Pierre, dit M. de Verneilh,
« une des productions les plus considérables du style
« roman du Poitou, est supérieure peut-être, par la
« richesse et la beauté des sculptures, au portail lui-
« même de Notre-Dame de Poitiers (2). Quelques cha-
« piteaux (de Saint-Front) exceptés, ajoute le même
« auteur, l'ornementation de Saint-Pierre est infini-

---

(1) Cette description archéologique de la cathédrale, nous l'avons empruntée à des auteurs bien autorisés, MM. Michon (*Statist. monum.*, p. 277-292) et de Verneilh (*l'Architecture byzantine en France*, IIe partie, ch. IV), complétant l'un par l'autre et rectifiant, dans l'explication du symbolisme de la façade, les erreurs de l'un et de l'autre.

(2) Félix de Verneilh, *l'Architecture byzantine en France*, IIe partie, ch. IV, p. 233-234.

« ment supérieure par la grâce, par l'originalité, par
« l'abondance inépuisable. Le style poitevin, auquel
« elle appartient, l'emporte sur tous nos styles ro-
« mans provinciaux, à plus forte raison sur le style
« byzantin de Saint-Front (1). »

L'œuvre était achevée; l'historien de nos évêques pouvait dire dans son enthousiasme que Girard avait rebâti sa cathédrale « dès la première pierre : *Et vero* « *Engolismensem ecclesiam a primo lapide œdifi-* « *cavit* (2). »

Passons ici sous silence les accusations calomnieuses dont Arnoul de Lisieux a noirci la mémoire de notre évêque. Non ! nous le prouverons bientôt, la construction de Saint-Pierre n'a point servi de prétexte au légat pour pressurer les provinces et déguiser son insatiable cupidité. « *Ecclesiam quidem episcopalem de* « *mortuis œdificasti lapidibus, non ut domum Domini* « *decorares, sed ut inde conquirendi pecuniam duce-* « *retur occasio, et adversus male suspicantem populum* « *mendax excusatio non deesset, dum quæsita recon-* « *ditur. Dicebatur ad opus Ecclesiæ postulari, quid-* « *quid ad tuam cupiens avaritiam exigebas, et dum* « *unum de pluribus, de maximis minimum impendisses,* « *volebas ut erogasse pariter omnia credereris* (3). »

Le jour de la consécration de la cathédrale était

---

(1) Félix de Verneilh, *l'Architecture byzantine en France*, IIe partie, ch. IV, p. 238.
(2) *Hist. Pontif.*, p. 48.
(3) Arnulf., *Tract. de Schismate*, cap. 1, col. 176.

arrivé. Pour donner à cette dédicace plus de solennité, le légat, comme pour la translation des reliques de saint Ausone, avait rassemblé les évêques de sa légation. Ce dut être un magnifique spectacle que celui de ces pontifes, de ces prêtres, de ces religieux, de ce peuple, déroulant trois fois autour du temple la longue file de la procession. Que Girard était heureux en ce jour! Sa joie cependant ne pouvait être sans quelque tristesse (Dieu le veut ainsi!) : dans les rangs pressés de ce nombreux clergé, l'évêque d'Angoulême cherchait en vain un de ses fils, dont la libéralité avait élevé la moitié des saintes murailles. Itier d'Archembaud n'était plus! Nous l'avons déjà dit, depuis près de trois ans ses cendres reposaient sous la grande tour, à côté de celles de Grimoard de Mussidan.

Trois jours après cette magnifique solennité, le concile s'occupa de régler le différend qui s'était élevé entre Foucauld, abbé de Charroux, et Raoul, abbé de Nouaillé, au sujet de l'église de Saint-Clémentin de Civray (1). Le pape Honorius II avait été saisi de la querelle, et c'est sur ses ordres que Girard avait mandé les parties à Angoulême. Raoul prétendait que l'église de Saint-Clémentin, située sur le territoire de Civray, lui appartenait parce qu'elle était renfermée dans les limites de son église d'Excideuil, et que cette paroisse d'Excideuil confinait au château de Civray. A quoi Foucauld répondait que l'église de Saint-Clémentin avait joui de tout temps, par elle-même, du droit

---

(1) Civray (Vienne), chef-lieu d'arrondissement.

paroissial dans toute son étendue : administration des sacrements d'extrême-onction, de baptême, de pénitence, de mariage; offrandes, relevailles, cimetière et sépulture, duels et jugements (1), et autres droits qui appartiennent à la paroisse; que jamais le curé de l'église de Saint-Clémentin n'avait payé de cens ou de redevance au curé de l'église d'Excideuil, n'avait

(1) Quelques personnes verront sans doute figurer ici avec étonnement, pour ne rien dire de plus, les *duels* et les *jugements* parmi les droits divers qui constituaient au moyen âge le *droit paroissial;* elles trouveront étrange de rencontrer, comme conséquence de ce droit, dans les églises, et la cuve ou grand bassin de marbre destiné à l'épreuve de l'eau froide, et le fer bénit qui servait à l'épreuve du fer chaud. Nous leur devons un mot d'explication. Sans prétendre justifier ce que l'Église a condamné dès le IX⁰ siècle dans ses conciles, nous pourrions dire que les chrétiens du XII⁰ siècle n'étaient pas aussi barbares qu'ils le paraissent à première vue. Ils étaient en face d'une difficulté sérieuse : le crime heureux échappant aux châtiments qui lui sont dus, l'innocence prenant forcément, dans l'expiation, la place du crime. Le sentiment de la justice était en eux révolté de ce désordre ; mais ce désordre, comment l'éviter ? Connaître le secret des cœurs? Ils n'y pouvaient prétendre. Un seul peut ouvrir ce livre mystérieux, fermé de sept sceaux, l'Agneau de Dieu! Nos pères avaient donc trouvé tout simple d'en appeler, dans les cas douteux, à son témoignage. Le duel, la croix, l'eau froide, l'eau chaude, le fer chaud, le serment, la sainte Eucharistie, s'appelèrent les *jugements de Dieu.* C'était comme un appel de la conscience humaine à la conscience divine, un appel suprême à la science, à la justice et à la sainteté infinies de Dieu. La religion ne vit rien d'abord dans ces épreuves qu'elle ne pût consacrer. Dieu lui-même se laissa quelquefois toucher par cette foi naïve de nos pères, et fit de vrais miracles pour

jamais été tenu envers lui à aucun acte de soumission, avait même joui toujours et jouissait encore d'une telle indépendance que, tout en reconnaissant le lien de subordination qui le rattache, comme le curé d'Excideuil, à l'archiprêtre, il n'était tenu de lui rendre aucune obéissance ou révérence. L'abbé de Charroux ajoutait que son monastère tenait l'église de Saint-Clémentin de la libéralité de l'évêque de Poitiers, avant même que l'abbaye de Nouaillé possédât l'église d'Excideuil. L'abbé de Nouaillé ayant reconnu la vérité de ces allégations, le légat, ses vénérables frères : Guillaume (Adhelelme), évêque de Poitiers ; Guillaume, évêque de Périgueux ; Galon, évêque de Saint-Pol-de-Léon, et les autres personnes présentes jugèrent que l'église de Saint-Clémentin jouirait à perpétuité par elle-même du droit paroissial dans toute son étendue, et de son indépendance ; que cette église et toutes ses appartenances étaient la propriété du monastère de Charroux et de ses religieux ; qu'ils en jouiraient en paix, sans que les chicanes de l'abbaye de Nouaillé pussent désormais troubler leur possession. Ce jugement fut rendu à Angoulême, l'an de l'Incarnation du Seigneur 1128, le troisième jour

---

sauver l'innocence et confondre le crime. L'Église cependant comprit bien vite que Dieu n'était pas obligé de déroger aux lois de la nature pour éviter à la justice humaine une erreur, qu'il s'est chargé de réparer après cette vie ; elle défendit les *jugements de Dieu* au concile de Valence (855), et cette défense, elle l'a renouvelée de siècle en siècle jusqu'à ce que sa voix ait été entendue.

après la dédicace de l'église d'Angoulême (1). Parmi les témoins de cette affaire nous remarquons Arnaud *Qui ne rit*, qui dénonça plus tard les erreurs théologiques de son évêque, Gilbert de la Porrée, et Laurent, qui devint lui-même évêque de Poitiers (2).

Ce jugement, la présence des évêques de Poitiers, de Périgueux, de Saint-Pol-de-Léon, et le nom de quelques-uns des prêtres et des religieux qui faisaient partie de la commission chargée d'examiner l'affaire, voilà tout ce que nous savons du concile de 1128.

Le mouvement architectural si heureusement commencé à Angoulême se communiqua bientôt aux diocèses soumis à la légation de Girard. Rendons ici justice à ce grand évêque; c'est, à n'en pas douter, à son influence que le Bordelais, la Saintonge, l'Angoumois et le Périgord doivent le si grand nombre d'édifices qui en font la terre privilégiée du roman fleuri.

Mais Saint-Pierre d'Angoulême, nous l'avons vu, n'est pas une église purement romane; si les sculpteurs du Poitou y ont répandu à profusion les ornements du roman fleuri, Saint-Front de Périgueux peut revendiquer ses dômes, imités de Byzance. Cette influence byzantine de notre cathédrale, un homme dont

---

(1) C'est donc à tort que M. Michon (*Statist. monum.*, p. 277-278) prétend, sur la foi de D. Romuald (dont les nombreuses erreurs chronologiques ne sont plus pour nous l'objet d'un doute), que la consécration de Saint Pierre eut lieu en l'année 1120.

(2) *Pièces justif.*, n° 31.

l'archéologie pleure la mort récente, M. Félix de Verneilh, l'a déjà signalée. Nous ne redirons pas ce qu'il a dit, nous préférons renvoyer nos lecteurs à son ouvrage (1).

Non content d'avoir reconstruit sa cathédrale, Girard lui fit, cette même année, si nous en croyons Pierre de Saint-Romuald (2), des dons magnifiques que l'historien de nos évêques énumère ainsi : « Des évangéliaires reliés en or, et un plus grand également relié en or et enrichi de pierreries; des encensoirs dorés et une croix d'argent, deux chandeliers d'argent (3), un reliquaire d'argent et une châsse également d'argent, un calice d'or, un de vermeil, quatre d'argent, deux expositions de reliques où l'argent se mariait à l'ivoire, deux psautiers reliés en argent et deux autels d'argent (4). »

Nous devons parler ici d'un jugement prononcé le 1er juillet de cette même année, par l'évêque de Poitiers, contre Élie de Vivonne, jugement dans lequel nous voyons la part que le légat prit à l'affaire. Voici le fait : Clovis avait donné à l'abbaye de Saint-Hilaire, la charte royale en fait foi, la terre de Champagne

---

(1) F. de Verneilh, *l'Architecture byzantine en France*, IIe partie, ch. IV, V, VI.

(2) *Chronic.*, p. 59.

(3) Dans les basiliques latines, jusqu'au XVe siècle, on ne plaça que *deux* ou quatre chandeliers sur l'autel.

(4) *Hist. Pontif. Engolism.*, cap. XXXV, p. 49.

près de Vivonne (1). Une partie de cette royale donation était à la convenance du seigneur de Vivonne, il s'en empara. Avant de s'approprier la vigne de Naboth, Achab avait au moins proposé un échange ou un achat (2). Disons cependant à la décharge de Châlon que c'était le temps où les princes et les seigneurs, mettant en vigueur le droit du plus fort, usurpaient volontiers les biens d'Église. Les chanoines de Saint-Hilaire n'étaient pas disposés à souffrir l'injustice sans se plaindre ; profitant du séjour qu'il fit à Poitiers en se rendant au concile de Reims, ils portèrent leur plainte au pape Calixte II (septembre 1119). Bref, les débats n'avaient pas été favorables au seigneur de Vivonne, et, comme il avait refusé de faire aux chanoines la satisfaction que demandait la justice, le pape l'avait frappé d'une sentence d'excommunication, dans laquelle Calixte avait enveloppé Élie, son fils, sa femme et tous ses partisans. A quelque temps de là, Châlon voulut prendre la croix. Le pape s'y opposa, renouvelant contre lui et tous ses partisans la sentence d'excommunication dont il les avait déjà frappés. Cette juste sévérité de Calixte fit rentrer en lui-même le seigneur de Vivonne ; il reconnut l'injustice dont il était coupable, rendit au chapitre de Saint-Hilaire les terres qu'il avait usurpées, et jura sur le corps de saint Hilaire de réparer à son retour de Jérusalem toutes

---

(1) Champagne-Saint-Hilaire (Vienne), arrondissement de Civray, canton de Gençay.
(2) Lib. III *Regum*, cap. XXI, v. 2.

les injustices dont, pendant son absence, les siens se rendraient coupables envers les chanoines, et de se constituer leur prisonnier jusqu'à entière réparation. Ce serment solennel de son père, Élie de Vivonne l'avait violé. Non content de reprendre les terres restituées par Châlon, il avait fait sur la propriété de Champagne de nouveaux empiétements. Tels étaient contre lui les griefs des chanoines de Saint-Hilaire. Tout mauvais cas est niable. Aux paroles accusatrices des chanoines, Élie de Vivonne opposait les dénégations les plus formelles. Champagne, disait-il, a été de tout temps la propriété de ma famille ; mon père n'a jamais refusé de reconnaître le jugement du pape ; quant à la donation qu'il a faite au chapitre sur le corps de saint Hilaire, elle est nulle de plein droit, puisque, antérieurement à cet acte, mon père m'avait abandonné cette même terre de Champagne. Qu'on ne parle pas, ajoutait-il, de l'excommunication lancée contre moi par le pape : l'évêque de Poitiers, Guillaume Ier, m'en avait relevé moyennant promesse de ne rien accepter désormais à Champagne que de l'agrément du trésorier de Saint-Hilaire, et l'hommage que j'ai fait à ce dernier de tout ce que je possédais en ce lieu. Il est bien entendu que les chanoines de Saint-Hilaire : Hervé, trésorier ; Guillaume, doyen, et les autres niaient tous les faits avancés par Élie. C'est dans l'ardeur de cette discussion que lesdits chanoines montrèrent, dit l'évêque de Poitiers, la lettre que nous avait écrite à ce sujet notre vénérable père *Gérald, évêque d'Angoulême et légat de la sainte*

Église romaine, lettre dans laquelle le légat disait :
« qu'Élie et les chanoines de Saint-Hilaire, qui de-
« mandaient contre lui justice, s'étaient présentés
« devant lui ; qu'Élie avait refusé de rendre justice
« aux chanoines, parce que, disait-il, leur trésorier
« l'avait excommunié et l'avait empêché de prendre
« la croix ; et que, sur les dénégations dudit tréso-
« rier, lui, légat, avait jugé qu'Élie devait rendre
« justice au trésorier et à l'église de Saint-Hilaire. »
Élie s'y étant refusé, le légat nous a mandé et ordonné
d'observer inviolablement et de faire observer dans
la résidence d'Élie et dans tous les lieux qu'il visi-
terait, l'interdit et l'excommunication que le pape
Calixte, de sainte mémoire, avait lancés contre lui,
ses partisans et tous ceux qui coopéreraient à son injustice. Quant à l'absolution qu'il disait lui avoir été
accordée par notre prédécesseur, comme il n'avait
pas fait sa paix avec les chanoines, et que ces derniers
n'avaient cessé de faire entendre contre lui leurs
plaintes, le légat jugea qu'elle était nulle, notre prédécesseur n'ayant pu l'absoudre d'une excommunication et d'un interdit dont avec raison le pape l'avait
frappé. Après tous ces considérants, Guillaume Adhelelme renouvela le jugement du légat qui obligeait Élie
de Vivonne à investir les chanoines de Saint-Hilaire
des terres sur eux usurpées à Champagne, déclarant
nulle la donation faite par Chalon excommunié à son
fils également excommunié, renouvelant, et dans les
mêmes termes, contre ce dernier et ses partisans, s'il
n'exécutait loyalement ce nouveau jugement, l'ana-

thème que le pape Calixte avait lancé contre eux (1).

« En 1128, dit Baluze (2), Girard, évêque d'An-
« goulême et légat de la sainte Église romaine, tint
« un concile à Dol, dans le monastère de Saint-Gil-
« das. » Que se passa-t-il dans ce concile ? Baluze n'en
sait rien, mais D. Lobineau nous apprend que là fut
donnée, par le vicomte Hervé, aux religieux de Marmoutiers, la ville de Morlaix. Les évêques de Saint-
Pol-de-Léon et de Tréguier, Galon et Raoul, souscrivirent à cette donation, et l'investiture se fit par la
mitre du premier et par l'anneau du second de ces
évêques (3).

A partir de cette époque jusqu'à l'année 1130, un
seul acte nous parle encore du légat, c'est le concile
qu'il tint dans la ville de Bordeaux. Nous aurions
ignoré l'existence de ce concile sans une charte (que
les bénédictins de la *Gallia Christiana* placent vers
1130 (4), ne pouvant en préciser davantage la date)
par laquelle Girard rendit aux religieux de la Sauve-
Majeure l'église de Saint-Vincent de Dax, dont l'évêque de cette ville les avait spoliés. Assigné pour ce
fait à comparaître devant le légat, l'évêque de Dax, le
jour fixé, ne s'était point présenté, et n'avait même
pas envoyé d'excuse canonique. Usant de ménagements, Girard lui écrivit d'investir le monastère de la

---

(1) D. Fonteneau, t. X, p. 457-460 (chap. de Saint-Hilaire).
(2) Baluz., *Miscell.*, lib. 1, p. 525.
(3) D. Lobineau, *Hist. de Bret.*, t. II, Preuves, col. 128.
(4) *Gall. Christ.*, t. II, *Instrum. Eccles. Burdig.*, col. 320.

Sauve-Majeure de l'église de Saint-Vincent, et de lui rendre en entier les biens dont il l'avait privé. Guillaume ne tint aucun compte des ordres du légat, qui se vit réduit à la triste nécessité de suspendre son confrère des fonctions épiscopales, de soumettre à l'interdit la ville et le faubourg de Dax, et de priver des divins offices l'église même de Saint-Vincent. Mais l'heure du concile de Bordeaux était venue. L'évêque de Dax, l'abbé de la Sauve-Majeure et quelques-uns de ses religieux s'y rendirent ; l'affaire fut de nouveau examinée, et le jugement du concile fut que Guillaume rendrait justice à l'abbé et à ses moines, en les investissant de l'église de Saint-Vincent et de tous les biens qui lui appartenaient. Nouveau refus de l'évêque de Dax. La nuit porta conseil. Pendant une séance du concile, Guillaume, s'approchant du légat, lui demanda de donner aux religieux de la Sauve-Majeure l'investiture prescrite par le concile. « Alors,
« dit Girard, en vertu de l'autorité du siége apostoli-
« que, nous avons investi l'abbé et les moines de la
« Sauve-Majeure de l'église de Saint-Vincent, et de
« toutes les appartenances dont ils avaient déjà reçu
« l'investiture quand l'évêque les avait expulsés de
« cette église, sauf cependant les droits que pourrait
« y avoir l'église de Dax. Guillaume leur a ensuite
« donné lui-même l'investiture en notre présence (1). »

Ce jugement est tout ce que nous savons du concile de Bordeaux.

(1) *Pièces justif.*, n° 32.

La médiation du légat ne fut pas moins heureuse dans une affaire qui concernait l'abbaye de Saint-Maixent, au diocèse de Poitiers. Le chapelain de Saint-Bibien de Vrach (peut-être Couhé-Vérac?) s'était injustement emparé de je ne sais quels biens appartenant à ce monastère. L'injure, il paraît, était de vieille date. Enfin, un jour, Pierre le Rond, touché de la grâce de Dieu, voulut visiter le saint sépulcre. Le succès de la première croisade venait de ranimer dans le cœur des chrétiens d'Occident l'amour des pèlerinages en terre sainte. Le voyage de Jérusalem n'était pas sans danger, le chapelain de Saint-Bibien voulut faire son testament. Il se présenta donc au chapitre de Saint-Maixent en compagnie de deux moines, Pierre Foucher et Rainaud de la Couronne, et d'un prêtre nommé Giraud, demanda pardon aux religieux de l'injure qu'il leur avait faite, et, pour la réparer, les fit ses héritiers. Les maisons qu'il avait construites de ses propres deniers, une vigne, la moitié du cens du cimetière, il leur abandonna tout, et d'une manière irrévocable. Les moines, de leur côté, l'affilièrent à leur communauté, et, sur sa recommandation, donnèrent à Pierre Giraud la chapellenie de Vrach, moins la moitié des offrandes de l'autel, qu'ils se réservaient. *Et, pour soustraire dans l'avenir cette donation à toute espèce de discussion, nous n'avons rien fait*, dit Pierre le Rond, *que de l'autorité et sur le commandement exprès de Girard, évêque d'Angoulême et légat de l'Église romaine* (1).

(1) D. Fonteneau, t. XV, p. 651 (abb. de Saint-Maixent).

Mais déjà nous sommes en l'année 1130, dans cette époque fatale du schisme qui vint ternir en cinq années la gloire de son long et si bel épiscopat, et faire *planer sur la mémoire de notre évêque le doute terrible qui plane encore sur la mémoire du vieux Salomon.* Voici les faits. On nous permetta de les développer ici : le schisme tient une si grande place dans les dernières années de la vie de Girard et dans le jugement que l'histoire en a porté !

CHAPITRE VI

GIRARD, SCHISMATIQUE

(1130 — 1136)

Mort du pape Honorius II et double élection d'Innocent II et d'Anaclet. — Réponse du cardinal Pierre de Pise aux cardinaux partisans d'Innocent II. — Lettres d'Anaclet au roi de France et à son fils Philippe. — Lettre par laquelle Anaclet continue à l'évêque d'Angoulême la charge de légat. — Lettre par laquelle Anaclet notifie aux évêques d'Aquitaine le choix qu'il vient de faire de Girard pour son légat. — Concile d'Étampes. — Lettre prétendue de Girard au chancelier d'Innocent II, et refus de ce pape de continuer à l'évêque d'Angoulême la charge de légat. — Discussion des griefs présentés par Arnoul de Lisieux contre Girard. — Girard gagne à la cause d'Anaclet et le roi d'Angleterre et le duc d'Aquitaine. — Les évêques de Poitiers et de Limoges sont remplacés par des intrus, à la consécration desquels les évêques de Saintes, de Périgueux et d'Agen refusent de coopérer. — Persécution en Aquitaine des évêques et du clergé fidèles à Innocent II. — Excommunication de Girard. — Son intrusion dans l'archevêché de Bordeaux et sa captivité. — Chartes de Girard en faveur de l'abbaye de Sainte-Croix de Bordeaux. — Excommunication de Girard au concile de Reims. — Lettres de saint Bernard au B. Hildebert, archevêque de Tours, et à Geoffroy de Lorroux. — Voyage de l'abbé de Clairvaux en Aquitaine et conversion du duc Guillaume. — Lettre de Girard au clergé d'Alby. — Tardif repentir, testament et mort de Girard. — Le B. Lambert, abbé de la Couronne, est élu évêque d'Angoulême. — Concile de Latran et fin du schisme. — Exhumation de Girard. — Découverte récente de son tombeau.

Dès les premiers jours de l'année 1130, le pape Honorius II étant tombé dangereusement malade, les cardinaux s'assemblèrent dans l'église de Saint-André, et statuèrent que l'élection du souverain pontife serait commise à huit personnes : deux cardinaux-évêques, celui de Préneste et celui de Sabine ; trois cardinaux-prêtres, Pierre de Pise, Pierre Rufus et Pierre de Léon ; trois cardinaux-diacres, Grégoire de Saint-Ange, Jonathas et le chancelier Aimeric ; en sorte que, si le pape Honorius venait à mourir, celui qui aurait été élu d'un commun accord par les commissaires ou par la plus saine partie d'entre eux serait reconnu par tous pour souverain et pontife de Rome. Le cardinal de Préneste décréta de plus, conjointement avec les autres, que, si quelqu'un s'opposait à l'élection ainsi faite, il serait soumis à l'anathème ; et que, si quelqu'un attentait d'en élire un autre, cette élection serait nulle, et l'élu prétendu, incapable d'obtenir jamais aucune dignité dans l'Église. Ce que Pierre de Léon lui-même confirma de sa propre bouche, ajoutant qu'on ne devait pas craindre qu'à son occasion il s'élevât quelque scandale dans l'Église ; qu'il aimerait mieux être englouti dans l'abîme que d'être une pierre d'achoppement pour les enfants de Dieu. Il fut enfin statué que les électeurs s'assembleraient le lendemain. Mais Pierre de Léon, *semblable au corbeau de l'arche*, se séparant de ses collègues, ne revint plus à eux, tint des conventicules à part, et travaillait, avec Jonathas, à élever un autel de malédiction. La chose alla si loin, par le crédit et les largesses de sa famille, et par les intrigues de ses émissaires, qu'il serait monté prématurément sur le siége de saint Pierre, si le pape Honorius, qu'ils croyaient déjà mort, ne s'était montré au peuple à la fenêtre.

La résurrection d'Honorius ne devait pas être de longue durée, c'était la dernière étincelle d'une vie qui s'éteignait; bientôt le saint pontife mourut. On procéda presque sans aucune solennité, le vendredi après les Cendres (15 février 1130), à son inhumation; et, dès le même jour, vers l'heure de tierce, les cardinaux-évêques de Préneste et de Sabine, le cardinal-prêtre Rufus et le chancelier Aimeric proclamèrent pape le cardinal-diacre Grégoire de Saint-Ange, qui prit le nom d'Innocent II. Les intérêts sacrés de l'Église, que l'ambition évidente de Pierre de Léon mettait en péril, demandaient cette précipitation. Nous empruntons tous ces détails à la lettre qu'écrivit sur ce sujet à Saint-Norbert, archevêque de Magdebourg, Henri, évêque de Lucques (1).

Trois heures après cette élection, à l'heure *à laquelle Judas crucifia le Christ, heure à laquelle les ténèbres enveloppèrent le monde*, Pierre de Léon, escorté de ses partisans, de ses frères et d'une troupe de mercenaires, court en toute hâte à l'église de

---

(1) Mansi, *Concil.*, t. XXI, p. 435.

Saint-Marc, contre toute décence se revêt d'une chape rouge, et saisit avec avidité les insignes du souverain pontificat. Le lendemain et les jours suivants, Rome était à feu et à sang; Saint-Pierre, Saint-Jean de Latran, le palais des pontifes, étaient livrés au pillage. Nous n'osons vous raconter, disent au roi Lothaire les cardinaux et les évêques partisans d'Innocent, les autres infamies que commettent Pierre de Léon et ses complices. Ils terminent leur lettre par un appel à la puissance du roi : « Armez-vous, Très-Glo« rieux Empereur ; accourez avec vos archevêques, « vos évêques, vos abbés, vos moines et les princes de « votre royaume, accourez à la défense du Prince des « apôtres, afin que l'Église se réjouisse, que la reli« gion chrétienne soit exaltée, que la perfidie des « schismatiques soit enchaînée, et que la couronne de « votre tête soit bénie par le roi des cieux (1)! »

La guerre civile que les cardinaux viennent de décrire, et dont ils accusent ici Pierre de Léon, s'alluma dans Rome par la rivalité de deux puissants seigneurs. Léon, frère de l'antipape, et Léon Frangipane étaient ennemis jurés depuis longues années (2). Avant la mort d'Honorius, les cardinaux leur avaient fait jurer qu'ils ne troubleraient en rien l'élection du successeur, et qu'ils déposeraient humblement leurs hommages à

(1) Mansi, *Concil.*, t. XXI, p. 432.
(2) Il ne faut pas oublier tout ce qu'avait souffert, sous Gélase II et Calixte II, la famille de *Léon*, en défendant ces papes contre les violences des *Frangipane*, qui avaient embrassé le parti de l'empereur d'Allemagne.

ses pieds, dès qu'il aurait été élu (1). On conçoit ce qui arriva : des deux Léon, le premier épousa tout naturellement la cause de son frère, et le second celle d'Innocent; et chacun soutint les armes à la main le pape de son choix.

Cependant les cardinaux et les évêques catholiques ne voyaient pas sans douleur dans les rangs de leurs adversaires le célèbre cardinal Pierre de Pise, évêque de Porto. Pour lui dessiller les yeux, ils prirent le parti de lui écrire. Ils en reçurent la réponse suivante :

« Pierre, évêque de Porto, aux quatre évêques
« Guillaume de Préneste (aujourd'hui Palestrina),
« Matthieu d'Albano, Conrade de Sabine, Jean d'Ostie.

« Celui seul qui sait tout, sait quelle est la tribula-
« tion de mon cœur; mes lettres vous l'eussent déjà
« dite, au moins en partie, si la sentence de l'Église
« et l'avis de tous ne s'y étaient opposés. Ce n'est pas
« le temps de juger du mérite ou du démérite des
« personnes dont on parle aujourd'hui si diverse-
« ment; il est quelqu'un qui s'en informera et qui ju-
« gera . . . .
« . . . . Il est plus convenable que vous vous in-
« terdisiez les discours oiseux et les paroles de per-
« dition : s'il s'agit de la rumeur publique, les choses
« sont loin d'être ce que me les fait votre lettre. En
« outre, si vous faites attention à vos propres paroles,
« si vous consultez l'ordre (pour ne rien dire qui
« blesse le respect qui vous est dû), avec quelle au-

(1) Mansi, *Concil.*, t. XXI, p. 435.

« dace, de quel front, osez-vous nommer votre cabale
« une élection? Pourquoi l'appelez-vous votre élu,
« puisque, dans son élection, aucune des règles éta-
« blies n'a été observée? Est-ce ainsi que vous avez
« appris à élire un pape? Dans un coin, en cachette,
« dans les ténèbres et à l'ombre de la mort? Si vous
« vouliez donner un successeur au pape mort, que ne
« le proclamiez-vous vivant, pendant qu'il était mort?
« . . . .
« Enfin l'élection n'était pas plus votre affaire que la
« mienne ; nous n'avions qu'à nous incliner devant
« l'élu de nos frères ou à le rejeter. Ce que, contre
« toutes les règles, au mépris des saints canons et de
« l'anathème que vous aviez vous-même établi, sans
« me consulter, moi votre aîné, sans consulter vos
« frères, vos doyens d'âge et de dignité, sans même
« les convoquer ou les attendre, vous qui n'étiez que
« des novices et le si petit nombre, ce que vous avez
« osé faire doit être réputé nul, et annulé absolument :
« votre propre manière de voir peut vous en convain-
« cre. Le Seigneur ne nous a pas fait attendre son
« secours; il nous a montré le moyen de nous oppo-
« ser à votre entreprise : vos frères les cardinaux (à
« qui dans une élection appartient la principale puis-
« sance), de concert avec le clergé, à la prière du
« peuple entier, de l'agrément des personnes consti-
« tuées en dignité, en plein jour, ouvertement, d'un
« cœur et d'une voix unanimes, ont choisi le cardinal
« Pierre pour être le pontife romain Anaclet. J'ai été
« témoin de la canonicité de cette élection, et, au

« nom de Dieu, je l'ai approuvée. . . . .
« . . . . Tiburce a té-
« moigné, par écrit et avec serment, que je n'ai jugé
« capable du souverain pontificat que le diacre de
« Saint-Ange. Qu'il prenne garde à ses paroles ! Je
« n'ai rien dit dans l'ombre ; il n'est personne qui
« ait entendu cette parole s'échapper de mes lèvres.
« Mon avis a toujours été qu'on ne devait s'occuper
« de son successeur qu'après les funérailles du pape.
« Je suis resté dans l'unité de l'Eglise et j'y resterai ;
« je veillerai à ne point me détacher de la vérité et de
« la justice, assuré que la justice et la vérité me déli-
« vreront (1). »

Cette lettre, que Guillaume de Malmesbury regarde comme jetant un grand jour sur cette grave question du schisme, n'est pas moins précieuse pour nous : elle nous donne le thème que développait, avec son éloquence habituelle, l'évêque d'Angoulême ; nous explique la facilité avec laquelle il attira à son parti et le roi d'Angleterre, et le duc d'Aquitaine ; comment il persuada la neutralité au vieil archevêque de Tours, au B. Hildebert ; elle nous dit comment, malgré le zèle et la sainteté de saint Bernard, il conserva pendant si longtemps son prestige ; comment enfin, victime des froissements de son amour-propre, il parvint à se faire illusion jusqu'à la mort.

Sur ces entrefaites, arrivait en France, dans les premiers jours de mai, Otton, évêque de Todi (ancienne Tuder), porteur de deux lettres d'Anaclet, l'une

(1) *Pièces justif.*, n° 33.

pour le roi Louis le Gros, et l'autre, à peu près conçue dans les mêmes termes, pour son fils Philippe, qui venait d'être sacré à Reims. Dans la lettre au roi Louis, l'antipape s'excuse sur ses nombreuses occupations du retard qu'il a mis à envoyer un légat en France. Il fait appel à la noble et constante affection dont le roi lui a donné des preuves, lorsqu'il n'était qu'un enfant. Suit le portrait le plus flatteur de son légat, Otton de Todi, qu'il lui recommande de la manière la plus pressante. Il assure Louis le Gros de sa bienveillance et de l'intérêt qu'il prend à l'honneur de son fils le roi Philippe. Il aborde enfin la question délicate : « Nous avons ordonné à notre légat de vous faire
« savoir, à vous et à votre royaume, absolument tout
« ce qui s'est passé dans notre élection par nos frères
« les cardinaux et les évêques suffragants de l'Eglise
« romaine : l'unanimité du clergé et du peuple, et même
« le scandale qu'ont excité quelques faux frères. Nous
« vous prions donc d'être pour l'Eglise de Dieu un
« rempart, et de ne point prêter l'oreille à leurs men-
« songes et à leurs calomnies, afin que, parmi les
« autres princes de la chrétienté, l'Eglise tout entière,
« aujourd'hui comme toujours, vous reconnaisse,
« avec nous, comme le principal défenseur de la foi
« catholique. » Anaclet termine sa lettre par les compliments d'usage pour la reine, et par les vœux les plus ardents en faveur du roi. La lettre est datée de Saint-Pierre de Rome, 1ᵉʳ mai (1130) (1).

(1) Baron., *Annal.*, ad ann. 1130, nº XXVII. Cette lettre, écrite évidemment avant le concile d'Étampes (après la décision

Otton de Todi avait pour compagnon de voyage en France le cardinal-diacre Grégoire, porteur, comme lui, de deux lettres d'Anaclet, l'une pour les évêques d'Aquitaine, l'autre pour Girard, évêque d'Angoulême. Dans sa première lettre, Anaclet chargeait Grégoire de dire aux évêques d'Aquitaine comment Dieu l'avait

---

de ce concile national, elle n'eût plus eu d'objet), prouve que le P. Longueval (*Hist. de l'Église gallic.*, t. VIII, liv. XXIV, p. 447) et tous les historiens après lui se trompent quand ils pensent que ce concile se tint avant le mois de mai. Et ce qui nous confirme dans ce sentiment, ce sont les propres paroles du P. Longueval. Cet historien ne dit-il pas, en effet, qu'Innocent II, fuyant l'Italie, qui ne lui offrait pas de sûreté, *se retira d'abord à Pise, d'où il envoya des légats en France pour tâcher de faire approuver son élection* (Longueval, *ibid.*, p. 445)? Or, Innocent n'était à Pise que vers la seconde moitié de juin. A cette époque (20 juin), nous trouvons une lettre qu'il écrivait aux archevêques et aux évêques, aux abbés et aux princes d'Allemagne, les priant d'agir auprès de l'empereur pour le déterminer à venir, l'hiver suivant, conformément à ce qu'il lui avait demandé lui-même par sa lettre du 11 mai précédent (Mansi, *Concil.*, XXI, 428. *Ad Lotharium regem*), traiter en personne avec lui des affaires de l'Église et de la papauté (Philipp. Jaffé, *Regesta Pontif. roman.*, p. 561. *Ad archiepiscopos, episcopos, abbates et principes per regnum Teutonicum constitutos*). Le pape eût-il fait cette demande à Lothaire, et l'eût-il renouvelée dans la lettre que nous venons de citer, si déjà son voyage de France eût été décidé? D'où je conclus que, s'ils étaient déjà partis de Pise, les légats d'Innocent avaient à peine touché les côtes de France. Qu'on ajoute le temps nécessaire aux informations juridiques qu'on reçut de Rome, et l'on verra qu'il n'est guère possible de placer le concile d'Étampes avant les premiers jours de juillet 1130. Innocent alors ne connaît la décision favorable

appelé à monter sur le trône pontifical, et comment, à l'occasion de son exaltation, quelques factieux avaient excité dans Rome le scandale dont le bruit était parvenu jusqu'à leurs oreilles. « *Nous vous annonçons encore,* y disait Anaclet aux évêques, *qu'en considération de l'honnêteté de sa vie et de sa grande sagesse, à l'exemple du pape Pascal, notre père, de bienheureuse mémoire, et des autres pontifes romains, nos prédécesseurs, nous avons appelé notre vénérable frère Gérard, évêque d'Angoulême, à partager notre sollicitude pour vous. Nous vous ordonnons donc par les présentes d'avoir soin de lui témoigner toujours tout le respect que vous lui devez comme au légat du siége apostolique. Nous lui avons ordonné, et à notre cher fils* (Grégoire), *le collége de leurs frères convoqué et la grâce du Saint-Esprit invoquée, de corriger ce qui doit être corrigé et de consolider ce qui est digne d'être raffermi.* » Cette lettre est datée de Saint-Pierre de Rome, 1er mai.

de ce concile que vers la fin de ce même mois de juillet. A la réception de cette heureuse nouvelle, il s'empresse de quitter Pise, arrive à Gênes, ses lettres le prouvent, au plus tard le 2 août (Florez, *Espanna sagrada,* XX, 511 : *Ad Didacum archiepisc. Compostellanum*), s'y arrête le temps nécessaire à la négociation de la trêve qu'il ménage entre ces deux villes, et aborde à Saint-Gilles, en Provence, vers les premiers jours de septembre (Mabill., *Annal.*, VI, 192 : *Monasterii SS. Gervasii et Protasii Fossensis possessiones et privilegia confirmat*). Nous insistons sur ce point d'histoire, parce qu'il offre à notre travail un intérêt que l'on comprendra bientôt.

Anaclet écrivait à Girard : « En considération de
« votre probité, dont notre sainte mère l'Eglise ro-
« maine a fait depuis longtemps déjà l'heureuse expé-
« rience, le pape Pascal, notre père, vous a aimé
« comme le plus cher de ses fils, et vous a traité avec
« une distinction toute particulière; après lui, consi-
« dérant eux aussi l'éclat de vos vertus, les autres
« pontifes romains vous ont chargé de les remplacer
« en Aquitaine. Ne pouvant, à notre tour, oublier la
« tendresse et le dévouement que vous avez constam-
« ment témoignés à l'Eglise romaine, votre mère,
« nous vous octroyons la légation du siége aposto-
« lique, que vous teniez de la libéralité de nos prédé-
« cesseurs : nous voulons que vous l'exerciez désor-
« mais en notre nom aux mêmes conditions que vous
« l'exerciez autrefois en leur nom, et, cette léga-
« tion, nous vous la continuons gratuitement et par
« pure affection pour vous. Et, comme preuve de
« cette concession que nous vous faisons, nous vous
« avons envoyé notre cher fils Grégoire, cardinal-
« diacre, qui demeurera quelque temps dans vos
« contrées. Nous ordonnons à Votre Fraternité de
« réunir, de concert avec lui, un concile, dans lequel,
« appuyés sur votre mutuelle charité, vous étant
« concertés avec vos frères et soutenus par la grâce
« du Saint-Esprit, vous réformerez les abus et con-
« soliderez le bien. Nous le chargeons de vous ap-
« prendre les circonstances de notre promotion et le
« scandale dont vous savez que l'Eglise romaine a
« été le théâtre, afin que Votre Charité puisse re-

« pousser tous les mensonges et donner une pleine
« adhésion au témoignage de la vérité.

« Donné à Rome, à Saint-Pierre, le 1ᵉʳ mai (1). »

Comme le pensait Anaclet, la nouvelle du schisme qui venait de se former avait précédé en France l'arrivée de ses légats. Au premier bruit de ces tristes événements, oubliant ses infirmités et son grand âge (il avait environ soixante-dix-huit ans), saint Hugues, évêque de Grenoble, s'était rendu avec quelques évêques au Puy, en Velai, et, dans ce concile, il avait excommunié Pierre de Léon comme schismatique. A son exemple, les religieux de Cluny s'étaient empressés de se prononcer en faveur d'Innocent, et ils avaient si chaudement embrassé son parti qu'ils ne voulaient même pas prier avec les partisans d'Anaclet. Reimbaud, évêque de Liége, blâmait avec raison cette ferveur indiscrète et cet empressement qui préjugeaient la question (2). Louis le Gros penchait visiblement pour Pierre de Léon ; il se souvenait des services que cette famille lui avait autrefois rendus. Entre les prédilections marquées de son roi et les anathèmes de saint Hugues et des religieux de Cluny, la France hésitait. Le roi Louis avait de la conscience : il ne voulut point imposer son opinion à l'Eglise de France et trancher seul une question si délicate. Il convoqua donc un concile national à Etampes. Evêques, abbés, seigneurs

---

(1) Baron., *Annal.*, ad ann. 1130, n° XLII.
(2) Baron., *Annal*, t. XII, p. 197.

laïques, tous répondirent avec empressement à l'invitation du roi. On avait reçu de Rome, dit Arnoul de Lisieux, des informations juridiques sur cette grande affaire, et, pour en garantir au besoin l'exactitude, il y avait au concile plusieurs témoins oculaires de ce qui s'était passé dans les deux élections (1). A Etampes, se trouvait aussi un homme dont la réputation commençait à se répandre. Ce moine, qui devait bientôt enchaîner à ses pieds l'Occident par l'attrait de sa parole, l'ascendant de son génie, la grandeur, l'éclat de ses miracles, et par l'exemple de ses vertus, plus extraordinaires encore, ce moine était saint Bernard. Soit pressentiment secret, dit l'historien de sa vie, soit l'effet de sa grande humilité, l'abbé de Clairvaux ne s'était arraché qu'à grand'peine à sa chère solitude (2). Il était loin de soupçonner cependant combien étaient fondées les craintes qui troublaient son âme!

La question soigneusement étudiée, le Saint-Esprit invoqué par la prière et par le jeûne, les évêques et les abbés jetèrent, dans leur embarras, les yeux sur saint Bernard, et tous, évêques, abbés, roi, seigneurs, tous convinrent de s'en rapporter au jugement de l'abbé de Clairvaux. Après bien des résistances, l'humble moine se rendit au désir du concile, et, prenant la parole, il examina devant cette auguste assemblée l'ordre des deux élections, les qualités et le mérite des deux compétiteurs, et conclut son discours en re-

---

(1) Arnulf. Sag., *Tract. de Schism.*, cap. V.
(2) Ernald., *Vit. S. Bernard.*, cap. VI.

connaissant Innocent II pour le véritable vicaire de J.-C. Tous les Pères du concile se rangèrent à son avis par acclamation, et, après qu'on eut chanté le *Te Deum* en action de grâces, le roi et tous les seigneurs souscrivirent à l'élection d'Innocent (juillet 1130).

L'évêque d'Angoulême n'assistait point à ce concile d'Etampes. La lettre que lui avait écrite Anaclet pour le confirmer dans la charge de légat en était-elle la cause? Non, si nous en croyons Arnoul de Lisiéux, qui prête à Girard une lettre au concile d'Etampes que saint Bernard, qui fut l'âme de ce concile, a toujours ignorée (1). Qu'on lise, en effet, la lettre dans laquelle le saint abbé de Clairvaux s'élève avec tant de vivacité et d'éloquence contre l'ambition de notre évêque, et l'on verra qu'il n'est pas le moins du monde question de cette fameuse lettre, que l'archidiacre de Séez mentionne d'un air si triomphant (2).

Dans la lettre dont nous venons de parler, qu'il adressait aux évêques d'Aquitaine, et nommément à ceux de Limoges, de Poitiers, de Périgueux et de Saintes, saint Bernard reproche à Girard une certaine lettre que ce dernier aurait écrite au chancelier d'Innocent (Aimeric) : « Ce nouveau Diotréphès, dit-il, qui aime
« à tenir chez vous le premier rang, refusant de re-
« connaître celui qui vient au nom du Seigneur et que
« toute l'Eglise vénère, reçoit celui qui vient en son

(1) Arnulf. Sag., *Tract. de Schism.*, cap. V.
(2) S. Bernard. epist. CXXVI.

« propre nom. Je n'en suis point surpris, car son ex-
« trême ambition, dans un âge avancé, le fait courir
« après un titre fastueux. Si je l'accuse de cette vanité,
« ce n'est pas sans fondement ; c'est de lui-même que
« je tire sa condamnation. Dans les lettres particu-
« lières qu'il écrivit dernièrement au chancelier de
« Rome, pour demander qu'on l'honorât du titre de
« légat et qu'on lui imposât le poids de cette charge,
« ne fait-il pas des supplications d'autant plus indignes
« qu'elles sont plus basses ? . . . .
« . . . .
« Voyez jusqu'où peut aller l'amour des honneurs
« et de la gloire ! Personne n'ignore combien les
« fonctions de légat sont un pesant fardeau, sur-
« tout pour les épaules d'un vieillard ; et cependant il
« se trouve un homme, déjà avancé en âge, qui pense
« qu'il lui serait plus pénible de passer le reste de ses
« jours sans être chargé de ce fardeau. Mais peut-être
« se plaindra-t-il que je le soupçonne à tort, et que je
« porte un jugement téméraire de ses actions, sans
« pouvoir fournir aucune preuve de ce que j'avance.
« Je suis soupçonneux en ce point, je l'avoue, et je ne
« pense pas que l'homme le plus simple en puisse
« juger autrement, tant est grande la vraisemblance.
« Or, il suffit d'exposer en peu de mots la conduite
« qu'il a tenue. Il écrit le premier ou l'un des pre-
« miers au pape Innocent, il lui demande d'être son
« légat ; il est refusé. Piqué de ce refus, il quitte aus-
« sitôt le parti de ce pape, épouse avec chaleur la
« cause de son concurrent, et se vante d'être son lé-

« gat. S'il n'avait pas demandé ce titre à Innocent ou
« qu'il ne l'eût pas accepté de Pierre de Léon, on
« pourrait croire qu'en quittant le bon parti, il avait
« quelques motifs plausibles, quoique d'ailleurs peu
« légitimes. Mais, après cette démarche, quelle excuse
« peut-il donner pour couvrir son ambition (1)? »

A quelle époque faut-il faire remonter la lettre de Girard au chancelier de Rome? La réponse est en partie contenue dans la lettre même de saint Bernard. L'abbé de Clairvaux écrivait aux évêques d'Aquitaine après l'expulsion de leurs siéges des évêques de Poitiers, de Périgueux, de Limoges et de Saintes, c'est-à-dire du mois de juin 1131 au mois d'octobre de la même année. Cette lettre était à la fois une réponse aux plaintes de ces évêques et un encouragement à porter avec joie le poids de la persécution dont ils étaient victimes, réponse, encouragement, dont ces évêques n'avaient plus besoin après leur entrevue avec Innocent et saint Bernard au concile de Reims (18 octobre 1131). A cette époque, l'abbé de Clairvaux donnait la lettre de Girard comme récente; nous ne pouvons donc la placer que dans les premiers jours de janvier 1131, ou au plus tôt que dans les derniers jours de l'année précédente. Mais, à cette époque, l'évêque d'Angoulême avait vu depuis plusieurs mois le cardinal-diacre Grégoire, qui lui avait remis en main propre la lettre d'Anaclet, datée du 1er mai 1130, antérieure par conséquent au concile d'Étam-

---

(1) S. Bernard. epist. CXXVI.

pes. Faut-il dire qu'après avoir embrassé le parti de Pierre de Léon, Girard, voyant la France se ranger au concile d'Étampes du côté d'Innocent, ait cherché auprès du pape véritable la régularisation des pouvoirs qu'il ne tenait que de la volonté de l'antipape, et que, sur le refus qu'il essuya, il ait continué à servir en Aquitaine la cause d'Anaclet, devenue la cause de son amour-propre froissé? Cette position, qui n'est pas tout à fait celle que lui ont faite dans l'histoire saint Bernard et ses admirateurs passionnés, se concilierait assez bien avec le caractère de notre évêque, dont nous avons déjà vu les hésitations lors de la nomination de Calixte II, quand l'ambition lui conseillait de tomber des premiers aux genoux du nouveau pontife ; elle se concilierait assez bien avec la lettre par laquelle Anaclet continuait à Girard ses fonctions de légat, lettre que saint Bernard et ses partisans, contrairement à la date qu'elle porte et à toute vraisemblance, supposent n'avoir été écrite qu'après le refus d'Innocent, et qu'à la sollicitation de l'évêque d'Angoulême (1). Mais alors la démarche de Girard auprès d'Innocent aurait été dictée plutôt par l'ambition que par une conviction sérieuse, et s'expliqueraient les paroles de repentir tombées de ses lèvres mourantes :

---

(1) Arnulf., *Tract. de Schism.*, cap. V. — S. Bernard. epist. CXXVI. Comment supposer que l'évêque d'Angoulême fût obligé de solliciter la charge de légat? Est-ce qu'une prudence vulgaire ne conseillait pas à Anaclet de s'assurer des légats de l'Église romaine? Devait-il se laisser prévenir par son compétiteur? Il ne le fit pas, la lettre à Girard en est la preuve.

« Nous savons que la veille de sa mort il dit à ses
« prêtres, dans sa confession, que si, par ignorance,
« il avait soutenu contre la volonté de Dieu le parti
« de Pierre de Léon, il avouait sa faute et s'en re-
« pentait (1). »

La lettre de Girard et le refus d'Innocent admis, quelle fut la cause de ce refus? Telle est la question qui se pose d'elle-même. Pour la résoudre, nous n'avons pas l'autorité de saint Bernard; saint Bernard n'a rien dit dans ses lettres contre l'évêque d'Angoulême qui pût faire soupçonner les motifs qui déterminèrent Innocent à repousser Girard. En revanche, Arnoul de Lisieux a écrit tout un livre des méfaits du légat d'Aquitaine : « La cour romaine avait déjà reçu tant
« de plaintes de votre mauvaise administration que,
« loin d'être disposée à vous continuer la charge de
« légat, elle regrettait vivement qu'on vous l'eût jus-
« que-là confiée (2). » Le sujet de ces plaintes, l'archidiacre de Séez l'avait exposé précédemment : « Di-
« rai-je vos exactions manifestes? Dirai-je la fortune
« des familles achetant de vous la justice? Raconte-
« rai-je en détail les conciles, les fatigues d'un long
« voyage imposées à des personnes vénérables, pour
« que, président d'un concile général, votre vanité
« contemplât à loisir toute l'étendue de votre puis-
« sance, et que votre ambition trouvât dans la vue de
« tous ceux qui vous étaient soumis une satisfaction

---

(1) *Hist. Pontif. Engolism.*, cap. XXXV, p. 51.
(2) Arnulf., *Tract. de Schism.*, cap. V.

« plus grande (1)? » Ainsi, orgueil, cupidité, tels étaient, d'après Arnoul, les griefs d'Innocent contre Girard.

Je ne relèverai pas ici le reproche d'incontinence dont l'archidiacre normand s'est plu à souiller jusqu'à l'adolescence de notre évêque, ni les paroles lubriques qu'il lui a prêtées à l'occasion d'un écart prétendu de l'archidiacre Achard (2). Le premier de ces reproches disparaît devant le fait de la promotion de Girard au sacerdoce, devant la considération dont a joui toujours son école, devant les honneurs auxquels l'ont appelé les chanoines de Périgueux, enfin devant le choix qu'ont fait de lui pour leur évêque le clergé, la noblesse et le peuple d'Angoulême ; le second, devant la protection marquée que lui donnèrent pendant sa captivité nos valeureux comtes, ces Taillefer dont il eût refusé avec tant d'impudence de venger l'honneur outragé ; devant la confiance dont les papes Pascal II, Gélase II, Calixte II, Honorius II, l'ont constamment honoré ; devant le silence de saint Bernard, qui ne lui reproche que son trop long amour des honneurs et de la gloire ; devant les vifs regrets dont son peuple l'a jugé digne !

Il est possible que la puissance ait enflé le cœur du vieil évêque, mais la preuve qu'en donne le jeune archidiacre de Séez ne nous paraît guère concluante. Les conciles, était-il nécessaire que l'orgueil les con-

---

(1) Arnulf., *Tract. de Schism.*, cap. II.
(2) *Ibid.*, cap. I, col. 175-177.

scillât? Le trouble jeté dans l'Église par les investitures, les nombreuses affaires traitées dans ces conciles par le légat, quand l'histoire générale de l'Église ne serait pas là pour l'attester, ne prouvent-elles pas assez que Girard avait d'autres motifs que ceux de la vaine gloire pour les convoquer?

Arnoul parle d'avarice, et ce reproche, il l'étend jusqu'aux plus tendres années de notre évêque : dès l'enfance Girard connaissait cette hideuse passion de l'argent ; sa promotion à l'épiscopat ne fit que la développer, en lui offrant plus de facilité de la satisfaire ; bientôt la légation qui lui fut confiée vint lui donner, avec un aliment plus abondant, son dernier complément (1). Des preuves? Son diocèse, dont il a dévoré les richesses sous prétexte d'une cathédrale à bâtir, pleure sa mort, et, témoin complaisant de ses exactions et de ses rapines, un de ses chanoines, Itier d'Archembaud, lui fournit les moyens de satisfaire plus librement encore son avare rapacité! Des preuves? Nous en avons : sa cathédrale lui doit jusqu'à sa première pierre, sans compter les dons magnifiques qu'il lui avait laissés ; le palais de nos évêques, son agrandissement ; la manse épiscopale, l'accroissement de ses revenus; les lépreux lui devaient leur chapelle et leurs cellules ; les églises abbatiales de la Couronne, de Bournet, de Grosbot, de Lanville, en partie leur construction ; et, si le flot impur des révo-

---

(1) Arnulf, Tract. de Schism., cap. I, col. 176; cap. II, col. 178.

lutions n'était passé sur ses libéralités, treize des pauvres de la cité lui devraient le pain que nos évêques leur distribueraient encore chaque jour. Voilà la mesure des exactions et des rapines dont la soif de l'or souillait la vie de Girard! Ai-je besoin après cela de relever les mêmes reproches tombés, pour la plus grande gloire de leur saint, de la plume non moins passionnée des panégyristes de saint Bernard, qui n'ont fait évidemment que copier sur ce point Arnoul de Lisieux?

Soyons juste cependant, n'innocentons pas trop vite le coupable. Une lettre existe, lettre d'un ami à son ami, dans laquelle sont consignés les mêmes reproches d'avarice et d'orgueilleuse jactance.

« A Girard, glorieux évêque d'Angoulême, légat
« du siége apostolique, frère Geoffroy, abbé de Ven-
« dôme, fils fidèle du même siége, le fruit des bonnes
« œuvres et les embrassements de la plus pure charité.

« Parce que la sainte Église romaine, non pour
« vos mérites, par pure grâce, a tellement exalté
« votre humilité que le plus petit de vos doigts paraît
« plus gros que le corps de votre père, comme le
« prouvent les paroles d'orgueil que vous n'avez que
« trop souvent prononcées, vous devez lui obéir avec
« plus de fidélité, multiplier par la douceur de vos
« paroles le nombre de ses amis, apaiser ses enne-
« mis, la glorifier plus par vos actes que par vos pa-
« roles, afin que quelque acte fâcheux ne scandalise
« ses amis et ne justifie les résistances de ses enne-
« mis. Si vous agissez ou si vous avez agi autrement,

« votre grandeur, que vous devez à la bonté de notre
« vénérable pape (Pascal II), lui a rendu le mal pour
« le bien, sorte de récompense que Dieu ne connaît
« pas. Ce que j'ai appris (ce qui est pire, le peuple
« en a fait contre vous le sujet d'une chanson), parce
« que la chose est publique, je ne puis ni ne dois vous
« la cacher. J'ai appris qu'André de Vitré vous a donné
« de l'argent pour faciliter le mariage de sa fille, et
« que le fils du vicomte de Mauléon (Châtillon-sur-
« Sèvre) vous a acheté la main de cette dame. L'un
« vous a donné pour ce mariage cinq cents sous, l'autre
« quinze marcs d'argent. Ce fait, s'ils veulent dire la
« vérité, l'évêque de Poitiers (Pierre II), Guillaume,
« son archidiacre, et quelques autres témoins ne le
« nieront pas. Malgré les résistances de son consé-
« crateur et du clergé, qui réclamait avec toute l'é-
« nergie possible, usant d'une autorité vraiment trop
« cruelle, pour mille sous barbarins (1) vous avez
« fait consacrer ou plutôt exécrer, si la chose est
« vraie, l'abbé de Charroux, dont l'élection n'était pas
« canonique, et qui, dit-on, ne devait son intrusion
« qu'à la violence. Un abbé de votre voisinage, qui
« en a été le témoin et qui a eu cet abbé pour supé-
« rieur, l'a assuré, et bien d'autres confirment son té-
« moignage. Sans jugement préalable, pour une
« grosse somme d'argent, malgré l'opposition qu'y
« faisaient les frères de cette congrégation, les marcs
« seuls lui tenant lieu d'expiation, vous avez rétabli

(1) Monnaie frappée par les vicomtes de Limoges.

« dans sa charge un autre abbé que, par respect pour
« son ordre, je rougirais de nommer, surpris dans
« une faute honteuse contre les mœurs, et, sur son
« propre aveu, déposé de la dignité abbatiale. C'est
« Bernier, abbé de Bonneval, qui l'atteste, et qui pu-
« blie partout ce crime avec horreur. Pour se faire
« rendre justice, Foulques, abbé de Baignes, vous a
« demandé des lettres que vous lui avez habilement
« refusées jusqu'à ce qu'il les eût achetées cent sous.
« Mais le pauvre homme a perdu son argent, et n'a pu
« par vous se faire rendre justice. C'est lui-même qui
« le dit, se plaignant d'avoir perdu à la fois et son ar-
« gent et ses droits. Je devrais passer sous silence
« votre conduite envers le comte d'Anjou, mais on ne
« peut tenir secret ce que tout le monde connaît.
« Quelques personnes affirment que, comme un autre
« Balaam, vous vous êtes laissé corrompre par l'ar-
« gent du roi d'Angleterre (Henri Ier), et que c'est la
« cause de l'injuste sentence d'excommunication que
« vous avez fulminée contre ce comte (Foulques V).
« Bien que votre excommunication n'ait pas eu un
« seul jour de validité, elle a cependant fait rougir
« les amis de l'Église romaine, et fourni à ses ennemis
« l'occasion de la décrier. En évitant sagement de
« confirmer cette excommunication, le pape a trouvé
« le seul remède qu'on pût apporter à ce mal : il a
« fermé ainsi la bouche à ses détracteurs, et détruit
« l'opprobre dont vous aviez couvert le siége apos-
« tolique. Après toutes ces accusations, je devrais en
« passer une sous silence, s'il était permis à un ami

« de ne pas prémunir son ami. Vous avez promis,
« dit-on, à l'abbé de Saint-Jean-d'Angély, s'il vous
« donnait trois cents sous poitevins de Melle (1), de
« déposer Renaud Chesnel (2), et vous lui avez en-
« voyé par écrit les chefs d'accusation. L'abbé lui-
« même en convient, et prend Dieu à témoin de la vé-
« rité de ses paroles. C'est par affection pour vous
« que je vous ai dit ces quelques faits, pris parmi
« beaucoup d'autres, ces accusations légères, choisies
« parmi de plus graves, afin que, *si ce qu'on publie con-*
« *tre vous est vrai,* le passé vous serve de préservatif
« pour l'avenir : car celui qui est investi de l'autorité
« de l'Église romaine ne doit point battre en brèche
« son autorité par la perversité de ses œuvres. Notre-
« Seigneur Jésus-Christ n'ayant confié qu'à saint
« Pierre la puissance de lier et de délier, vous ne de-
« vez donc pas vous attribuer plus de pouvoir ou d'au-
« tres pouvoirs que ceux qui vous ont été confiés avec
« la légation. Les paroles que vous avez dites en ma
« présence et devant des laïques, que vous aviez le
« pouvoir de déposer les évêques, je les ai regardées
« comme dictées par un nouveau genre de présomp-
« tion. Il n'y a pas de raison, en effet, pour accorder
« aux légats du siége apostolique un pouvoir qui
« n'appartient qu'à la dignité du pontife romain. Mais,

(1) Melle jouissait autrefois du droit de battre monnaie.
(2) Nous avons déjà dit (p. 100-102), à l'occasion de la lutte de Baignes contre Cluny, ce qu'il fallait penser de cette accusation et des plaintes de Foulques, soi-disant abbé de Baignes, rapportées plus haut.

« si ce que vous avez dit publiquement est vrai, vous
« vous êtes érigé en second pape; il n'y a plus de re-
« cours possible à l'Église romaine, à laquelle tout le
« monde jusqu'à ce jour a pu en appeler dans ses né-
« cessités. Je croyais cependant que votre médiocrité
« exerçait les fonctions du siége apostolique, et non
« qu'elle fût le siége apostolique; qu'elle avait reçu
« du pape seulement la part de sollicitude attribuée
« aux autres légats, et non qu'elle exerçât la pléni-
« tude de la puissance (1). »

Qui ne voit dans les accusations que vient d'énu-
mérer Geoffroy de Vendôme la source à laquelle Arnoul de Lisieux et Arnauld de Bonneval, l'historien
et l'ami de saint Bernard (2), ont puisé les reproches
qu'ils font à notre évêque? Ainsi une misérable chanson
que la malignité publique a composée, des faits at-
testés par des témoins qui paraissent dignes de foi, et
dont cependant l'auteur même de la lettre n'ose admettre le témoignage : « *Si ce qu'on publie contre*
« *vous est vrai,* » voilà sur quoi les historiens ont
tracé de Girard le portrait peu flatteur que nous con-

---

(1) Despont, *Biblioth. max.*, t. XXI ; *Goffrid. Vindoc.*, lib. I,
epist. XXI, p. 12 et 13. Cette lettre est du pontificat de Pascal II
et des derniers jours de ce pontificat: les démêlés de Foulques V
d'Anjou et du roi d'Angleterre Henri Ier qui y sont relatés, le
prouvent suffisamment. Nous la placerions volontiers à l'année
1117, au plus tard. Assurément elle ne peut être antérieure à
l'année 1113, Foulques, abbé de Baignes, n'ayant perdu son
procès, comme nous l'avons vu, que le 31 octobre 1112.

(2) *Vit. S. Bernard.*, lib. II, cap. VI, col. 1119.

naissons. « Eh ! quel est, disent à ce sujet les auteurs
« de l'*Histoire littéraire de la France*, quel est le mi-
« nistre assez heureux pour se soustraire aux traits
« de la médisance? (1) »

Sans faire un saint de l'évêque d'Angoulême, ne pourrait-on pas rappeler ici tout ce que la malignité publique sema, dans le même temps, de bruits injurieux à la vertu du B. Robert d'Arbrissel ? Geoffroy de Vendôme n'avait-il pas déjà fait lui-même la triste expérience des paroles mensongères *inventées par la jalousie et la méchanceté* ? (2) Et puisque l'abbé de Bonneval se trouve parmi les ennemis de notre évêque, pourquoi ne ferions-nous pas remarquer qu'Arnauld trouvait dans les traditions de son couvent tout ce qu'il fallait pour noircir la mémoire de Girard : « *C'est Ber-*
« *nier, abbé de Bonneval, qui l'atteste et qui publie*
« *partout ce crime avec horreur.* » Pourquoi ne dirions-nous pas encore que l'amitié la plus étroite l'unissait à Arnoul de Lisieux (3), et qu'il serait très-possible que ce dernier eût trouvé dans les épanchements de cette amitié l'inspiration malheureuse qui a dicté les traits qu'il lance, *avec plus d'éloquence que de vérité* (4), contre l'évêque d'Angoulême ? Enfin, il suffit de lire les lettres XXII, XXIII, XXIV, XXV,

---

(1) *Hist. littér. de la France*, t. XI, p. 600.

(2) *Goffrid. Vindoc.*, lib. I, epist. XX.

(3) Arnulf. Lexov., epist. IX, *ad Arnaldum Bonævallensem abbatem*.

(4) In quo (*Tract. de schism.*) acerrime invehitur in Girardum Encolismensem episcopum, Petri Leonis factioni adhærentem, ita

XXVI, XXVII, pour s'apercevoir que l'abbé de Vendôme ne croyait point, à l'endroit de son ami, aux bruits injurieux dont il s'était fait l'écho. Il est même à remarquer que Geoffroy insiste dans toutes ces lettres sur l'honorabilité du légat d'Aquitaine, et la dernière, qu'il écrivait sous le pontificat d'Honorius II, porte encore : « *A son bon seigneur, à son ami de cœur, à Girard, évêque de vie vénérable, légat du siége apostolique, frère Geoffroy son tout dévoué, ce qu'il peut, ce qu'il a de raison, ce qu'il est* (1). » « *D'où l'on peut inférer*, dit à ce sujet l'auteur de la *Vie du B. Robert d'Arbrissel, que cet abbé croyoit trop de léger, et qu'il estoit trop prompt à faire des reproches, dont il se repentoit le plus souvent ; et qu'ainsi il ne faut pas faire grand fond sur ses paroles* (2). » Au reste, comment se persuader que trois papes aient voulu successivement se rendre complices des prévarications de leur légat ? Arnoul dira qu'étrangers à tous les bruits répandus contre leur représentant, ces pontifes étaient dans l'impossibilité de le briser (3). Admettez alors que Rome est bien sourde, et son trône bien inaccessible, puisque, pendant quinze ou vingt ans, les clameurs du peuple et les plaintes réitérées des évêques et des abbés n'ont pu parvenir jusqu'à elle !

ut omnem ante actam ipsius vitam ac etiam præclarissima quæque facinora *vehementius*, ut videtur, *quam verius* carpat. (*Gall. Christ.*, t. XI, col. 774.)

(1) *Goffrid. Vindoc.*, lib. I, epist. XXVII.
(2) Pavillon, *Vie du B. Robert d'Arbris.*, ch. XXVIII, p. 418.
(3) Arnulf., *Tract. de Schism.*, cap. II, col. 178.

Cependant le recours au pape était alors en usage : l'abbé de Vendôme se plaint, dans une de ses lettres, des infirmités qu'il a contractées dans ses voyages multipliés de Rome (1) ; cependant Pascal II avait refusé de confirmer la sentence de son légat contre Foulques V d'Anjou ; cependant Gélase II était venu mourir en France ; cependant Calixte II (avant son élection, archevêque de Vienne en Dauphiné) ne pouvait être plus étranger aux nouvelles ecclésiastiques de l'Aquitaine que les archevêques de Lyon et de Besançon, dont nous avons la lettre à Girard à l'occasion de l'affaire de Belle-Ile !

Faut-il donc dire que, justement acquise à l'évêque d'Angoulême, la faveur des papes ne lui fut refusée que lorsque la présence d'Innocent II en France vint rendre inutile la nomination d'un légat, ou bien faut-il chercher toute la raison de son refus dans l'horreur du pape pour une demande qui lui paraissait entachée de simonie ? Tels sont encore, d'après Arnoul, les deux motifs qui déterminèrent la conduite du pape en cette circonstance (2). Mais à qui l'archidiacre de Séez persuadera-t-il que la demande de la continuation de sa charge fut de la part de l'évêque d'Angoulême une demande simoniaque ? Et, quant à la présence d'Innocent II en France, elle pouvait bien faire ajourner la nomination d'un légat ; elle ne pouvait amener le

---

(1) Hanc utique infirmitatem ex nimio labore et *multiplici romano itinere* contraxi. (*Goffrid. Vindoc.*, lib. I, epist. XIV.)

(2) Arnulf., *Tract. de Schismate*, cap. V, col. 188.

refus qui, si nous en croyons saint Bernard, blessa si profondément Girard.

Quoi qu'il en soit du refus d'Innocent II et des raisons qui le dictèrent, l'évêque d'Angoulême embrassa le parti d'Anaclet, et le soutint avec une chaleur digne d'une meilleure cause. Imitant la circonspection de l'évêque de Liége, Girard avait bien pu jusque-là prêcher la neutralité, mais le moment était venu de se déclarer. A l'autorité du concile d'Étampes, dont la décision se répandait partout, il fallait opposer des raisons capables de la contrebalancer. Ces raisons ne manquaient pas; la lettre du célèbre cardinal Pierre de Pise (que nous avons déjà rapportée) en est la preuve. Ces raisons du parti qu'il venait d'embrasser, le cardinal-diacre Grégoire avait été chargé de les faire connaître à l'évêque d'Angoulême. Des Alpes aux rives de l'Océan, dans toute l'étendue de sa légation, Girard les publia avec le malheureux succès que nous allons bientôt dire. Ainsi se passèrent pour le légat d'Anaclet les derniers jours de l'année 1130.

Pendant ce temps-là, le pape véritable, Innocent II, avait mis le pied sur le sol français (11 septembre 1130). Dès son arrivée, étaient accourus auprès de lui et saint Bernard, et les religieux de Cluny. Depuis il avait vu, pour me servir des termes de l'abbé Suger, il avait vu Louis le Gros, à Saint-Benoît-sur-Loire, *abaisser jusqu'à ses pieds sa tête royale couronnée tant de fois, comme il aurait fait devant le tombeau de saint Pierre.* Conrad, archevêque de Salzbourg, et Héribert, évêque de Munster, étaient venus ensuite l'assurer de l'obéissance de l'Allemagne et de son roi. Mais les députés du roi d'Angleterre, Henri Ier, n'avaient pas encore paru. Inquiet de ce silence, Innocent envoya saint Bernard en Normandie pour en connaître la cause. L'abbé de Clairvaux arrivait trop tard ! L'évêque d'Angoulême avait déjà plaidé auprès du fils de Guillaume le Conquérant la cause d'Anaclet, son éloquence avait persuadé le roi et bon nombre d'évêques anglais et normands, et rien ne pouvait les faire changer de sentiment. « Prince, dit alors au roi saint Bernard, que craignez-vous donc en vous soumettant à Innocent ? — Je crains, dit Henri, de faire un péché. — Si c'est là ce qui vous arrête, reprit hardiment l'abbé de Clairvaux, ayez la conscience en repos là-dessus ; songez seulement à satisfaire à Dieu pour vos autres péchés ; je prends sur moi celui-ci. » Étonné de cette réponse et frappé surtout de l'air de sainteté de son interlocuteur, Henri se laissa persuader, et, sortant des terres de son obéissance, vint à Chartres se prosterner aux pieds d'Innocent. Ceci se passait le 13 janvier 1131.

La conversion du roi d'Angleterre n'enlevait point à Girard toutes ses espérances, un puissant secours lui restait : après avoir embrassé le parti d'Innocent II (1), Guillaume X, duc d'Aquitaine et comte

---

(1) Une charte, datée de 1130, par laquelle Guillaume confirme les donations faites aux chanoines de Sainte-Radegonde, se termine ainsi : « Datum est hoc anno ab Incarnatione Domini 1130, *Innocentio papa* romanam Ecclesiam gubernante, Ludo-

de Poitiers, était passé dans les rangs de ses adversaires. Ce changement si subit était évidemment l'œuvre du légat d'Anaclet. L'autorité de sa parole et de son exemple n'alla cependant pas jusqu'à gagner à la cause de l'antipape les évêques de sa province. Un noyau d'opposition se forma. Girard persuada au duc d'Aquitaine de le briser. Alors Guillaume Adelelme, évêque de Poitiers, prit le chemin de l'exil, et se vit remplacé sur son siége par Pierre de Châtellerault, d'après le témoignage visiblement passionné d'Arnoul de Lisieux : « *Homme sans mœurs, tout à fait illétré,* « *presque incapable de parler même l'idiome vulgaire,* « *que Rome avait autrefois refusé d'instituer comme* « *évêque de Poitiers* (1). » Eustorge, évêque de Limoges, placé, comme Adelelme, presque immédiatement sous la main du comte Guillaume, se vit également chassé de son siége, et remplacé par un abbé du Dorat, nommé Ranufle, qui, toujours d'après Arnoul, ne valait pas mieux que Pierre de Châtellerault (2). Ce n'était pas tout : aux intrus il fallait la consécration épiscopale. Girard s'adressa à l'évêque de Saintes, Guillaume Guadrad, et probablement aux évêques de Périgueux et d'Agen. C'est du moins ce que nous permet de penser la lettre dans laquelle Vulgrin, archevêque de Bourges et primat d'Aquitaine associe leurs noms à ceux des évêques per-

vico Francorum rege....... Guillelmo Adelelmi episcopo..... »
(*Bollandistes*, X février.)
(1) Arnulf. Lexov., *Tract. de Schism.*, cap. VII, col. 191.
(2) *Ibid.*

sécutés de Poitiers et de Saintes. La réponse fut ce qu'elle devait être : les évêques refusèrent de souiller leurs mains par une ordination schismatique, et de consacrer ainsi les violences dont leurs confrères avaient été victimes. L'irritation de Girard était à son comble. Le duc d'Aquitaine la partageait, et envoyait à l'évêque de Saintes de terribles menaces. Guillaume Guadrad n'était plus en sûreté dans sa ville épiscopale, il crut prudent de se soustraire par la fuite aux coups qui le menaçaient. Les chanoines de sa cathédrale le suivirent dans son exil.

Après les évêques, vint le tour des abbés. Deux surtout résistaient en face à l'évêque d'Angoulême : l'un, Foucher, était de son diocèse ; l'autre, dont nous ignorons le nom, était abbé de Saint-Jean-d'Angely, au diocèse de Saintes. Pour les amener à son sentiment, le légat d'Anaclet avait épuisé vainement tous les motifs de la persuasion ; il en vint à la persécution comme à un dernier argument. Par là Girard concourut aux desseins merveilleux de la Providence ! Fatigué des vexations de toute sorte que lui faisait endurer son évêque, l'abbé de Cellefrouin demanda à ses chanoines (Cellefrouin était alors un couvent de chanoines réguliers) la permission de faire un pèlerinage à Jérusalem. Ses frères ne devaient plus le revoir : sa grande piété le retint dans le couvent du Saint-Sépulcre, où il fit profession. Foucher n'avait pas beaucoup de littérature, mais il avait un grand amour de la discipline (1).

(1) De moine du Saint-Sépulcre, Foucher devint archevêque

Tout ce que nous savons de l'abbé de Saint-Jean-d'Angely, c'est qu'à l'exemple de son évêque, Guillaume Guadrad, il dut chercher son salut dans la fuite : car, le jour de la fête de saint Jean Baptiste, le duc Guillaume entra en armes dans l'église du monastère, maltraita les religieux et s'empara des offrandes (1). Les moines de Saint-Jean-d'Angely, dociles sans doute aux volontés du comte et du légat d'Anaclet, se donnèrent un autre abbé. Peu de temps après son élection, Hugues vit arriver au chapitre de son couvent le duc Guillaume et quelques seigneurs de sa suite. Guillaume venait faire amende honorable. Il donna aux religieux l'hôtel, la maison, les places et fossés qu'il possédait en face de leur monastère, confirma tous leurs droits sur le bourg de Saint-Jean-d'Angely, et étendit à leur abbaye le droit d'asile, dont jouissait déjà leur église.

de Tyr. Longtemps foulée aux pieds des infidèles, la vieille Église de Tyr reprenait une vie nouvelle. Après l'avoir gouvernée pendant douze ans avec non moins de courage que de bonheur, Foucher fut nommé patriarche de Jérusalem, où il mourut plein de jours et de mérites, la douzième année de son patriarcat, le 20 novembre (Guillelm. Tyr., *Hist. rerum transm.*, lib. XIV, cap. XI ; lib. XVI, cap. XVII ; lib. XVIII, cap. VI, VII, VIII et XIX).

(1) Nous ne doutons point que cet acte de violence de Guillaume X ne soit le même que celui raconté par l'évêque de Saintes dans sa lettre à Vulgrin, archevêque de Bourges et primat des Aquitaines : « Abbatem quoque Angeriacensem, in nostra diœcesi existentem, a monasterio suo per manum comitis ejecit (*Girardus*). » Était-il vrai que Girard eût commandé toutes ces violences de Guillaume ? Rien ne le prouve.

— 298 —

Cette donation faite entre les mains du nouvel abbé, Guillaume se rendit à l'église, et là, quittant sa chaussure, il se dirigea pieds nus, des verges à la main, vers l'autel où était exposée la tête du saint Précurseur. A la vue de ce chef vénérable, le duc se prosterna le front dans la poussière, avoua sa faute et déposa sur l'autel la charte qui devait la réparer. Les témoins de cette pénitence publique du comte de Poitiers étaient : Aldebert ou Albert, abbé de Luçon (1), et quelques-uns de ses religieux ; Ranulfe, évêque de Limoges (2) ; Mangot, vicomte de Melle ; Guillaume de Mauzé, qui fut plus tard gouverneur du Poitou pendant le voyage d'Aliénor et du roi Louis en Palestine ; Pierre le Fort ; Hugues, sire de Pons, et Hugues Tirol. L'acte en fut dressé l'an 1131, sous le pontificat d'Anaclet, la légation de Girard, évêque d'Angoulême ; l'épiscopat de Guillaume Guadrad, évêque de Saintes ; le règne de Louis, roi de France, et de son fils Philippe (3).

(1) Luçon ne fut érigé en évêché qu'en 1317.

(2) Ranulfe de Nieul n'occupa pas longtemps le siége de Limoges ; en 1135, il se tua en tombant de cheval, et *fut enseveli*, dit Bonaventure de Saint-Amable (tome III, p. 450), *en la partie orientale du cloître de Beuil, où sont les sépultures des nobles*. L'abbaye de Notre-Dame du Beuil, qui reconnaissait Ranulfe pour son fondateur (*Gall. Christ.*, t. II, col. 631), était située dans la paroisse de Veyrac, à trois lieues de Saint-Junien, près la route de cette ville à Limoges. Il n'en reste plus le moindre vestige. (*Semaine religieuse de Limoges*, t. III, n° 144, p. 542 et 543, *Abbaye de Beuil*, l'abbé Arbellot).

(3) Besly, *Histoire des Comtes de Poitou*, Preuves, p. 461.

A toutes ces violences de Girard et de ses partisans, Vulgrin, archevêque de Bourges et primat des Aquitaines, avait déjà répondu par une sentence d'excommunication. Mais que faisaient à l'évêque d'Angoulême les excommunications du primat? N'était-il pas, lui, des Alpes à l'Océan, le légat de toutes les provinces? Sur ces entrefaites, mourait l'archevêque de Bordeaux, Arnaud de Chabenac. Les intérêts du parti qu'il avait embrassé demandaient à Girard de ne point laisser passer ce siége dans les mains de ses adversaires. Il connaissait l'impossibilité de faire sacrer les hommes de son choix, il ne vit donc rien de mieux que de se faire nommer lui-même archevêque de Bordeaux. Si nous en croyons l'évêque de Saintes, les violences seules du duc d'Aquitaine firent son élection (juillet 1131) (1). Le premier soin du nouvel archevêque fut de demander aux évêques de sa province les respects et l'obéissance dus au métropolitain. C'est alors que l'évêque de Périgueux, Guillaume de Nanclars, écrivit à Vulgrin, archevêque de

---

(1) L'expulsion de son monastère de l'abbé de Saint-Jean-d'Angély, que l'évêque de Saintes donne comme une conséquence des conseils de Girard schismatique, l'élection récente de Hugues, tout prouve que les violences de Guillaume ne dataient que du 24 juin 1131. La réparation de l'injure est antérieure à la mort du roi Philippe, arrivée, comme dit le P. Longueval (*Hist. de l'Église gallic.*, t. VIII, liv. XXIV, p. 453), le 13 octobre 1131. Or, à cette époque, dit la charte de Saint-Jean-d'Angély, Girard était encore évêque d'Angoulême. Nous ne pouvons donc placer son intrusion dans l'archevêché de

Bourges, une lettre dans laquelle il laisse voir toutes les incertitudes de son âme et l'embarras dans lequel le silence du primat jetait les évêques de l'Aquitaine : « Dites-nous la réponse que nous devons faire à Girard « d'Angoulême, qui, sans notre concours, s'est fait « évêque de Bordeaux, et nous presse de lui obéir? « Vous êtes notre primat, notre chef : nous devons « vous suivre (1). »

En même temps, l'évêque de Poitiers, Guillaume Adelelme, se faisant l'interprète de ses confrères et de l'Eglise de Bordeaux, écrivait de son exil à Vulgrin : « Tous vous demandent et supplient Votre « Sainteté d'excommunier de nouveau Girard d'Am- « goulême, hérésiarque, sacrilége, usurpateur du « siége de Bordeaux, déjà excommunié ; de défendre, « en vertu de l'autorité de primat que Dieu vous a « confiée, au clergé de Bordeaux et aux suffragants « de cette Église de le recevoir comme archevêque ; « de le faire excommunier, lui, Pierre de Châtelle- « rault, ce veau idolâtrique, et tous leurs complices, « dont Guillaume Bocherelle est le chef, et de faire « publier cette excommunication le jour de la fête de « sainte Marie-Madeleine. » Guillaume termine sa

Bordeaux, au plus tôt, que dans les premiers jours de juillet de la même année. L'évêque de Poitiers, comme nous allons le dire, écrivait, en effet, à l'archevêque de Bourges, de faire publier contre Girard, *archevêque intrus de Bordeaux*, à la fête de sainte Marie-Madeleine (22 juillet), une nouvelle sentence d'excommunication.

(1) Labbe, *Biblioth. manusc.*, t. II, cap. LXII, p. 83.

lettre en déclarant à Vulgrin la juste rigueur avec laquelle il poursuivait lui-même ces sacriléges usurpateurs (1).

La fortune, qui semblait lui sourire, tendait à Girard un piége dans lequel il tomba : comme il traversait un jour le diocèse de Saintes, Aimar d'Archiac, beau-frère de l'évêque de Saintes, le fit prisonnier. Mais le légat d'Anaclet n'était pas une proie sûre : le duc Guillaume et le comte d'Angoulême, Vulgrin Taillefer II, envoyaient à son sujet de terribles menaces qui faisaient trembler son geôlier. Partageant toutes ses alarmes, Guillaume Guadrad appelait au secours d'Aimar, par l'entremise de Vulgrin de Bourges, et les foudres de l'excommunication, et l'argent, et toutes les forces de l'Aquitaine dont le schisme ne disposait pas. Voici cette lettre, qui donne tout l'historique de la situation :

« A Vulgrin, archevêque de Bourges, son très-
« cher Seigneur, Guillaume, évêque de Saintes, salut
« et obéissance.

« Nous annonçons à Votre Sainteté que Girard
« d'Angoulême avait si profondément troublé, dans
« nos contrées, l'Eglise de Dieu, que nous nous de-
« mandions quelle était sa profession. Et parce que,
« les évêques de la province et nous, nous ne voulions
« point consentir à ses perfides instigations, fort de
« l'appui de notre prince, il a chassé de leurs siéges
« les évêques de Poitiers et de Limoges, et les a

(1) Labbe, *Biblioth. manusc.*, t. II, cap. LXII, p. 83.

« remplacés par d'autres, qu'il n'a pu sacrer, n'ayant
« pas trouvé d'évêques qui voulussent se prêter à ce
« sacrilége. Par la main du comte, il a chassé aussi
« de son monastère, situé dans notre diocèse, l'abbé
« de Saint-Jean-d'Angély. A l'occasion de notre refus
« de consacrer ou plutôt d'exécrer ses intrus, il a semé
« entre notre prince et nous tant de zizanie, que la
« crainte que nous inspiraient ses menaces nous a con-
« traints, nos chanoines et nous, d'abandonner pour
« la justice notre siége, notre cité, notre église, nos
« maisons et tous nos biens. La justice divine a ce-
« pendant permis que ce précurseur si infâme et si
« pervers de l'Antechrist, traversant un jour notre
« diocèse, ait été fait prisonnier par Aimar d'Archiac,
« brave chevalier, notre beau-frère, qui le tient en-
« core sous les verrous, à la grande satisfaction de
« notre Église et de tout le peuple, que cette nou-
« velle transporte de joie. Nous supplions donc Votre
« Paternité d'écrire à l'Église de Bordeaux, qui l'a
« choisi pour archevêque, aux évêques d'Agen, de
« Périgueux, de Limoges et de Poitiers, à tout le
« clergé et à tout le peuple, leur recommandant, au
« nom de l'obéissance qu'ils vous doivent, de résister
« à Girard et de lui refuser toute espèce d'honneurs.
« Faites savoir que vous l'avez excommunié, et recom-
« mandez à tous les évêques de l'excommunier éga-
« lement. Annulez, condamnez le choix que, cédant
« aux violences du comte, les chanoines de Bordeaux
« ont fait de lui pour leur archevêque, sans l'élection
« et l'agrément de tous les évêques suffragants, et

« malgré les protestations de l'évêque d'Agen, et dé-
« posez pour toujours l'indigne Girard. Accordez la
« grâce de votre pardon à ceux qui l'ont fait prison-
« nier, et frappez d'excommunication tous ceux qui,
« pour le délivrer, tenteront de violenter ceux qui le
« retiennent captif. Ordonnez, au nom de l'obéis-
« sance, à l'évêque d'Auch, à l'Église de Bordeaux
« et à tous ses suffragants, d'excommunier publique-
« ment tous ceux qui prêteront secours au duc d'A-
« quitaine, tant qu'il continuera à jeter ainsi le trouble
« dans l'Église de Dieu. Enfin, ordonnez encore à
« nos collègues d'envoyer à Aimar d'Archiac des se-
« cours en argent et de toutes sortes, pour qu'il
« puisse résister aux attaques de notre prince et du
« comte d'Angoulême, qui le menacent de délivrer
« Girard. Salut (1). »

Soit l'effet des menaces de ses défenseurs, soit qu'une forte rançon en ait été le prix, Girard recouvra sa liberté. Cette captivité de quelques mois ne fit qu'augmenter son prestige : aux yeux de ses partisans, il sortit de sa prison le front couronné de l'auréole du martyre, et c'est peut-être à cette circonstance, non moins qu'au souvenir des services que le légat lui avait rendus, qu'il faut attribuer les longues hésitations de l'archevêque de Tours. Le B. Hildebert paraissait, en effet, suspendre son jugement, et délibérer encore auquel des deux partis il se rangerait. Saint Bernard ne pouvait voir sans douleur cette neu-

(1) Labbe, *Biblioth. manusc*, t. II, cap. LXII.

tralité, qui devenait un scandale pour les catholiques et un sujet de triomphe pour les schismatiques. Il écrivit à l'archevêque une lettre que nous pouvons considérer comme un éloquent plaidoyer en faveur d'Innocent, de *ce David fugitif, qu'un Séméi, Gérard d'Angoulême, ne cessait de maudire*. Il presse son ami de se prononcer : « Enfin, mon père, l'on attend avec
« une extrême impatience que vous vous déterminiez
« à le reconnaître. Je ne désapprouve pas jusqu'ici
« vos délais : cette lenteur est une marque de sage
« maturité, qui ne fait rien légèrement. . . . .
« . . . . ; mais en
« qualité d'ami, j'ose vous avertir de ne rien outrer,
« et de n'être pas plus sage qu'il ne faut (1). » *L'ami de l'époux* fut *attentif à sa voix :* il se plut *à écouter cette voix de consolation et de salut :* Hildebert reconnut Innocent, et lui resta fidèle jusqu'à la fin de ses jours, qui ne furent pas longs, car il mourut peu de temps après (18 décembre 1131), âgé d'environ quatre-vingts ans.

Sans partager la neutralité d'Hildebert, Geoffroy de Lorroux gardait, comme lui, le silence au milieu de cette lutte ardente que se livraient en Aquitaine les partisans d'Innocent et d'Anaclet. Geoffroy de Lorroux (qui devait son nom à un bourg de la Touraine, selon les uns, à la ville de Loroux-Bottereau, selon les autres) était alors un professeur fort célèbre des écoles de Poitiers, à qui son érudition et son titre de

---

(1) S. Bernard. epist. CXXIV.

chanoine de Saint-André de Bordeaux donnaient un grand crédit dans la contrée. L'abbé de Clairvaux lui écrivit, pour exciter son zèle en faveur de la bonne cause : « Ce n'est pas nous seulement, c'est Dieu
« même qui exige que vous l'aidiez dans ce moment,
« lui qui n'a besoin de personne. Quel honneur de
« coopérer à ses desseins! Quel crime de le pouvoir
« et de ne pas le faire ! . . . .
« . . . . Quand est-ce que le dan-
« gereux serpent qui siffle près de vous vous réveil-
« lera de votre assoupissement? Nous savons bien
« que, fils de la paix, vous ne vous laisserez pas aller
« à rompre l'unité ; mais ce n'est pas assez : vous
« devez la défendre, et combattre de toutes vos forces
« ceux qui la veulent détruire. La perte de votre cher
« repos sera compensée par la nouvelle gloire que
« vous acquerrez, si vous apprivoisez ou si vous fai-
« tes taire la bête de votre voisinage, et si Dieu ar-
« rache, par votre moyen, une proie très-considérable
« de la gueule du lion, je veux dire si vous gagnez le
« comte du Poitou (1). »

L'histoire n'a pas dit le résultat de cette lettre; mais nous verrons bientôt saint Bernard lui-même entreprendre une première fois sans succès la conversion qu'il signalait alors au zèle de Geoffroy de Loroux.

Pendant ce temps-là, le légat d'Anaclet, s'étant mis en possession du siége de Bordeaux, remplissait tous les devoirs que lui imposait sa nouvelle dignité.

(1) S. Bernard, epist. CXXV.

Le premier acte de son administration archiépiscopale fut la donation de l'église de Saint-Pierre de Bensac aux religieux de Sainte-Croix. Laissons Girard nous dire lui-même à quelles conditions le chapitre de Saint-André consentit à cette donation : « Très-chers
« frères (l'archevêque s'adresse à l'abbé Andron et à
« ses moines), de l'agrément de nos archidiacres,
« Gombaud et Guillaume (1), et des chanoines de
« notre chapitre, à qui cette église paye le cens, nous
« vous avons donné et accordé l'église de Saint-
« Pierre de Bensac, qui n'avait plus de desservants,
« afin que vous et vos successeurs à perpétuité la
« possédiez en paix, ainsi que les églises de Saint-
« Martin et de Saint-Bibien, sauf cependant les droits
« canoniques de l'archevêque et de l'archidiacre. Nos
« chanoines et nous, avec votre agrément, nous nous
« sommes réservé un cens annuel de X sous, mon-
« naie de Bordeaux, que vous et vos successeurs
« payerez à la mense de Saint-André. Nous avons ré-
« servé de plus le droit pour tout chanoine de Saint-
« André que l'âge, les infirmités ou la pauvreté met-
« traient dans cette nécessité, de fixer son domicile
« dans cette église, et d'y recevoir tous les soins dont
« il aura besoin. Nous avons enfin imposé aux des-
« servants de ladite église l'obligation de donner aux
« chanoines de Saint-André, toutes les fois qu'ils vi-
« siteront ces lieux, une honnête hospitalité et tous
« les soins dont ils auront besoin. » Les témoins

(1) Cet archidiacre est peut-être le neveu de Girard ?

étaient : Gilles, évêque de Frascati (ancienne Tusculum ; Grégoire et Romain (1), cardinaux et légats du siége apostolique (2) ; ce qui prouve que l'élection de Girard au siége de Bordeaux était agréée de son parti, et qu'il n'était pas archevêque uniquement par la volonté du duc d'Aquitaine.

Un procès était pendant depuis assez longtemps entre la même abbaye de Sainte-Croix et les religieux de Saint-Nicolas de Grave : Andron prétendait que l'église de Saint-Nicolas, située sur la paroisse de Notre-Dame de Soulac (3), appartenait à son monastère. Arnaud de Chabenac avait été saisi de cette affaire, mais la mort l'avait surpris avant qu'il eût prononcé le jugement. Il appartenait donc au nouvel archevêque de terminer ce procès. Girard assigna Guillaume, prieur de Saint-Nicolas de Grave, et ses religieux à comparaître devant lui. Le jour fixé, l'abbé de Sainte-Croix et ses frères se présentèrent devant les juges ; mais des moines de Saint-Nicolas point de nouvelles. Comme ils appartenaient à la congrégation

---

(1) Cardinal-diacre du titre de Saint-Adrien.

(2) *Pièces justif.*, n° 34.

(3) Soulac avait été donné, vers le IXe siècle, à l'abbaye de Sainte-Croix, par un comte de Bordeaux surnommé *le Bon*. Nous ne raconterons point son histoire jusqu'au jour où il disparut sous une montagne de sable ; mais nous dirons qu'aujourd'hui le sanctuaire de Notre-Dame de la Fin-des-Terres secoue le mouvant linceul dans lequel il semblait enseveli pour toujours. (*Notice sur Notre-Dame de Soulac*, Bordeaux, 1863, chez Coderc, Degréteau et Poujol.)

de Cluny, ces religieux ne voulaient évidemment point communiquer avec le légat d'Anaclet. En conséquence, Girard donna à l'abbé Andron et à son monastère l'investiture de l'église en litige, réservant toutefois les droits de l'abbaye de Cluny et ceux de l'archevêque de Bordeaux (1).

Ce jugement, la donation de l'église de Saint-Pierre de Bensac, tels sont les seuls actes connus de l'administration archiépiscopale de Girard (2).

---

(1) *Pièces justif.*, n° 35.

(2) La *Gallia Christiana* fait encore intervenir Girard comme archevêque de Bordeaux dans un accord passé entre Foucher, abbé d'Orbestier, et Pétronille, abbesse de Fontevrault : « Le « même Girard fut témoin, avec Geoffroy, évêque de Chartres « et légat du siége apostolique, et L., évêque d'Angoulême, « d'un accord conclu entre Foucher, abbé d'Orbestier, et Pétro- « nille, abbesse de Fontevrault, où l'on voit que Girard avait tel- « lement renoncé à l'église d'Angoulême qu'on lui avait donné, « sur ce siége, un successeur. » L'accord fut en effet conclu, nous en avons la preuve, entre Foucher et Pétronille ; Geoffroy de Chartres et L. d'Angoulême en furent témoins ; mais, à la place de Girard, que la mort avait déjà frappé, il faut mettre Geoffroy de Loroux, son successeur sur le siége de Bordeaux. Voici le texte qui a induit en erreur les bénédictins de la *Gallia* ; nous l'empruntons aux archives de Fontevrault : « Pour en conserver « le souvenir à nos successeurs, nous avons écrit l'accord « conclu, relativement au lieu appelé Jaulnay, entre P., par la « grâce de Dieu, vénérable abbesse de l'église de Notre-Dame « de Fontevrault, et le moine Foucher, abbé du monastère d'Or- « bestier.... Cet accord a été fait dans le cloître de Saint- « Hilaire de Poitiers, par l'entremise des vénérables seigneurs : « G., évêque de Chartres et légat du siége apostolique ; G., ar-

Mais déjà le temps du concile de Reims, qu'Innocent

« chevêque de Bordeaux; Guillaume Adelelme, évêque de Poi-
« tiers, et L., évêque d'Angoulême. » (Pavillon, *Vie de Robert
d'Arbrissel*, Preuves, p. 614, n° 198.)

Or, dans les mêmes archives de Fontevrault, antérieurement
à cet acte, nous trouvons un autre acte dans lequel figurent les
mêmes personnages, mais cette fois autrement que par des initiales : « Sachent nos contemporains et nos neveux qu'un accord
« a mis fin à la discussion qui s'était élevée entre l'église de
« Poitiers et l'église de F. E. . . . .
« Cet accord a été conclu en présence de G., évêque de Chartres
« et légat de la S. E. R.; de *Geoffroy, archevêque de Bordeaux*;
« de Hugues, archevêque de Tours; de Guillaume, évêque de
« Poitiers; de Goscelin, évêque de ***; de Hamelin, évêque de
« Rennes; de G. (Guillaume Guadrad), évêque de Saintes; de
« B. (Briccius), évêque de Nantes; de P. (Pierre), évêque du
« Mans; de *Lambert, évêque d'Angoulême*, et de plusieurs autres
« évêques et barons. » (Pavillon, *Vie de Robert d'Arbrissel*,
Preuves, p. 613, n° 196.)

Pourquoi *Geoffroy, archevêque de Bordeaux*, et *Lambert, évêque
d'Angoulême*, de cet acte, ne seraient-ils pas les-mêmes personnages que ceux désignés, dans l'acte précédemment rapporté,
par les seules initiales G. et L.? Comment se persuader, en
effet, que Geoffroy de Chartres et Lambert (dont la sainteté est
connue) eussent consenti à s'aboucher avec Girard schismatique, archevêque intrus de Bordeaux? Qu'on remarque enfin
que l'accord fut conclu entre Pétronille et Foucher dans le cloître
de Saint-Hilaire, en présence de Guillaume Adelelme, qui, victime des intrigues de Girard schismatique, ne dut qu'à un miracle (dont nous parlerons bientôt) sa réconciliation avec le
comte de Poitiers et son rétablissement sur son siége (1135).
L'histoire et les chartes sont donc, sur ce point, en opposition
avec la *Gallia Christiana*, et les deux s'accordent à renvoyer le
fait jusques après la mort de Girard, qui seule, suivant la chronique de nos évêques, laissa vacant le siége d'Angoulême.

avait convoqué pour la Saint-Luc, est arrivé (18 octobre 1131). De toutes les parties du monde chrétien on répondit avec empressement à l'appel du Pape, et il se trouva à Reims treize archevêques et deux cent soixante-trois évêques, sans compter un grand nombre d'abbés, de clercs et de moines. Les premiers jours du concile furent employés à fulminer des censures contre Anaclet et Girard d'Angoulême, son légat. C'est ce que nous apprend une lettre du primat d'Aquitaine aux évêques catholiques de la province de Bordeaux; car, sauf les canons de discipline, les actes du concile sont perdus. Vulgrin disait aux évêques fidèles : « Si ce
« Girard, qui, par l'invasion de l'église de Bordeaux,
« usurpe le titre d'archevêque, demande votre obéis-
« sance, vous savez ce que vous devez lui répondre.
« Quel respect, quelle obéissance devez-vous à celui
« que l'Église catholique a condamné et excommunié
« comme schismatique au concile de Reims, et qu'elle
« a solennellement déposé ! Au reste, quiconque n'est
« pas catholique ne peut être canoniquement insti-
« tué (1). » On se le rappelle, Guillaume, évêque de Périgueux, ne savait s'il devait rendre à Girard l'obéissance due par les évêques à leur métropolitain.

Une seconde lettre de l'archevêque suivit de près la première; elle était adressée aux évêques d'Agen, de Périgueux, de Poitiers et de Saintes. Vulgrin y rappelle aux confesseurs de la foi l'invincible constance de l'Église au milieu des rudes épreuves qui le plus

---

(1) Labbe, *Biblioth. manusc.*, t. II, cap. LXII, p. 85.

souvent viennent interrompre le cours de ses prospérités. Cette Église battue de la tempête, c'est le Pape, les cardinaux et les évêques persécutés avec lui pour la justice : « *Hi sunt Romana Ecclesia.* » Il les exhorte à rester inviolablement attachés à cette Église, et à résister avec courage et sans relâche au légat d'Anaclet. Répondant enfin aux désirs de l'évêque de Poitiers, le primat notifie aux églises d'Aquitaine la sentence prononcée au concile de Reims contre Girard d'Angoulême : « Nos autem excommunicationis sen« tentiam quam super eum et super fautores ejus Do« minus Papa promulgavit, annunciamus et promul« gari præcipimus. Electionem quoque quam de eo « jam excommunicato Burdigalenses clerici fece« runt improbamus, et ne quis ei obediat prohi« bemus... (1). »

N'écoutant que le cri de sa conscience, Innocent avait lancé contre ses ennemis les foudres de l'Église; il n'oublia cependant pas qu'il était père, et envoya un message de paix à ceux qu'il avait été obligé de frapper. Le saint pontife espérait, par cette démarche, toucher leurs cœurs et leur faire comprendre la profondeur de l'abîme où ils étaient tombés. Poitiers fut le lieu de l'entrevue ; Joscelin, évêque de Soissons, et saint Bernard, les ministres de la charité du Pape. Le duc Guillaume se rendit sans peine aux raisons de l'abbé de Clairvaux; mais, après le départ des députés d'Innocent, Girard, qui voyait dans la conversion du

(1) Labbe, *Biblioth. manusc.*, t. II, cap. LXII, p. 84.

comte de Poitiers la ruine de la cause qu'il défendait, fit un discours violent contre ses adversaires. L'éloquence vive et entraînante du vieillard, le prestige de plus de vingt années d'autorité qui reluisait en lui, ses ressentiments personnels, dit l'histoire, c'était plus qu'il ne fallait pour vaincre les scrupules du malheureux comte. Anaclet était le plus digne; quiconque lui refusait l'obéissance était acéphale, un homme errant à l'aventure. A ces paroles de l'évêque d'Angoulême, les clercs qui l'écoutaient s'exaltent; on court aux armes. Le signal de la persécution des catholiques était donné. Alors Gaubert, doyen de l'église de Poitiers, brisa l'autel, doublement sacré, sur lequel saint Bernard avait offert les saints mystères (novembre ou décembre 1131) (1).

Faut-il rendre Girard responsable de toutes ces violences? Nous ne le pensons pas, car, bien qu'on puisse les regarder, avec Arnauld de Bonneval (2), comme une conséquence de son discours contre Innocent, rien ne prouve qu'il les ait conseillées.

Mais, pendant que ces troubles éclataient à Poitiers, des scènes non moins regrettables se passaient dans le midi de la France. Non content d'embrasser le parti d'Anaclet, l'évêque d'Alby (3), Humbert Géraud, cherchait à entraîner son diocèse dans le schisme. Les tentatives qu'il fit auprès du chapitre de sa cathé-

---

(1) Ernald., *Vita S. Bernard.*, lib. II, cap. VI, col. 1121.
(2) *Ibid.*
(3) Alby ne fut érigé en archevêché qu'en 1676.

drale furent malheureuses, les chanoines de Sainte-Cécile refusèrent de se laisser persuader et rien ne put triompher de leur résistance. La querelle s'envenima même tellement que le palais épiscopal fut détruit de fond en comble. L'ordre se rétablit, et, craignant de justes représailles, les chanoines s'enfermèrent dans la cathédrale, dont ils commirent la garde à des soldats sûrs et intrépides. Ces chanoines belliqueux bravaient ainsi depuis plus d'une année l'autorité de leur évêque, même celle du légat, lorsque Girard écrivit aux abbés de Castres et de Gaillac, au clergé et au peuple d'Alby, de ses faubourgs et de tout le diocèse :

« Vous savez, nous n'en doutons pas, que les cha-
« noines de la cathédrale de Sainte-Cécile d'Alby re-
« fusent d'obéir non-seulement à leur évêque, mais à
« nous-même, bien plus à la sainte Église romaine,
« et que, par leurs insinuations mensongères et pleines
« de fiel, ils détournent le peuple, autant qu'ils le
« peuvent, de l'obéissance qu'il doit à son évêque.
« Cette rébellion des chanoines est allée si loin que le
« palais épiscopal a été détruit de fond en comble, et
« que, garnie de soldats, la cathédrale, qui était la
« maison de Dieu, est devenue une caverne de vo-
« leurs. Excommuniés et schismatiques, ils ont poussé
« l'insubordination jusqu'à mépriser, pendant plus
« d'une année, l'excommunication et la saisine. »
Après le récit de ces violences, le légat défend, sous peine d'excommunication, au clergé et au peuple de communiquer avec ces chanoines indociles; les invite

— 314 —

à prêter main-forte à Hugues pour briser leur orgueil; ordonne aux tenanciers de la cathédrale de leur refuser les revenus et le service, et de les rendre à l'évêque. Il termine sa lettre en appelant la bénédiction du ciel sur ceux qui obéiront à ses ordres, et déclare excommuniés tous ceux qui oseront y contrevenir (vers 1133) (1).

Cette lettre produisit son effet, nous en avons la preuve dans l'appel que fit alors au saint-siége le chapitre de Sainte-Cécile, appel qu'une bulle d'Innocent II, datée de Pise, le 12 juin 1136, nous a révélé en ces termes : « Quia dilectio vestra, ad sedis Apo-
« stolicæ portum confugiens, ejus tuitionem devotione
« debita requisivit, nos supplicationibus vestris cle-
« menter annuimus, et Albiensem beatæ Cæciliæ ma-
« tricem Ecclesiam.... sub tutela Apostolicæ sedis
« excipimus (2). »

Saint Bernard n'avait pas vu sans douleur le duc Guillaume se rengager dans le schisme. Il lui avait écrit pour lui faire des reproches de son inconstance et des violences qu'il avait exercées contre les chanoines de Saint-Hilaire ; mais sa lettre était jusqu'à ce jour demeurée sans effet. C'est le propre des grandes âmes de ne reculer devant aucun obstacle dans l'ac-

(1) *Pièces justif.*, n° 36.
(2) Biblioth. impér., *Fonds Doat*, n° 105. Nous devons la connaissance de cette bulle et de la lettre de Girard qui la précède au judicieux travail qu'a publié sur ce dernier document M. E. D'Auriac, dans le *Bulletin de la Société archéologique et historique de la Charente* (tome IV, année 1850).

complissement de leurs desseins. L'abbé de Clairvaux prit une résolution extrême : des amis communs lui ménagèrent une seconde entrevue avec le comte de Poitiers. La conférence eut lieu à Parthenay-le-Vieux. Elle eut d'abord moins de succès que la première ; Guillaume demeura toujours inflexible. Se disposant à abandonner à son triste sort cet homme superbe, saint Bernard, le lendemain, se rend à l'église pour y célébrer les divins mystères. Après la consécration, obéissant tout à coup à un mouvement surnaturel, le saint abbé prend l'hostie dans ses mains, s'avance jusqu'à la porte de l'église, où était le duc d'Aquitaine, et, élevant le corps sacré de Notre-Seigneur, dit à Guillaume : « Nous vous avons prié, et vous nous avez
« méprisé ; déjà, dans une autre conférence, les ser-
« viteurs de Dieu ici présents vous ont adressé des
« supplications, et vous n'y avez répondu que par des
« mépris. Voici le Fils de la Vierge qui vient à vous,
« le Chef et le Seigneur de l'Église que vous persé-
« cutez ! Voici votre juge, au nom duquel tout genou
« fléchit au ciel, sur la terre et dans les enfers ! Votre
« juge, entre les mains duquel tombera votre âme !
« Le mépriserez-vous aussi ? Le mépriserez-vous,
« comme vous avez méprisé ses serviteurs ? » En prononçant ces paroles, le visage du saint semblait resplendir d'une angélique majesté ; les assistants, prosternés, fondaient en larmes ; le duc, saisi d'épouvante et tremblant de tous ses membres, tombe le front dans la poussière. Saül était terrassé ! Guillaume se réconcilia ensuite avec l'évêque de Poitiers, qui

était présent, et le remit en possession de son siége à la satisfaction générale (1135) (1).

La victoire était décisive : le schisme et son légat perdaient en ce jour leur plus ferme appui; la paix était rendue à l'Aquitaine. En vain Girard voulut-il prolonger la lutte; son étoile avait pâli. Désormais son seul soutien dans nos contrées, que pouvait-il pour le malheureux drapeau qu'il défendait encore ? Bientôt la mort vint le frapper lui-même. A cette heure dernière, une nouvelle lumière brilla dans son âme; les pensées tumultueuses de son cœur s'apaisèrent; il vit la vérité, et pleura ses égarements : « Nous avons appris, dit
« notre chanoine chroniqueur, que, la veille de sa
« mort, il avait dit à ses prêtres *dans sa confession*
« que, s'il avait suivi, *contre la volonté de Dieu et*
« *sans le savoir*, le parti de Pierre de Léon, *il s'en*
« *confessait* et s'en *repentait*. Le samedi (même jour),
« il célébra la sainte messe avec grande dévotion et
« grande effusion de larmes; le lendemain dimanche,
« il sortit de ce monde, l'an de l'Incarnation du Sei-
« gneur MCXXXVI. Il siégea trente-trois ans, deux
« mois, ** jours (2). »

Nous savons qu'Arnauld de Bonneval et Alain de l'Isle, évêque d'Auxerre, son abréviateur, ont autrement raconté les derniers moments de notre évêque : ils ont dit que la colère de Dieu avait éclaté; qu'on l'avait trouvé mort dans son lit, le corps extraordinai-

---

(1) Ernald., *Vita S. Bernard.*, lib. II, cap. VI, col. 1122.
(2) *Hist. Pontif. Engolism.*, cap. XXXV, p. 51.

rement enflé, sans qu'il eût eu le temps de se confesser (1). « Jugement, dit Besly, un peu hardiment « prononcé..... (2). » Ce sentiment de l'exact et judicieux historien des Comtes du Poitou était celui de tous ceux qui connaissaient Girard autrement que par les rapports passionnés de ses ennemis. Voici ce qu'écrivait, d'après les traditions de Fontevrault, l'historien du B. Robert d'Arbrissel : « Ovtre tous ces
« illustres amis de nostre saint (l'auteur vient de
« parler de l'amitié de plusieurs évêques pour le
« B. Robert), i'en trouve encore quelques autres, les-
« quels, quoyque moins renommés dans l'Eglise, ne
« laissent pas d'estre dignes de nos loüanges, et de
« meriter que nous parlions à leur avantage.

« Le fameux Gerard, évesque d'Angoulesme, est
« de ce nombre : car, quoyqu'on en veille dire, il faut
« rendre ce témoignage à la vérité, que c'étoit vn
« homme de tres-grande erudition, et qui eut tant
« d'autres beaux talens, que, bien que de très-basse
« naissance, il fut eleu evesque d'Angoulesme et
« merita d'estre legat de quatre papes, ce qui possible
« ne s'estoit jamais rencontré. Il eut aussi l'honneur
« de presider à huict conciles, et il fit une action si
« genereuse et si heroïque, quand il alla trouver l'em-
« pereur pour luy faire plainte de l'injustice qu'il
« faisoit au pape Paschal II, qu'il a merité des loüanges

---

(1) Ernald., *Vita S. Bernard.*, lib. II, cap. VI, col. 1123. *Alan. Autissidior.*, cap. XXI.

(2) Besly, *Hist. des Comtes de Poitou*, p. 135.

« immortelles. Ie sçay bien qu'il a eu des ennemis qui
« luy ont fait la guerre durant sa vie, et apres sa mort,
« particulierement sur son ambition; et il faut demeu-
« rer d'acord, qu'il a laissé vne grande tache à sa mé-
« moire de s'estre engagé dans le schisme de l'anti-
« pape Pierre de Leon. *Mais il en a fait penitence,*
« ainsi que l'attestent le chroniste d'Angoulesme,
« Oudry Vital, et le fragment de l'histoire de France;
« *et l'on nous asseure qu'il mourut très-saintement* vn
« jour de dimanche, le 24 de juillet l'an 1135 (Pavillon
« s'est trompé sur le jour et l'année de la mort de
« Girard), *quelque chose que dise au contraire l'au-*
« *theur de la vie de saint Bernard qui en parle avec*
« *trop d'exageration.* Ie dois aussi dire, pour la justi-
« fication de ce prelat, que le principal de ses adver-
« saires, Geoffroy de Vendosme, après l'avoir mal-
« traité dans quelques-vnes de ses lettres, l'a reconnu
« ensuite pour un prelat de loüable et tres-honneste
« vie, pour son meilleur et plus cher amy, et qu'en
« vn mot il luy a donné sur la fin autant de loüanges,
« comme il en avoit dit autrefois d'injures. D'où l'on
« peut inferer que cet abbé croyoit trop de leger, et
« qu'il estoit trop prompt à faire des reproches dont
« il se repentoit le plus souvent; et qu'ainsi il ne faut
« pas faire grand fond sur ses paroles (1). »

Au reste, que vaut le témoignage de gens qui écri-
vent à distance et sous l'empire de leurs préjugés,

---

(1) Pavillon, *Vie du B. Robert d'Arbrissel*, ch. XXVIII,
p. 416-418.

comparé au témoignage de celui qui a puisé ses renseignements auprès des témoins de la vie et de la mort de notre évêque?

Girard laissait par testament à sa cathédrale : « un
« encensoir d'argent, sept reliquaires d'argent et
« deux d'ivoire, deux custodes d'argent et une d'i-
« voire, un manipule garni de franges d'argent (1),
« un calice d'argent enrichi de pierreries, quatre
« grandes croix et trois petites, une chape en drap
« d'or d'un travail et d'une grandeur extraordinaires,
« et douze autres chapes, quarante chasubles, neuf
« dalmatiques, trois tuniques, sept amicts brochés
« d'or et d'argent, un col d'or (2), quatre étoles,
« huit manipules, six aubes dont une d'orfroi. Il
« laissait également à Saint-Pierre sa bibliothèque,
« composée de plus de cent volumes dont voici les
« noms : les Œuvres de saint Grégoire, de saint Au-
« gustin, de saint Ambroise, de saint Hilaire, de
« saint Isidor, de saint Cyprien, de saint Gré-
« goire de Nazianze, d'Origène, de saint Jérôme,
« de Brunus, du vénérable Bède, de Raban (Maure),
« de Boèce, de Paschase (Radberg), de Sidoine
« (Apollinaire), une petite histoire et l'*Histoire*
« *de Jules César*, les Œuvres de Cicéron, et il

---

(1) Au XI⁰ siècle, on garnit le manipule de dentelles et de franges d'or. Ce n'est qu'au milieu du XII⁰ siècle qu'il ne fit plus l'office de mouchoir, et devint un pur ornement.

(2) *Colarium*. — Ornamentum ecclesiasticum quod sacerdotis aut diaconi collo aptatur. (Maine d'Arnis, *Lexicon manuale ad scriptores med. et infimæ latinitatis.*)

« laissa à notre église et à la mense épiscopale des
« biens sans nombre. Il pourvut de plus, de ses
« propres revenus, sur la mense de l'évêque, à perpé-
« tuité, à la nourriture de treize pauvres. Il laissa
« encore à sa cathédrale son anneau d'or enrichi de
« pierreries. . . . .
« et, quoiqu'il n'eût jamais abusé du droit de gîte (1)
« et de la taille, il donna en mourant à chacun des
« curés de son diocèse une mine d'oboles (2). » Tel
est, jusque dans ses plus minces détails, le testament
de l'évêque Girard. Nul souvenir de l'église de Bordeaux. L'avait-il abandonnée ? Nous le pensons.

Le clergé d'Angoulême avait entendu son vieil évêque confesser son erreur et sa faute ; il avait vu couler
ses larmes ; il l'inhuma dans la cathédrale (3). Le veu-
vage d'une église ne saurait être de longue durée : un
mois après la mort de Girard, les chanoines de Saint-
Pierre songèrent à lui donner un successeur. Aux portes, pour ainsi dire, de la ville épiscopale, un saint
abbé vivait dans le recueillement et la prière ; le clergé et
le peuple d'Angoulême vinrent lui demander d'être leur
père. Lambert accepta (17 mai 1136). L'élévation ne
changea point le cœur du nouvel évêque ; il resta ce qu'il

(1) Droit en vertu duquel le seigneur en voyage pouvait loger
avec ses gens dans la maison de son vassal.

(2) *Hist. Pontif. Engolism.*, cap. XXXV, p. 49, 50 et 51.

(3) On a découvert, dans la cathédrale, à côté de celui de
Guillaume Taillefer, un tombeau (qu'on vient de restaurer);
serait-ce le tombeau de Girard ? Nous n'avons pas de données
assez sûres pour l'affirmer.

avait été jusque-là, l'humble moine de la Couronne, et conserva toujours dans son palais l'habit et toute la régularité du cloître. L'histoire a résumé en un seul mot l'épiscopat du B. Lambert : « Il fut pour toute la « province de Bordeaux un modèle de piété, de jus- « tice, de libéralité, de chasteté et de charité (1). »

Mais déjà l'heure des réparations avait sonné. Dans les premiers jours d'avril de l'année 1139, Innocent II convoqua le dixième concile général, second de Latran. Jamais on n'en avait vu d'aussi nombreux. Il s'y trouva environ mille évêques ou abbés, parmi lesquels les trois patriarches d'Antioche, d'Aquilée et de Grade. Le schisme était fini. Dès l'année 1136, peu de temps après la mort de Girard, saint Bernard avait converti dans une conférence publique, à Salerne, le célèbre cardinal Pierre de Pise, et l'avait amené aux pieds d'Innocent. Deux ans plus tard Anaclet était mort (7 janvier 1138). En vain les schismatiques avaient-ils essayé de lui donner un successeur sous le nom de Victor IV ; ce fantôme de pape, deux mois après son élection, était venu de lui-même faire sa soumission. Les brebis errantes revenaient une à une au bercail, la mort avait frappé les autres. Le pape craignit qu'une fausse compassion ne fît oublier la discipline de l'Église : « La règle de notre conduite, dit-il aux « Pères du concile, devra être celle de Saint-Augustin. « Quand il s'agit des audacieux qui se sont séparés « de l'Église catholique et détachés de l'unité de

---

(1) *Hist. Pontif. Engolism.*, cap. XXXVI, p. 53.

« Jésus-Christ, il ne faut pas se retrancher sur la
« régularité de leurs mœurs pour user d'une indul-
« gence coupable. Gardons-nous donc bien de laisser
« leur témérité impunie, et de souffrir que ces sacri-
« léges jouissent en paix du crime des canons en-
« freints et de la juridiction usurpée. » La sentence
était dictée, le décret suivant fut rédigé : « L'irrégu-
« larité des personnes entraînant celle de leurs actes,
« nous annulons ce qu'a fait Pierre de Léon ; nous
« dégradons ceux qu'il a ordonnés ; nous déposons
« ceux qu'il a consacrés. Quant aux prêtres et aux
« ministres ordonnés par *Girard d'Angoulême*, nous
« leur interdisons, par l'autorité apostolique, l'exer-
« cice de toute fonction ; nous voulons qu'ils de-
« meurent perpétuellement dans le grade où ils sont,
« et leur défendons de monter jamais plus haut (1). »

Plusieurs des évêques qui avaient embrassé le parti d'Anaclet étaient présents au concile. Innocent les appela nominativement, et, après leur avoir fait de vifs reproches de leur faute, il les dépouilla de tous les insignes de leur dignité. Le célèbre cardinal Pierre de Pise ne fut pas même excepté, ce dont saint Bernard se plaignit vivement au pape (2). Innocent donna ensuite l'ordre à Geoffroy de Chartres, son légat, de parcourir la France, et particulièrement l'Aquitaine, et d'y renverser de fond en comble tous les autels qu'a-

---

(1) D. Bouquet, *Rerum gallic. et francic. scriptores*, t. XII, p. 85.

(2) S. Bernard. epist. CCXIII.

vaient consacrés pendant le schisme Girard, Gilles de Frascati et leurs partisans. L'ordre fut ponctuellement exécuté. Des autels que le pape avait maudits, l'évêque de Chartres ne laissa pas pierre sur pierre. Le zèle du légat ne s'arrêta point là. Le vieil évêque d'Angoulême était mort sans avoir été réconcilié avec l'Église par une absolution régulière, Geoffroy fit exhumer son corps et le fit placer hors de la cathédrale. Le légat d'Innocent ne préjugeait rien de ce que pouvait avoir prononcé sur le repentir du moribond la divine miséricorde ; l'unité de l'Église, que Girard avait déchirée pendant les dernières années de sa vie, demandait seule cette réparation, qui « *ne fut faite que* « *pour la forme et pour servir d'exemple* (1). »

« Ainsi s'éteignit cet astre magnifique qui avait
« rempli l'Occident de l'éclat de sa lumière : O dou-
« leur! c'est en dehors de l'église qu'il a bâtie qu'il
« gît obscur sous une vile pierre (2). »

Mais voici que la *vile pierre* est levée, et que le secret qui recouvrait cette tombe depuis tant de siècles est enfin révélé : « On a découvert, vendredi 18 no-
« vembre (1864), à trois heures du soir, un tombeau
« d'évêque placé en dehors de la cathédrale, le long
« du mur septentrional, à quelques mètres de la petite
« porte ouvrant dans le transsept. Monseigneur, averti,
« s'est empressé de se rendre au lieu indiqué, et, le
« couvercle enlevé, on a trouvé des ossements placés.

---

(1) Pavillon, *Vie du B. Robert d'Arbris.*, ch. XXVIII, p. 418.
(2) *Hist. Pontif.*, cap. XXXV, p. 51 et 52.

« dans un cercueil en pierre creusé en bateau ; un
« bout de crosse en cuivre doré ; un morceau d'ivoire
« ouvragé servant de tête à la crosse, qui devait être
« en forme de *thau* ; un calice en plomb et sa patène
« rongés par l'oxyde ; un anneau d'or orné d'une petite
« améthyste (1) ; deux pots en terre contenant du
« charbon, et quelques petits lambeaux d'étoffe
« d'or (2). »

Le nom de l'illustre défunt n'était point gravé sur sa tombe, le cuivre de sa crosse ne disait point, comme pour son prédécesseur Adhémar, qui reposait ici ; mais son peuple gardait encore, après plus de sept siècles, le souvenir du grand évêque. Interprète de cette tradition, un membre de la société archéologique et historique de la Charente, M. le docteur Gigon, écrivait, il y a trois ans, dans le Bulletin de la société, ces paroles : « Quelques renseignements ten-
« dent à faire croire que les restes de Girard sont
« déposés extérieurement près du mur septentrional
« de l'église, sous le pavé du couloir qui longe la
« muraille (3). » Était-il possible de désigner plus clairement l'emplacement du tombeau de notre évêque ? Les ossements de l'intrépide légat, pieusement re-

---

(1) Il ne faut pas oublier que Girard avait laissé son plus bel anneau à sa cathédrale.

(2) *Semaine religieuse du diocèse d'Angoulême*, année 1864, n° 39, p. 595.

(3) *Bulletin de la Société archéol. et histor. de la Charente*, année 1861, séance de décembre.

cueillis par ordre de monseigneur Cousseau (1), attendent maintenant le jour où ils recevront, au même lieu, une sépulture honorable, indiquée aux générations futures par une inscription qui rappellera ses titres, ses services et ses malheurs (2).

(1) Personne n'ignore le zèle infatigable avec lequel notre pieux et savant évêque poursuit la restauration de sa cathédrale. Le soin particulier avec lequel, aidé d'une érudition profonde, il ravive les antiques souvenirs de son église, sera l'un des titres d'honneur de son fécond apostolat.
(2) M. le docteur Gigon a publié, dans le *Bulletin de la Société archéologique et historique de la Charente* (IIIe série, tome IV, année 1862, p. 15-46), sur *Gérard et ses détracteurs*, un travail où il fait avec talent bonne et sévère justice du libelle d'Arnoul de Séez contre l'évêque d'Angoulême, mais dont, nous le regrettons beaucoup, nous ne pouvons approuver toutes les idées.

PIÈCES JUSTIFICATIVES [1].

1

Girardus, Engolismensis episcopus et sanctæ Romanæ Ecclesiæ legatus, venerabilibus fratribus archiepiscopis, episcopis, et cæteris Ecclesiæ Dei prælatis per legationem nostram constitutis, salutem et benedictionem.

Dilectioni vestræ mandamus, et rogamus, ut latores præsentium ministros sanctimonialium Fontis-Ebraldi benigne suscipiatis, et sacerdotibus parochiarum vestrarum litteras sigillatas tradendo præcipiatis ut eosdem ministros in hospitiis et ecclesiis suis caritative suscipiant, et parochianos suos diligenter admoneant, ut ad ædificationem sancti et venerabilis monasterii Fontis-Ebraldi et sustentationem ancillarum Dei jugiter servientium de suis

---

[1] Nous publions sous ce titre toutes les chartes que Girard a dictées, ayant soin de distinguer par un astérisque celles qui étaient inédites.

beneficiis largiantur ; quatenus omnipotens Dominus ad veram pœnitentiam, et remissionem peccatorum eos perducere dignetur, et spiritualium beneficiorum et orationum earumdem sanctimonialium participes a Domino fieri mereantur. Præcipiendo ergo decernimus et rogamus ut civitates sive castella, sive villæ ad quas latores præsentium venerint quæ sub interdicto fuerint, ubi plures fuerint ecclesiæ, populus ad majorem ecclesiam conveniat, cimbala sero ad vesperas pulsentur, et in crastino missa communiter celebretur, exclusis in capite excommunicatis ; ita ut cætera interdicta firmiter teneantur.

11*

Ad memoriam propagandam gestarum necessaria est diuturnitas litterarum ; ideo ego Aimericus de mota Rupis-Fulcaudi litteris commendari volui finem querelæ quam habebam adversus Girardum, Engolismensem episcopum, et canonicos sedis Engolismensis de exclusa molendinorum de Castelar. Tandemque, multis. querelis et contentionibus habitis, sic in manu domni Girardi episcopi omnem illam querelam finivi ut si quid justitiæ habebam vel in exclusa, vel in aqua per quam ducitur exclusa, vel in conjunctione exclusæ ad terram de Hunor, totum ex integro dono et beato Petro sedis Engolismensis et canonicis ibi Deo servientibus ; in manu prædicti episcopi dedi et concessi quod si querela mea injusta erat, ita eam dereliqui ut nec ego, nec aliquis meorum heredum aliquam querelam vel molestiam deinceps canonicis inferat. Similiter et filius meus Aimericus in manu ejusdem episcopi concessit. Concessi etiam canonicis ut exclusa mutaretur et fieret, si placeret canonicis, in eo loco in quo erat in vita patris mei. Et ut hæc charta et hoc pactum firmius maneret, propria manu mea signum crucis feci, et similiter uxor mea et filius meus fecerunt.

Ego vero Girardus episcopus, in cujus manu concordia ista facta est et qui hanc chartam dictavi, ex parte omnipotentis Dei interdico ne deinceps aliquis pro hac causa aliquam moveat querelam. Quod si aliqua persona secularis vel ecclesiastica hanc concordiam infregerit, secundo ac tertio admonita nisi resipuerit, excommunicationi subjaceat et a sacratissimo corpore Domini nostri Jesu Christi aliena existat. Interfuerunt autem huic concordiæ : Girardus episcopus, in cujus manu facta est; Mainardus Cramail, cantor; Fulcaudus, abbas Cellæfruini; Odo, canonicus Castelli-Reinaldi; Willelmus de Roca, canonicus; Eldradus, episcopi Girardi capellanus; Petrus Fescaut, canonicus; de militibus vero interfuerunt : Guido de Rupe-Fulcaudi; Boso de Sannac, qui filiam Aimerici habebat; Guido Fulcaudus de Salanza; Willelmus Jordani; Aimarus Tiso.

Facta est autem hæc concordia in aula Guidonis, domni Rupis-Fulcaudi, anno ab Incarnatione Domini M.C.VIIII, indictione II, regnante rege Francorum Ludovico, Philippi regis filio.

Ego Girardus, Engolismensis episcopus, propria manu mea subscripsi.

III

Girardus, gratia Dei Engolismensis episcopus, sanctæ sedis apostolicæ legatus.

Cum de statu sanctæ Ecclesiæ, Lausdunensi concilio,

quod in basilica B. Dei Genitricis, ipso auctore ac gubernatore celebravimus, plurima pertractassem, delata est in conspectu concilii querela Trenorciensium monachorum, super Nannetensem episcopum et canonicos ejus, de ecclesia Sancti Vitalis. Crastina die, in refectorio ejusdem ecclesiæ, cum fratribus et coepiscopis nostris conveniens, Burdegalensi scilicet archiepiscopo, domino Pictaviensi, Andegavensi etiam, Cenomannensi et Redonensi episcopis, abbate quoque Angeliacensi, et abbate Sancti Eparchii, cum pluribus aliis : duabus eorumdem legitimis monachorum personis super hac causa auditis, utrisque partibus adjudicavimus sacramentum. Hoc canonice suscepto, sequenti die, coram omni consensu, præsente pariter et jubente ipso Nannetensi episcopo, investituram prædictæ ecclesiæ, de manu archidiaconi sui, per privilegium quod manu tenebat, suscepi; et ex judicio et assensu archiepiscoporum, episcoporum, abbatum et totius conventus, investituram ipsam per idem privilegium Cunaldensi priori et prædictis monachis solenniter contradidi, salvo tamen canonico jure Nannetensis ecclesiæ, si quod esset. Ut autem res ista firma et inconvulsa permaneat, sigillo nostræ auctoritatis insigniri fecimus, et propria manu subscribere curavimus.

Factum est autem istud in Lausdunensi castro, coram positis archiepiscopis, episcopis et abbatibus, et multis aliis religiosis et nobilibus viris.

Signum Burdegalensis episcopi.
S. Pictaviensis episcopi.
S. Santonensis episcopi.
S. Agennensis episcopi.
S. Petragoricensis episcopi.
S. Andegavensis episcopi.

S. Cenomannensis episcopi.
S. Redonensis episcopi.
S. Nannetensis episcopi.
S. Dolensis archiepiscopi.
S. Venetensis episcopi.
S. abbatis Vendocinensis.
S. abbatis Malliacensis.
S. abbatis Majoris Monasterii.
S. abbatis Sancti Florentii.

Anno ab Incarnatione Domini 1109, epacta XXVIII, indictione II, præsidente domino Paschali papa Romæ, in Francia Ludovico regnante.

Ego Girardus, Engolismensis episcopus et sanctæ Romanæ Ecclesiæ legatus, subscripsi.

IV

Ego Girardus, Dei gratia Engolismensis episcopus, Romanæ Ecclesiæ legatus, aliique fratres qui nobiscum erant Andegavis apud monasterium Sancti Albini, in cella novitiorum ejusdem monasterii, ad quamdam causam ventilandam et discutiendam, quæ erat inter abbatem Sancti Martini Majoris Monasterii, et canonicos de Camiliaco, de capella prædicti castri, convenimus. Utrique enim et monachi et canonici præsentes adfuerunt, utrique causas suas ordine exegerunt. Auditis utrorumque rationibus, de judicio tractare cœpimus. Et quia non omnes unanimiter consensimus, dilatum est judicium ad concilium usque Lausduni ad præsens futurum. Peractoque ex more concilio, venerabiles fratres et coepiscopos, qui interfuerunt concilio, in unum convocavimus; et cum eis diligenter de judicio prælibatæ causæ tractavimus. Quod ita pari consensu diffinitum atque sancitum est, ut capella Sancti Stephani, parochiali ecclesiæ quæ in honore B. Petri apostoli fundata est, inhæreat, uniatur, et sic monachi matrem et filiam possideant. Hujus autem diffinitionis nobiscum judices fuerunt : Ernaldus, archiepiscopus Burdegalensis; Petrus, Santonensis episcopus; Petrus Pictaviensis, Marbodus Redonensis, Hildebertus Cenomanensis.

Celebrato autem solemniter judicio, venerabili fratri nostro, abbati videlicet Willelmo Majoris Monasterii, et monasterio ejus, suam capellam reddidimus. Ut autem diffinitio ista firmior permaneret, sigillo nostro sigillari præcepimus, et manu nostra subscripsimus.

Acta est autem diffinitio ista in ecclesia beatæ Mariæ Lausduni, in qua synodus consederat, anno ab Incarnatione Domini 1109, indictione II, Paschali II Romanam Ecclesiam regente, regnum Francorum Ludovico rege tenente, Andegavensium plebibus Fulcone juniore præsidente.

Ego Girardus, Engolismensis episcopus et sanctæ Romanæ Ecclesiæ legatus, huic diffinitioni subscripsi.

V*

Paschalis episcopus, servus servorum Dei, venerabili fratri Girardo, Engolismensi episcopo, ejusque successoribus canonice promovendis in perpetuum.

Justis votis assensum præbere justisque petitionibus aures accommodare nos convenit, qui, licet indigni, justitiæ custodes atque præcones in excelsa apostolorum principum Petri et Pauli specula positi, Domino disponente, conspicimur. Tuis igitur, frater in Christo, charissime Girarde, justis petitionibus annuentes, sanctam Engolismensem ecclesiam, cui auctore Deo præsides, apostolicæ sedis auctoritate munimus; statuimus enim ut universa, quæ juste ad eamdem ecclesiam pertinere noscuntur, tam tibi tuisque successoribus quam et clericis in beatorum apostolorum Petri et Pauli matrice ecclesia constitutis, libera semper et illibata serventur; in quibus hæc visa sunt propriis nominibus adnotanda, videlicet ecclesia Varni cum ipsa curte, ecclesia Marciaci cum ipsa curte, salvis redditibus ad mensam canonicorum pertinentibus, ecclesia de Adiraco cum ipsa curte, ecclesia de Jurniaco, ecclesia de Tolvera cum medietate castelli et cum toto burgo et ceteris appendiciis, Guissalas, abbatia Sancti Eparchii, abbatia Sancti Amantii, abbatia Cellæfruini, ecclesia Belli loci, Sancti Eparchii, Sancti Vincentii, Sancti Antonini, Sancti Pauli, Sancti Martialis, Sancti Petri de subtus murum, Sancti Martini, ecclesia de Ulmello, ecclesia de Monnaco, ecclesia de Luciaco, ecclesia de Mornaco, ecclesia de Garaco, ecclesia de Sers, ecclesia de Graciaco, ecclesia de Carmerio, ecclesia de Bria, ecclesia de Tauresio, ecclesia de Aneso, ecclesia de Bunziaco, ecclesia de Marnaco (Mérignac), ecclesia de Flaiaco, ecclesia Sancti Saturnini, Sancti Genesii, ecclesia de Cabraco, ecclesia Sancti Amandi, ecclesia de Dozaco, ecclesia de Agenaco, ecclesia de Montibus, ecclesia de Amberaco, terra de Toiraco, ecclesia de Paludibus (la Palud ou la Couronne), castellum de Rupe-Canderici cum castellania, ecclesia Sancti Hilarii, ecclesia de Claiaco, ecclesia de Bercelecia (Bécheresse), ecclesia de Peirinaco, ecclesia de Bercegollo, ecclesia de Cavanaco, ecclesia de Caturcia (Chadurie), ecclesia de Foscobrona, terra quæ dicitur Canucia Silva, ecclesia de Torciaco cum terra quæ dicitur Carraces. In Sanctonensi pago, ecclesia de Agento (Aent ou Ains) cum decima et omnibus ad eam pertinentibus, ecclesia Sancti Fortunati, ecclesia de Tozaco, ecclesia de Lesdevilla (Ladiville). In Petragoricensi pago, ecclesia de Borno, ecclesia de Pillaco, ecclesia de Sancto Romano, castellum Bordacum cum castellania sua, ecclesia de Auriaco, ecclesia de Nantolio, ecclesia de Venrosma (peut-être Vendoire?), ecclesia de Campania, ecclesia de Veteri Mareolo, ecclesia de Blanzaco. In Pictavensi pago juxta Rufegium castellum, ecclesia de Brenaco cum ipsa curte. Ad mensam vero canonicorum, salvo jure episcopali, ecclesia Podii regalis cum decimis et terris et aquis circumadjacentibus, ecclesia de Manla cum medietate decimæ et terris et aquis et silvis circumadjacentibus, alodium de uno horto et terræ et silvæ de Villafago, ecclesia Sancti Gratulfi (Saint-Groux) cum decimis et terris et aquis circumadjacentibus, ecclesia Castelli-Reinaldi, ecclesia Fontis-Clari cum terris et silvis circumadjacentibus, ecclesia Montiniaci cum decimis, Rufium (Roufiac) cum terris et aquis circumadjacentibus, mansum de Algont (du Gond), ecclesia de Charmento cum decimis et terris circumadjacentibus, ecclesia Juliaci (Juillé) cum decimis et terris et silvis, ecclesia de Alterio (l'Autier) cum decimis et terris et silvis circumadjacentibus, ecclesia de Monaco (Mosnac) cum terris et silvis, terra de Petriniaco et de Noduis (Payzay-Naudouin), decimæ et terræ et silvæ de Marciaco, Pastoris villa (Pastourville) et caput Chenet, et Manconos villa (Mancouville), et Brianacum, et Roliacum, et Lunessa, et universæ terræ et silvæ et aquæ transflumen Carantæ adjacentes quas possident canonici Sancti Petri, ecclesia Spaniaci cum terris circumadjacentibus, ecclesia Suellis (Soyaux) et mansum de Torniaco (Antournat) cum decimis et terris, mansum Grause et terræ de Rupibus, et terræ et silvæ et aquæ de Luco, ecclesia de Vosinno (Vouzan) cum terris circumadjacentibus, ecclesia Belli loci cum terris et silvis circumadjacentibus, ecclesia beati Joannis baptisterii Engolismensis, ecclesia de Vaholio (Vœuil) cum terris et silvis et aquis circumadjacentibus, ecclesia inter duas aquas (Saint-Michel-d'Entraygues) cum terris et aquis et silvis circumadjacentibus. In Sanctonico episcopatu, ecclesia Juliaci (Juillac-le-Coq) cum ipsa curte, et ecclesia de Vitreriis (Verrières) cum paratis (1) et synodis (2) et decimis et terris et silvis et aquis circumadjacentibus. In ecclesia Sancti Fortunati, parati et synodi. Ecclesias itaque sive prædia ad episcoporum seu canonicorum usus pertinentia quæ per episcopos vel præpositos distracta sint in eosdem usus reparari præcipimus et in perpetuum conservari. Et ne qua vel ecclesiastica vel sæcularis persona obviare vel impedire præsumat, apostolica auctoritate interdicimus etiam ut, te ad Dominum evocato vel quolibet successorum, nullus omnino invitis ecclesiæ vestræ clericis episcopum violenter imponat, sed electio episcopi, juxta canonicas sanctiones, in canonicorum deliberatione permaneat. Si qua sane ecclesiastica sæcularisve persona, hanc nostræ constitutionis paginam sciens contra eam temere venire tentaverit, secundo tertiove commonita, si non satisfactione congrua emendaverit, potestatis honorisque sui dignitate careat, reamque se divino judicio existere de perpetrata iniquitate cognoscat, et a sacratissimo corpore ac sanguine Dei et Domini Redemptoris nostri Jesu Christi aliena fiat, atque in extremo examine districtæ ultioni subjaceat;

(1) Droit de gite.
(2) Droit de synode.

cunctis autem eidem loco justa servantibus sit pax Domini nostri Jesu Christi, quatenus et hic fructum bonæ actionis percipiant et apud districtum judicem præmia æternæ pacis inveniant. Amen.

Scriptum per manum Rainerii scriniarii regionarii et notarii sacri palatii.

Ego Paschalis catholicæ Ecclesiæ episcopus.

Datum Laterani per manum Joannis sanctæ Romanæ Ecclesiæ diaconi cardinalis ac bibliothecarii, XVIII Kalendas maii, indictione III, Incarnationis Dominicæ anno M°C°X°, pontificatus autem domini Paschalis secundi papæ anno XI°.

VI˙

Ego Girardus, Engolismensis episcopus et sanctæ Romanæ Ecclesiæ legatus, notum fieri præsentibus et futuris volo quod Boso, frater Aimerici, vicecomitis Castelli-Airaldi, qui Boso medietatem Castelli-Mastacii habebat in Sanctonensi pago siti, medietatem decimæ de Aent antiquitus juris Engolismensium episcoporum erat, pro qua injuria ipsum Bosonem nos diu excommunicatum tenueramus. Hæc ergo controversia ita tandem finita est. Prædictus enim Boso medietatem ecclesiæ de Aent et medietatem decimæ, et cœmeterii, et sanctuarii, et omnium ad eamdem ecclesiam pertinentium omnino in manu nostra dimisit, et quantum dare potuit, dedit nobis, ita ut neque ipse nec aliquis suæ progeniei unquam aliquid in ecclesia illa de Aent, vel in decima, vel in omnibus ad eamdem ecclesiam pertinentibus quæreret, neque in hominibus in cœmeterio manentibus, nec pro domibus suis, nec pro mansione sua in cœmeterio aliquid eis quæreret vel exigeret; sed omnia hæc libera et quieta nobis et successoribus nostris manerent. Hoc pactum quod nobis fecit, omnibus successoribus nostris Engolismensibus episcopis fecit. Et ut hoc pactum sive dimissio sive donum firmius maneret, frater ejus Aimericus, vicecomes Castelli-Airaudi, atque Petrus frater ejus, Pictaviensis canonicus, hoc concesserunt. Et ut certius et firmius maneat, tam ipse Boso quam Aimericus et Petrus canonicus, fratres ejus, propriis manibus signum crucis faciendo chartam roboraverunt. Ego vero Girardus, Engolismensis episcopus, dedi ipsi Bosoni ducentos solidos et equum æstimatione centum solidos, quo postea concedente, equus datus est. Et hoc nobis concesserunt ut nunquam pro aliqua causa hanc medietatem, quam nobis offerebant, nobis vel successoribus nostris Engolismensibus episcopis auferrent, et si quis auferret, nos ad defendendum bona fide juvarent. Aliam vero medietatem ecclesiæ, vel decimæ, vel cœmeterii, vel sanctuarii, non quærebant. Interfuerunt autem huic concordiæ Mainardus (Cramail) præcentor, Petrus de Confluento, Eldradus capellanus, Ildebertus subdecanus Pictaviensis, Airaudus Achardi, Goffredus Amasart, Willelmus de Guissat.

 S. † Aimerici vicecomitis.
 S. † Bosonis.
 S. † Petri.

Facta est hæc concordia in terra vicecomitis Castelli-Airaudi, in claustro Vallensis monasterii, anno ab Incarnatione Domini millesimo centesimo tertio decimo, regnante Lodovico, rege Francorum.

VII*

(Nous devons la connaissance de cette charte et de la suivante à l'obligeance de M. Ed. Sénemaud, archiviste du département des Ardennes.)

Girardus, Engolismensis episcopus et S. R. E. legatus, venerabili fratri Willelmo, Sancti Florentii Salmurensis abbati, et sanctæ ac gloriosæ congregationi ei a Deo commissæ, in perpetuum.

Venerabilium locorum amplificationi et religiosarum congregationum subsidio, ut omnipotens Dominus nobis propitius sit, studere debemus. Quapropter dedimus vobis cum quodam libro in manu tua, dilecte frater, Guillelme abbas, in capitulo vestro ecclesiam Sancti Severini super Carantam fluvium sitam prope Castellum novum, ut quiete et pacifice habeatis et possideatis in perpetuum, salvo canonico jure et reverentia Engolismensis episcopi. Quod donum ut faceremus, dilectus filius noster Achardus, archidiaconus Engolismensis, nobis Engolismæ, in nova camera nostra, suggessit. Et ut hæc donatio firmior et certior habeatur, propria manu nostra subscripsimus, et sigillo nostro muniri fecimus.

Ego Girardus, Engolismensis episcopus et S. R. E. legatus, propria manu subscripsi.

Facta est autem hæc donatio in capitulo Sancti Florentii Salmurensis, anno Incarnationis Dominicæ millesimo centesimo quarto decimo, indictione octava (lege VII), regnante Ludovico, rege Francorum.

Interfuerunt autem huic donationi Eldradus capellanus et magister Garinus, Engolismenses canonici; de monachis vero, Radulphus, tunc temporis subprior; Rainaldus, filius Eudonis, Stephanus Burgundus, Arnulfus sacrista, et cæteri qui erant in capitulo.

VIII*

Girardus, Engolismensis episcopus ac S. R. E. legatus, Willelmo, venerabili Sancti Florentii abbati, et sanctæ ac gloriosæ congregationi ei a Domino Deo commissæ, in perpetuum.

Venerabilium locorum et religiosarum congregationum quieti pro auctoritatis nostræ officio providere debemus, ne pravorum hominum dolis aut versutiis possint inquietari. Itaque ecclesiam Sancti Florentii de Rocha-Fulcaldi, quam antecessores nostri et vos, cum consensu antecessoris nostri bonæ memoriæ Willelmi episcopi, a fundamento ædificastis, cum omnibus ad eam pertinentibus, auctoritate sanctæ Romanæ et Engolismensis Ecclesiæ, vobis vestrisque successoribus concedimus atque confirmamus, ut eam, sicut cellam vestro monasterio subjectam et sicut membrum capiti inhærens, quiete et pacifice in perpetuum habeatis et possideatis, et quoscumque sive priores, sive alios monachos, illuc mittere volueritis, ad vestræ voluntatis arbitrium mittatis, et quoscumque seu priores, seu alios, revocare volueritis, licenter ac libere, sine alicujus contradictione, revocetis. Et ne alicujus clerici vel laici sive potestate, sive dolo, ab hoc statu mutetur apostolicæ sedis auctoritate interdicimus. Et ut hæc nostra confirmatio certior et firmior habeatur, propria manu nostra subscripsimus, et sigillo nostro muniri fecimus.

Ego Girardus, Engolismensis episcopus et S. R. E. legatus, propria manu subscripsi.

Data anno Incarnationis Dominicæ millesimo centesimo quarto decimo, indictione octava (lege VII), regnante Ludovico, rege Francorum.

IX

Girardus, Angolismensis Episcopus et S. R. E. legatus, venerabili fratri Roberto de Arbrissello et sanctimonialibus sub ejus disciplina in loco qui Fons Ebraldi dicitur Domino Deo servientibus, in perpetuum.

Audita diligenter concordia quam Gauterius, Nantoliensis abbas, consilio monachorum suorum, in capitulo Nantoliensis monasterii, cum venerabili fratre nostro Petro, Pictavensi episcopo, fecit de calumnia quam prædictus Gauterius et Nantolienses monachi præfato fratri nostro Roberto faciebant de ecclesia et loco qui Tucio dicitur, pro restauratione loci ipsius et religione ibi promovenda gavisi sumus. Concordiam itaque, sicut inter prædictum Pictavensem episcopum Petrum et Galterium abbatem et Nantolienses monachos facta est et concessa est, nos et laudamus, et apostolicæ sedis auctoritate confirmamus. Et ut deinceps nullus, sive clericus, sive laicus, pro hac causa sanctimoniales et viros eis subministrantes, Domino Deo ibi servientes, inquietare præsumat apostolicæ sedis auctoritate interdicimus. Et ut hæc confirmatio firmior et certior habeatur, propria manu nostra subscripsimus et sigillo nostro muniri fecimus.

Data anno ab Incarnatione Domini 1115, indictione VIII.

X

Girardus, Engolismensis episcopus, sanctæ Romanæ sedis legatus, Petronillæ, religiosæ sanctimonialium Fontis Ebraldi abbatissæ, salutem et benedictionem.

Quandiu apostolicæ sedis vices gerimus, quieti et tuitioni religiosorum locorum, quantum possumus, providere debemus. Eapropter tibi et sanctimonialibus Domino Deo in monasterio Fontis Ebraldi servientibus eleemosynam et donum Giraudi de Cornu, quod de masso Ungis et de ejusdem massi pertinentiis, de terra culta et inculta, de silvis suis et de pasqueriis silvarum suarum, et de silvis suis ad facturam domorum vestrarum sive ad alias necessitates, de aquis et pratis, de piscatione aquarum suarum, et de manericiis, et de feodis, et de cazamentis suis quæ acquirere possetis, de peagiis et consuetudinibus terræ suæ ad monasterium vestrum pertinentibus, vobis et monasterio Fontis Ebraldi fecerat, in præsentia nostra item fecit et concessit, et donum quod vobis, in monasterio Fontis Ebraldi, de masso de Ris et de ejusdem massi pertinentiis postea fecit, laudamus, de apostolicæ sedis auctoritate concedimus et confirmamus, ut tam vos quam subsequaces vestræ ea in perpetuum quiete et pacifice habeatis et possideatis. Si quis vero hæredum prædicti Geraudi hoc donum et eleemosynam ejus impedire, seu perturbare, vel diminuere tentaverit, secundo tertiove commonitus nisi resipuerit, a liminibus Ecclesiæ Dei et a sacratissimo corpore Domini nostri Jesu Christi arceatur. Et ut hæc confirmatio nostra firmior habeatur, in hac charta propria nostra manu subscripsimus et sigillo nostro muniri fecimus.

Ego Girardus, Engolismensis episcopus et S. R. E. legatus, subscripsi.

XI

Girardus, Engolismensis episcopus et sanctæ Romanæ Ecclesiæ legatus, Pontio, eximie et merito venerabili Cluniacensi abbati, et fratribus sibi a Deo commissis et eorum successoribus, in perpetuum.

Ex relatione dilecti filii nostri Philippi, Ventiodorensis cellæ prioris, et ex lectione chartarum, pro certo cognovimus ipsum cum dilectis fratribus Mauricio, Solemniacensi abbate, et capitulo Solemniacensi, solemniter concordiam fecisse de ecclesia Sancti Martini de Trainiaco et omnibus ad eam pertinentibus, et de sylva quæ Amanzenas vocatur, vobisque et successoribus vestris jus quod Solemniacense monasterium in prædicta ecclesia atque in sylva, donatione principum et concessione Lemovicensium episcoporum, habebat seu antiquitus habuerat, donasse atque in perpetuum concessisse. Et quia nos apostolicæ sedis sollicitudinem gerimus, et concordiam monasteriorum et religiosorum locorum diligere debemus, prædictam donationem atque concessionem laudamus atque apostolicæ sedis auctoritate confirmamus, ut deinceps et vos vestrique successores quiete et pacifice perpetuo habeatis atque possideatis. Et ut hæc nostra concessio seu confirmatio firmior et certior permaneat, propria manu nostra subscripsimus et sigillo nostro muniri fecimus.

Ego Girardus, Engolismensis episcopus et sanctæ Romanæ Ecclesiæ legatus, subscripsi.

Datum Engolismæ, anno Incarnati Verbi 1116, indictione IX, regnante Ludovico, rege Francorum.

XII

Ego Girardus, Engolismensis episcopus et sanctæ Romanæ Ecclesiæ legatus, præsentibus et futuris notum fieri volo quod Bernardus, vicecomes de Comborn, et abbas Usercensis, cum quibusdam personis monasterii sui, in curiam nostram venerunt, pro controversia quam inter se habebant de quadam terra quam ipse Bernardus, pro salute animæ suæ, monachis Cluniacensibus dederat. Abbas autem Usercensis adversus Bernardum et donum ab eo factum his utebatur rationibus, dicens quod terra illa, quam Bernardus ad ædificationem faciendam prædictis monachis dederat, erat de alodio Sancti Petri Usercensis quod Oddo, comes de Marchia, Sancto Petro Usercensi dederat. Aliam insuper prætendebat rationem, dicens quod ecclesia Trainiacensis, in cujus parochia illud ædificium fiebat, erat Sancti Petri Usercensis jus, quam quidam presbyter monasterio Sancti Petri Usercensis donavit, et post aliquantum temporis Umbaudus, Lemovicæ sedis episcopus, cum consilio Gausberti archidiaconi et Bosonis archipresbyteri, eidem monasterio donavit. Ad donum vero episcopi astruendum, relationem ipsius doni chartam conscriptam protulerunt. Ad hæc prædictus vicecomes Bernardus respondit, dicens quod terra illa nomine Amanzenas de alodio comitis Marchiæ non erat, sed suum proprium alodium ab avis et proavis esse asserebat, quod in manu fratris nostri Eustorchii, Lemovicensis episcopi, monachis Cluniacensibus ad ædificationem faciendam dederat. Quod autem Umbaudus, Lemovicensis episcopus, donum ecclesiæ Trainiacensis eis fecisset, se omnino ignorare dicebat. His itaque auditis utriusque partis rationibus, una cum venerabilibus fratribus et coepiscopis nostris Lemovicensi, Petragoricensi, Agennensi, canonica auctoritate judicavimus quod Bernardus prædictus vicecomes comiti Marchiæ, si ab eo impeteretur infra quadraginta dies ab eo die quo judicium factum est, de alodio quod per donum comitis Marchiæ Usercenses monachi obtinere nitebantur, quantum exigeret ratio, responderet. Et quia charta quam super dono Umbaldi episcopi de ecclesia Trainiacensi protulerant, canonicam firmitatem non habebat, cum prædictis episcopis judicavimus ut intra eosdem quadraginta dies duos legitimos testes producerent qui rationabiliter probarent se vidisse et audisse quod præfatus episcopus Trainiacensem ecclesiam, cum consilio prædicti Gausberti archidiaconi et Bosonis archipresbyteri, monachis Usercensibus dedisset, interim vero monachi Cluniacenses terram illam quam Bernardus vicecomes eis dederat quiete tenerent et ædificarent.

Interfuerunt autem huic nostro judicio prædicti fratres episcopi et assensum præbuerunt, Ildebertus, Geraldus, Lemovicenses archidiaconi; Arnaldus Guillelmi, Guillelmus de Nanclars, Petragoricenses archidiaconi; Gaufridus, Agennensis archidiaconus; Petrus, Engolismensis præcentor; Eldradus, Julianus, Raimundus, Engolismenses canonici; Helias de Gimello et Rennulfus de Garait, Lemovicenses archipresbyteri, et multi alii venerabiles clerici.

Et ut hoc nostrum judicium firmius et certius habeatur

et teneatur, propria manu nostra subscripsimus et sigillo nostro muniri fecimus.

Ego Girardus, Engolismensis Episcopus et sanctæ Romanæ Ecclesiæ legatus, subscripsi.

Actum est autem hoc judicium in Petragoricensi episcopatu, castello quod Exidolium vocatur, anno Incarnati Verbi 1116, indictione VIIII, regnante Ludovico, rege Francorum.

XIII*

Girardus, Engolismensis episcopus et sanctæ Romanæ Ecclesiæ legatus, F. (Fulcaldo), venerabili Karroffensi abbati, ejusque successoribus, in perpetuum.

Pro querela quam in ecclesia de Sivraco monasterio, quæ in nostro Engolismensi videlicet episcopatu sita est, habebas, te et clericum illum Bernardum videlicet de Fontanilis, qui eamdem ecclesiam dono Karroffensis capituli et nostro se possidere dicebat, in præsentiam nostram vocavimus. Auditis siquidem diligenter utriusque partis rationibus, cum venerabilibus fratribus, Hugone, abbate Sancti Eparchii, Achardo, Engolismensi archidiacono, Petro, Engolismensi præcentore, concordavimus et ratum esse volumus, ut monachi Karroffenses, de nummis, et de candelis, et de decimis, tres partes in ecclesia habeant, excepta Sancti Clodoaudi, quæ propria est monachorum, præter quatuor denarios, qui sunt capellano. Cereus paschalis alterius anni, cum in vigilia Paschæ alter novus factus fuerit, monachorum erit, et oblationes quæ in secunda feria Rogationum ad ecclesiam venerint, et viridarium, in dimidium erunt, panis etiam et pœnitentiarum, terrarum quoque et eleemosynarum tam vivorum quam defunctorum, medietatem sacerdoti, alteram monachis concedimus. Et ut hæc concordia stabilis et firma semper maneat, propria manu nostra subscripsimus et auctoritatis nostræ sigillo muniri fecimus.

Interfuerunt autem huic causæ Iterius Archimbaudi, Rainulfus Achardi, Eldradus, Julianus, Engolismenses canonici, parochiani etiam ecclesiæ, Rainaudus de Chattapa, Johannes Sivent, et alii multi.

Ego Girardus, Engolismensis episcopus et sanctæ Romanæ Ecclesiæ legatus, subscripsi.

Facta est autem hæc concordia in claustro matricis ecclesiæ Engolismensis, anno Dominicæ Incarnationis millesimo centesimo decimo septimo, indictione X, regnante Ludovico, rege Francorum, Guillelmo comite Engolismarum.

XIV'

Ego Girardus, Engolismensis episcopus et sanctæ Romanæ Ecclesiæ legatus, notum fieri præsentibus et futuris volo quod canonici beati Petri Engolismensis sedis et abbas Baciacensis talem conventionem de bosco et terra de Moleda in præsentia nostra fecerunt, ut ex illa parte quam Baciacenses monachi habent canonici habeant medietatem, et ex illa quam Aimericus Cornolius dedit beato Petro et canonicis monachi habeant medietatem. Quin etiam, ex illo quod acquiretur, similiter canonici habeant medietatem, monachi aliam. Si vero pro acquisitione pecunia necessaria fuerit, et monachi vel noluerint, vel non potuerint dare, canonici usque ad trecentos solidos plus quam monachi dent, eo pacto quod canonici totum illud quod ex ipsa pecunia acquiretur tamdiu habeant donec ex medietate ad monachos pertinente, videlicet ex annona et ex vino, ex aliisque prædicti bosci et terræ redditibus, tantum pecuniæ quantum a canonicis datum fuerit eis persolvatur, ita ut eo pretio quo annona in messe, et eo quo vinum in vindemia vendetur, ab ipsis accipiatur. Itaque, ut hoc pactum ratum et firmum perpetuo maneat, chartam in chirographo describi disposuimus, et in utroque capitulo scilicet canonicorum et monachorum concedi fecimus.

Anno ab Incarnatione Domini MCXVII, Romæ præsidente Domno papa Paschali secundo et in Ingolisma Girardo episcopo, in Francia vero regnante Ludovico rege, et in Engolisma dominante Willelmo duce.

Hoc etiam quod oblivioni traditum fuerat addendum decrevimus, ut ecclesiæ quæ ibi ædificabatur, cœmeterii quoque, et juris parochialis, et molendinorum, medietatem monachi habeant unam et canonici aliam.

S. Domini Girardi, episcopi.
S. Godefridi, abbatis.
S. Johannis, prioris,
S. Humberti.
S. Hugonis.
S. Giraudi.

XV*

Girardus, Engolismensis episcopus et sanctæ Romanæ Ecclesiæ legatus, venerabili fratri Guiberto, Burguliensi abbati, in perpetuum.

Adversus Marquerium abbatem et monachos monasterii novi Sancti Joannis Pictaviensis, de ecclesia de Magniaco, unde monasterium Burguliense spoliatum erat, et te et ipsos, te de supradicta ecclesia investivimus eo modo quo, bonæ memoriæ, Petrus, Pictaviensis episcopus, antecessorem tuum investivit.

Interfuerunt investituræ Baudricus, Dolensis archiepiscopus; Petrus, abbas Malliacensis.

Ego Girardus, Engolismensis episcopus et S. R. E. legatus.

Engolismæ, anno Incarnationis Dominicæ 1117, regnante Lodovico, rege Francorum.

XV* bis (1)

Girardus, Engolismensis episcopus ac sanctæ Romanæ Ecclesiæ legatus, Petro (2), abbati de Vallibus (3), et successoribus ejus, in perpetuum.

Pro querela quam monachi Lemovicenses de ecclesia

---

(1) Cette charte ne nous ayant été communiquée par M. l'abbé Cholet, théologal de La Rochelle, qu'après l'impression de la page 141, à laquelle elle se rapporte, nous avons dû répéter le n° XV.

(2) Pierre Ier, IVe abbé de Saint-Étienne de Vaux.

(3) Vaux-sur-Mer (Charente-Inférieure), arrondissement de Marennes, canton de Royan. L'abbaye de Vaux, fondée par les deux frères Pierre et Arnaud, seigneurs de Mortagne-sur-Gironde, sous l'épiscopat de Godéran, évêque de Saintes (1067-1074), définitivement établie sous l'épiscopat de Boson (1075), fut détruite par les protestants en 1568. (*Gall. Christ.*, t. II, col. 1112.) Aujourd'hui les ruines mêmes ont à peu près disparu : *etiam periere ruinæ!*

Sancti Sulpitii (1) adversum vos habebant ante Nos una cum Lemovicensibus monachis convenistis. Auditis igitur diligenter utriusque partis rationibus, talem concordiam constituimus : ut singulis annis, in festivitate beati Martini, duos solidos publicæ monetæ quæ in terra illa erit monachis de Salionio (2) redderetis. Hanc concordiam abbas Lemovicensis et prior de Salionio, monachique qui cum abbate erant, concesserunt. Nos igitur prædictam concordiam apostolicæ sedis auctoritate laudamus et confirmamus, ut ecclesiam illam, salvo censuali reditu duorum solidorum, quiete in perpetuum possideatis. Interfuerunt autem huic concordiæ : Baldricus, archiepiscopus Dolensis ; Ildebertus, episcopus Cenomanensis ; Rainaldus, episcopus Andegavensis ; Petrus, abbas Malliacensis ; Guillelmus, abbas Talamonensis ; Radulfus, abbas Nobiliacensis ; Hugo, abbas Sancti Eparchii.

Ego Girardus, Engolismensis episcopus et sanctæ Romanæ Ecclesiæ legatus.

Facta autem est hæc concordia Engolismæ, in capitulo matricis ecclesiæ, anno ab Incarnatione Domini MCXVII, Indictione decima (3).

---

(1) Saint-Sulpice de-Royan (Charente-Inférieure), arrondissement de Marennes, canton de Royan.

(2) Saujon (Charente-Inférieure), arrondissement de Saintes. Pillé par les Normands, au IXe siècle, Saujon était un prieuré conventuel, dont Urbain II confirma la possession à l'abbaye de Saint-Martial de Limoges (1096). Saujon possédait autrefois le corps de saint Martin, abbé au diocèse de Saintes, disciple du grand saint Martin de Tours.

(3) Cette charte est la Xe du cartulaire de l'abbaye de Saint-Etienne de Vaux, manuscrit de la fin du XIIIe ou du commencement du XIVe siècle, qui se trouve à la Bibliothèque impériale (fonds latin, n° 10124, Cartularium S. Stephani de Vallibus). La ville de

XVI

Girardus, Engolismensis episcopus et sanctæ Romanæ Ecclesiæ legatus, Conano, comiti strenuo et illustri principi Britanniæ, salutem et benedictionem.

Quia vos pacem ac justitiam diligere audivimus, gaudemus, sic enim boni principes faciendo summi Regis gratiam adipiscuntur. De vobis vero speramus quoniam de bonis initiis ad provectum in melius semper intendatis, sicut e contrario de malis initiis ad augmentum malorum pertingitur. Sanctorum igitur apostolorum benedictionem vobis impertimur, et ut honorem sanctæ Dei Ecclesiæ exhibeatis, ut ipse principatum vestrum conservare dignetur, exhortamur. Porro abbatem Kemperlegiensem ac monasterium illud quod antecessores vestri, religionis intuitu, in honore sanctæ crucis fundaverunt, attentius defensioni vestræ commendamus. Quod autem audivimus quia personis terræ vestræ interdicitis ne ad justitiam sanctæ Romanæ Ecclesiæ veniant, valde miramur quod nec reges nec cæteri principes facere præsumunt, præcipue cum antecessores vestros, sicut in scripturis reperitur, a vicario beati Petri, scilicet domino papa, principatum suum tenuisse manifestum sit. Quod si pravo alicujus consilio facere volueritis, noveritis pro certo sanctæ Romanæ Ecclesiæ sententiam et gladium beati Petri vobis et principatui vestro imminere.

Saintes en a une copie qui ne renferme que 67 chartes; l'original est composé de 71, dont les quatre dernières sont d'une autre main que les précédentes.

XVII

Girardus, Engolismensis episcopus ac sanctæ Romanæ Ecclesiæ legatus, Roberto, Corisopitensi venerabili episcopo, salutem et benedictionem.

Dilectioni vestræ mandamus quod si comes Conanus vestræ terræ in res Kemperlegiensis abbatis manus suas injicere præsumpserit, eum interdicatis, et totam terram ejus quæ in episcopatu vestro est divinis officiis privetis. Quod si tantum sacrilegium sine justitia, quod absit! sustineretis, noveritis pro consensu vobis canonicam sententiam imminere.

XVIII

Ego Girardus, Engolismensis episcopus et sanctæ Romanæ Ecclesiæ legatus, præsentibus et futuris notum fieri volo quod fratres nostri Herveus, abbas Rotonensis, cum Briccio, Nannetensi episcopo, et quibusdam monachis suis, et Gurhandus, Kemperlegiensis abbas, cum Roberto, Corisopitensi episcopo et quibusdam monachis, pro controversia quam inter se habebant super terram quæ Bella Insula vocatur, in curiam nostram venerunt. Cumque rationes suas pars utraque exposuisset, et nos super rationibus eorum judicii sententiam dare intenderemus, prædictus abbas Rotonensis, quia se insufficienter ad causam munitum sentiebat, a nobis inducias postulavit; cujus petitioni, curiæ nostræ consilio, acquiescentes, inducias ei postulanti concessimus. Termino itaque constituto, præfatus abbas Kemperlegiensis iterum pro agenda causa sua paratus in curiam nostram venit; abbas vero Rotonensis minime venit, excusationes tamen suas, alias postulans inducias, per nuntium suum prætendit. Cum autem prædictus abbas Kemperlegiensis ut causæ suæ finem imponeremus obnixius instaret, habito iterum curiæ nostræ consilio, abbati Rotonensi inducias annuimus. Interim vero termino causæ eorum a nobis affixo nondum transacto, supra nominatus abbas Rotonensis, sinistro usus consilio, ecclesiastica censura sæculari tyrannidi posthabita, terram dictam Bellam Insulam, de qua controversia erat, per violentiam Conani, Britanniæ comitis, ingressus, homines Kemperlegiensis monasterii armata manu inde expulit atque irrationabiliter occupavit. Unde nos cum super tanta injuria clamorem susciperemus, abbatem Rotonensem ut de tanta tamque enormi invasione, termino dato, paratus respondere veniret, litteris et internuntiis nostris præmonuimus. Quo termino, tam ipse quam Kemperlegiensis abbas præsentes ante nos adfuerunt. Cum vero a nobis admoneretur ut de prædicta invasione responderet, excusationes prætendere cœpit, et se minime acturum ad præsens de invasione respondit. Nos igitur, eum subterfugere nec canonicas excusationes prætendere audientes, una cum fratribus nostris Petro, Santonensi electo, Hugone, abbate Sancti Eparchii, Iterio, magistro scholarum Santonensi, Hugone, Cenomannensi canonico, Gurhando, Kemperlegiensi abbati, investituram prædictæ insulæ plenariam adjudicavimus; eumque, quantum ad nos pertinuit, salvo jure Rotonensis monasterii, investivimus, atque abbati Rotonensi, qui præsens aderat, præcepimus ut homines suos inde revocaret, et abbati Kemperlegiensi investituram suam quiete dimitteret. Interfuerunt autem huic nostro judicio prædicti fratres, qui una nobiscum judicaverunt, Renaldus quoque prior Vertavensis, Tiso, Vitalis, Nannetensis episcopi clerici; Guillelmus Guardrardus, Guillelmus, Geraldus, Renaldus, Santonenses clerici; Richardus, Julianus, Raimundus, Eldradus, Teduinus, Engolismenses canonici, et plures alii clerici et laici.

Et, ut hoc nostrum judicium firmius et certius permaneat, propria manu nostra subscripsimus et auctoritatis nostræ sigillo muniri fecimus.

Actum est autem Engolismæ, anno Incarnationis Dominicæ 1117, indictione decima, regnante Ludovico, rege Francorum, regis Philippi filio.

XIX

Girardus, Engolismensis episcopus et sanctæ Romanæ Ecclesiæ legatus, Morvano, Venetensi episcopo, salutem et benedictionem.

Cum fratres nostri Herveus, abbas Rotonensis, et Gurhandus, abbas Kemperlegiensis, pro causa Bellæ Insulæ in curia nostra præsentes adessent, judicavimus quod abbas Rotonensis Kemperlegiensem abbatem de Bella Insula investiret, quoniam eum sine audientia et judicio laica manu exspoliaverat. Ad quam investituram plenarie faciendam minus mensis spatium terminum posuimus, et, nisi infra terminum investiretur, proprio ore nostro abbati Rotonensi et sacerdotis et abbatis officium interdiximus, atque abbatiam totam divinis officiis privavimus. Mandamus itaque fraternitati tuæ atque apostolicæ sedis auctoritate præcipimus ut hoc interdictum nostrum et in abbate et in abbatia firmiter et inconcusse teneri ex nostra et tua parte facias.

XX

Girardus, Engolismensis episcopus et sanctæ Romanæ Ecclesiæ legatus, venerabilibus fratribus Briccio Nannetensi, Marbodo Redonensi, Morvano Venetensi, Rivallono Aletensi, cæterisque Britanniæ episcopis, salutem et benedictionem.

Dilectionem vestram nosse volumus quod Rotonensem abbatem pro invasione quam super Kemperlegiense monasterium fecerat, auferendo ei suam meliorem possesionem, ante præsentiam nostram vocavimus, eumque de tanta præsumptione correximus, consilioque sapientum virorum adjudicavimus, ut Kemperlegienses fratres cum omnibus sibi ablatis ex integro revestiret, eique competentem terminum præfecimus quo id adimplere deberet; quod ni faceret, et sacerdotis et abbatis officium ei interdiximus, sibique et suis monachis introitum ecclesiæ prohibuimus. Abbas vero Rotonensis sua Kemperlegiensibus fratribus non restituit, nostrum interdictum imo sanctæ Romanæ Ecclesiæ fregit, et adhuc frangere præsumit. Unde fraternitati vestræ mandamus ut in ecclesiis et conventibus vestris eum publicetis, et pro schismatico et excommunicato habeatis, et parochianis vestris enuntietis quatenus Rotonense monasterium non visitent, nec se ad sepulturam ibi tradant. In obedientiis quoque et cellis eorum quas in vestris episcopatibus habent divinum officium fieri prohibete. Insuper ex parte nostra Conanum comitem diligenter convenite, ut infra triginta dies tantam tamque præsumptuosam invasionem absque dilatione corrigat: quod ni fecerit, in eum et in totam terram suam gladium Sancti Spiritus terribiliter exeremus.

XXI

Girardus, Engolismensis episcopus et sanctæ Romanæ Ecclesiæ legatus, Herveo, Rotonensi abbati.

In exordio epistolæ te salutarem, nisi quia interdictum nostrum contemnis, et cum monachis tuis schismaticis factis scienter participas. Apostolicæ siquidem sedis auctoritate te invitamus ut concilio quod in secunda hebdomada imminentis quadragesimæ Engolismæ celebraturi sumus, remota omni occasione, intersis, de invasione Bellæ Insulæ et de inobedientia quod justitia dictaverit suscepturus.

XXII

Girardus, Engolismensis episcopus et sanctæ Romanæ Ecclesiæ legatus, Morvano, venerabili Venetensi episcopo, salutem et benedictionem.

Adversus pullulantia vitia et enormitates in Ecclesia et populo Dei emergentes, ex præcepto domini nostri papæ, concilium in secunda hebdomada imminentis quadragesimæ Engolismæ celebrare disposuimus. Ad quod fraternitatem vestram invitamus, atque apostolicæ sedis auctoritate vobis præcipimus, ut Herveum, Rotonensem abbatem, ex nostra et vestra parte, quod, remotis occasionibus, eidem concilio intersit, invitetis. Quod si a tanto conventu se subtraxerit, procul dubio canonicæ districtionis sententiam suscipiet.

XXIII

Ego Girardus, Engolismensis episcopus et sanctæ Romanæ Ecclesiæ legatus, notum fieri volo omnibus, et præsentibus, et futuris, quod monachi Nantolienses et sanctimoniales de Fonte Ebraudi invitati ad concilium venerunt, quod Engolismæ, Deo auctore, celebratum est, propter querelam scilicet quam ipsi monachi, de loco qui Tucio dicitur, erga Dei ancillas habebant : ipsum enim locum sui juris esse dicebant. Contra quam calumniam præfatæ sanctimoniales ac Willelmus, Pictaviensis episcopus, canonicam chartam, felicis memoriæ, Petri, Pictaviensis antistitis, prætenderunt : in qua concordia continebatur, quam prædicto loco Galterius abbas in capitulo Nantoliensi, assensu monachorum suorum, cum prædicto Petro et Fulcaldo Frenicardi solemniter egit, et irrevocabiliter prænominatis sanctimonialibus concessit : pro qua etiam concordia ipse Fulcaldus dedit eisdem monachis quatuor sextarios in decima Sancti Medardi de Vertolio, qui singulis annis redderentur. Ostenderunt nihilominus privilegium domini papæ, cujus auctoritate prædicta charta atque concordia inconcusse et inviolabiliter firmabatur. Ubi etiam præfatis monachis, et nominatim Burdegalensi metropolitano, et universaliter omnibus, omnis aditus calumniæ, sub anathemate, perenniter claudebatur. Auditis itaque diligenter utriusque rationibus, præcepimus archiepiscopis et episcopis ut euntes ad concilium inde judicarent. Revertentes autem a concilio, chartam tam felicis memoriæ episcopi, insuper et privilegium domini papæ, semper ratum, semper immobile permanere, et contra prædictam controversiam sufficere judicaverunt ; et easdem sanctimoniales prædictum locum quiete et sine omni calumnia perpetuo possidere, et deinceps monachos ab earum inquietatione et perturbatione omnino desistere.

Hoc autem judicium judicaverunt venerabiles Patres, Gillebertus, Turonensis archiepiscopus, cum suis suffraganeis, Ildeberto Cenomanensi, Marbodo Redonensi, Morvanno Venetensi, episcopis ; Willelmus Catalaunensis, Gilbertus Parisiensis, Joannes Aurelianensis, Joannes Macloviensis, Manasses Meldensis, episcopi ; Bernardus, Auxiensis archiepiscopus, cum suis suffraganeis, Gregorio Begorrensi, Guidone Lanscurrensi, Bertranno Vasatensi, episcopis.

Hoc autem judicium, in concilio recitatum, ab omnibus laudatum atque confirmatum est. Et, ut hoc judicium firmius et certius permaneat, propria manu subscripsimus et auctoritatis nostræ sigillo muniri fecimus,

Actum est autem hoc judicium Engolismæ, anno Incarnationis Dominicæ M.C.XVIII, regnante Ludovico, rege Francorum.

XXIV*

Ego Girardus, Engolismensis episcopus et sanctæ Romanæ Ecclesiæ legatus, præsentibus et futuris notum fieri volo quod post discessum Remensis concilii, cui, Deo auctore, domnus noster Calixtus præfuit, in quo inter domnum abbatem Cluniacensem et abbatem Novi Monasterii et abbatem Burguliensem de ecclesia de Magniaco concordiam factam esse audivimus, monachi Burgulienses de ecclesia illa apud nos clamaverunt. Unde nos, constituto termino, abbatem Novi Monasterii ad causam agendam invitavimus, quo termino abbas Novi Monasterii, Marcherius dictus, præsens adfuit, sed abbas Burguliensis non adfuit. Monachi vero Burgulienses adfuerunt sine munimento litterarum abbatis sui et capituli. Et quia incongruum erat ut sine munimento litterarum abbatis sui et capituli agerent, utrique parti alium terminum ad agendum constituimus. Constituto vero termino, monachi Novi Monasteri cum munimento litterarum abbatis sui et capituli ante nos adfuerunt; sed nec abbas Burguliensis, nec monachi ejus adfuerunt, nec canonicam excusationem, imo nullam, pro se miserunt. Unde fratres Novi Monasterii cum integritate possessionis præfatæ ecclesiæ ad propria reversi sunt. Hæc autem ideo scribere curavimus, ut hujus rei veritas præsentibus et futuris innotescat. Et, ut hoc scriptum nostrum in futuro certius et firmius habeatur, sigillo nostro muniri præcepimus.

XXV*

Ego Girardus, episcopus Engolismensis, notum fieri volo præsentibus et futuris quod canonici Sancti-Petri Engolismensis sedis et Guillelmus Audoini et frater ejus Alduinus ante nos convenerunt, pro contentione quam habebant de terra de Insula quæ dicitur de Spanac et de riperia circumadjacente. Hanc vero litem ad talem concordiam perduximus. Concessum est enim a fratribus illis, Willelmo et Alduino, quod propriam terram Sancti-Petri, quæ est in prædicta Insula et in circumadjacente riperia, et homines in ea manentes, libere et quiete possideant canonici, ut nemo alius ibi aliquam consuetudinem habeat, neque per vim, neque per quæsitionem, nec aliquo alio modo. Communis vero terra canonicorum et prædictorum fratrum, ubi est habitatio hominum, communiter habeatur, ita ut reditus æqualiter inter canonicos et prædictos fratres dividantur. Talledæ vel quæsitiones communi consilio fiant et simili modo æqualiter dividantur. De quæsitione vero avenæ quæ civada dicitur, retinuit Guillelmus et frater ejus, ut in singulis rusticis communibus tres unusquisque eminas quærat, quod est sextarius, et canonici similiter quærant sextarium. Riperia quoque circumadjacens, sive culta, sive inculta, communiter habeatur, ita ut reditus, sive de hortis, sive de pratis, sive quolibet alio modo colatur, inter canonicos et supra dictos fratres communiter et æqualiter dividantur. Homines vero canonicorum ad substramina roscam et pascua suorum animalium a canonicis habeant, similiter homines prædictorum fratrum roscam et pascua suorum animalium a prædictis fratribus habeant. Si vero alii homines, qui neque canonicorum neque prædictorum fratrum sint, roscam vel pascua in prædicta riperia habere voluerint, census vel servitium communiter habeant et æqualiter inter ipsos dividatur. Et ut hoc pactum et hæc concordia firmius et certius teneantur, ego Girardus, Engolismensis episcopus, et Achardus, Engolismensis archidiaconus, et Ricardus, cantor, pro concessione canonicorum signum crucis in hac charta fecimus, similiter et Willelmus Alduini, et Alduinus et Bernardus canonicus, fratres ejus, signum crucis in eadem charta fecerunt. Et, ad majorem certitudinem, chartam sub chirographo fecimus, ut et ipsi canonici suam habeant chartam, et utramque sigillo nostro muniri fecimus.

Pacti sunt autem prædictis fratribus canonici ut in

cœmeterio beati Petri, post obitum suum, ipsi et uxores eorum honeste sepeliantur. Testes vero hujus concordiæ isti sunt : Iterius Archembaldi ; Willelmus, Blanzacensis abbas ; Gaufredus de Engolisma, canonicus ; Willelmus de Gorvilla, Willelmus de Jais, laici.

Facta est autem hæc concordia in claustro beati Petri, anno ab Incarnatione Domini M. C.XX, regnante Ludovico, rege Francorum.

S. Girardi, episcopi. †
S. Achardi, archidiaconi.
S. Richardi, cantoris. †
S. Willelmi Alduini. †
S. Bernardi Alduini. †

XXVI*

Ego Girardus, Engolismensis episcopus et sanctæ Romanæ Ecclesiæ legatus, præsentibus et futuris notum fieri volo quod, communi consilio canonicorum Engolismensis sedis, in capitulo, Ricardo, nepoti meo, archidiacono Engolismensi, dedi ecclesiam Sancti-Eparchii, Nantolium, Vogaziacum, medietatem redituum curtis de Marciaco, ecclesiam de Magniaco ; dedi quoque eidem, in capitulo, communi consilio canonicorum, ecclesiam Sancti-Joannis-Baptistæ, decem solidos in ecclesia Sancti-Martialis, medietatem massi de Lunessa, pratum et vineas quas tenebat Fulcaudus de Riperiis. Hoc vero donum de omnibus prædictis canonici communiter concesserunt. Statuimus autem et concessimus ut ista ecclesia scilicet Sancti-Joannis-Baptistæ, decem solidi in ecclesia Sancti-Martialis, medietas massi de Lunessa, pratum et vineæ quas tenebat Fulcaudus de Riperiis, post mortem ejusdem Ricardi, ad communem mensam canonicorum redeant. Sub anathemate quoque interdiximus ne alius archidiaconus vel alia persona istam ecclesiam scilicet Sancti-Joannis-Baptistæ, decem solidos in ecclesia Sancti-Martialis, medietatem massi de Lunessa, pratum et vineas quas tenebat Fulcaudus de Riperiis, quæ de communitate canonicorum erant, post mortem ejusdem Ricardi, a communitate canonicorum separare præsumat. Cætera vero, post mortem ejusdem Ricardi, ad jura episcopi et archidiaconi redeant. Et ut hæc concessio et statuta nostra firmiora et certiora teneantur, in hac charta propria manu nostra subscripsimus et sigillo nostro, sub chirographo, muniri fecimus. Si vero prædictum Ricardum, archidiaconum, episcopum fieri contigerit, concessimus et ipse concessit ut ista ecclesia scilicet Sancti-Joannis-Baptistæ, decem solidi in ecclesia Sancti-Martialis, medietas massi de Lunessa, pratum et vineæ quas tenebat Fulcaudus de Riperiis in vita ejusdem Ricardi, ad communitatem canonicorum redeant.

Ego Girardus, Engolismensis episcopus et sanctæ Romanæ Ecclesiæ legatus.

XXVII

Ego Girardus, Engolismensis episcopus, præsentibus et futuris notum fieri volo quod, piæ petitioni venerandi fratris nostri Joannis, abbatis Fontis Vivi, caritatis intuitu, annuendo, concessimus eidem abbati ut, in loco qui vulgariter Lugeth dicitur, ad Dei servitium et ad ejus nominis laudem, oratorium ædificaretur. Dedimus quoque et concessimus supra dicto abbati atque fratribus ibidem Domino Deo servientibus ut terræ illius, quam propriis laboribus suis excoluerunt, tam ipsi quam successores eorum decimam quiete habeant et teneant. Concessimus quidem ut quicumque, sive clerici, sive laici sint, de victu præfatorum fratrum pascentur, in eodem loco sepulturam habeant, salva auctoritate Engolismensis episcopi, et ecclesiæ illius in cujus parochia oratorium ædificatum est parochiali jure.

Et, ut hoc donum et concessio nostra firmior et certior permaneat, propria manu nostra subscripsimus et auctoritatis nostræ sigillo firmari fecimus.

Ego Girardus, Engolismensis episcopus et sanctæ Romanæ Ecclesiæ legatus.

Facta est autem hæc charta Engolismæ, anno Incarnationis Dominicæ M°. C°. XX°. I°, regnante Ludovico, rege Francorum, et W° (Willelmo) duce Aquitanorum.

XXVIII*

Ego Girardus, Engolismensis episcopus, et capitulum Engolismensis sedis præsentibus et futuris notum facimus quod Arnaudo de Brumont de masso de Girac tale pactum et concordiam fecimus, ut singulis annis reddat ecclesiæ Engolismensi et canonicis ejusdem ecclesiæ octo sextarios frumenti, secundum justam mensuram quæ Engolismæ curret ad festum Sancti-Michaelis, et duos solidos Engolimensis monetæ ad vincula Sancti-Petri, et octo capones ad Natalem Domini, et serviat canonicis de rebus suis liberaliter et sua sponte, sicut bonus homo. Et nos concessimus ei ut ipse et heredes sui habeant ipsum massum, salvis his reditibus et servitio, sicut dictum est. Ipse vero fecit hominium Arnaldo sacristæ ad opus capituli, non ut habeat massum infeodum, sed ut fidelis sit beato Petro et canonicis. Et, ut hoc pactum, et concordia, et concessio, firmiora et certiora permaneant, Girardus, sigillo meo muniri feci.

XXIX*,

Ego Girardus, Engolismensis episcopus, præsentibus et futuris notum facio quod Iterius Archembaudi, ecclesiæ nostræ canonicus, in manu mea dedit sancto Petro et matri ecclesiæ Engolismensi domos suas, quas ab Iterio Archembaudi, patruo suo, habuit, ut eas, cum curte earum, canonici Engolismenses habeant quiete in perpetuum, et possideant, hac conditione ut illi quibus canonici domos illas dederint, singulis annis, in festivitate sancti Sixti, martyris, Sanctæ-Mariæ de Castris, duos solidos Engolismensis monetæ censualiter reddant. Hunc censum reddi fratribus prædictis, singulis annis, concessi ego et totum capitulum. Ut autem hæc donatio cum prædicta conditione rata permaneat, scriptum illud sub chirographo fieri et sigillo nostro muniri fecimus.

    S. Willelmi, thesaurarii. †
    S. Iterii Archembaldi. †
    S. Giraudi Reinaldi. †
    S. Ugonis Ticionis. †
    S. Arnaldi, sacristæ. †
    S. Poncii, canonici. †
    S. Willelmi Henrici. †
    S. Richardi, archidiaconi. †

XXX

Ego Girardus, Engolismensis episcopus et sanctæ Romanæ Ecclesiæ legatus, notum fieri præsentibus et futuris volo quod dedi, consilio Richardi, Engolismensis archidiaconi, ecclesiam Sancti-Amandi super fluvium Charentam, cum decima et omnibus ad eamdem ecclesiam pertinentibus, Saviniensi monasterio Sancti-Martini; dedi, inquam, cum quodam libello in manu venerabilis fratris nostri Pontii, Saviniensis abbatis, præsente ipsius monasterii conventu, ut deinceps tam præsentes fratres prædicti monasterii quam futuri quiete habeant et possideant, salvo nimirum jure Engolismensis episcopi. Et, ut hæc donatio nostra firmior et certior permaneat, in hac charta propria manu subscripsimus, et sigillo nostro muniri fecimus.

Ego Girardus, Engolismensis episcopus et sanctæ Romanæ ecclesiæ legatus.

Interfuerunt huic donationi : Dalmacius, prior de Castello; Arnulfus, celerarius; Durantus de Drasiaco.

Facta est hæc donatio, anno Incarnationis Dominicæ millesimo centesimo vigesimo quarto, in capitulo Saviniacensi, regnante Ludovico, rege Fraucorum.

XXXI*

Girardus, Engolismensis episcopus et sanctæ Romanæ Ecclesiæ legatus, venerabili fratri Fulcaudo, abbati

Karrofensi, et monachis ejusdem monasterii eorumque successoribus, in perpetuum.

Pro querela Radulfi, abbatis Nobiliacensis, quam habebat de ecclesia Sancti-Clementini de Sivraico, vos et ipsum, ex præcepto litterarum Domini nostri Honorii papæ, nos et venerabilis frater noster Willelmus, Pictaviensis episcopus, ad præsentiam nostram invitavimus. Constituto igitur termino, vobis et ipso abbate Radulfo ante nos assistentibus cum quibusdam monachis suis, idem abbas Radulfus ecclesiam Sancti-Clementini, infra castrum Sivraicum sitam, dixit esse sui juris, eo quod infra terminos ecclesiæ suæ de Exidolio contineretur, et parochia ejudem ecclesiæ de Exidolio esset circa castellum Sivriacum. Ad hoc vos respondistis quod ecclesiæ Sancti-Clementini ex antiquo jus parochiale per se et integre habuit in chrismate, in baptismate, in confessionibus, in oblationibus, in purificatione mulierum, in nuptiis, in cœmeterio et in sepultura, in duellis, et in judiciis, et in ceteris quæ ad parochiale jus pertinent, nec in aliquo tempore presbyter ecclesiæ Santi-Clementini presbytero ecclesiæ de Exidolio aliquem censum vel debitum persolvit, nec ei aliquam reverentiam ex debito exhibuit, imo talem libertatem ex antiquo habuit et habet quod archipresbytero, cui presbyter ecclesiæ de Exidolio ex debito subjectus est, nullam obedientiam vel reverentiam ex debito exhibet. Adjecistis etiam quod Karofense monasterium ecclesiam Sancti-Clementini, dono episcopi Pictavensis, ante habuit quam monasterium Nobiliacense ecclesiam de Exidolio habuisset. Has vero rationes vestras prædictus abbas Nobiliacensis veras esse nequaquam negavit. His itaque utriusque partis rationibus diligenter auditis, nos et venerabiles fratres nostri Willelmus Pictaviensis, Willelmus Petragoricensis, episcopi; Galo, Leonensis episcopus, et nonnullæ aliæ sapientes et religiosæ personæ, judicavimus quod ecclesia Sancti-Clementini prædictum jus parochiale per se et integre, et libertatem suam in perpetuum haberet et possideret, et monasterium Karrofense et servitores ejusdem ecclesiæ eamdem ecclesiam Sancti-Clementini cum omnibus ad ipsam pertinentibus, absque calumnia et inquietatione monasterii Nobiliacensis, haberet et possideret. Et, ut hæc definitio firmior et certior habeatur, in hac charta propria manu nostra subscripsimus, et sigillo nostro muniri fecimus.

Interfuerunt huic definitioni prædicti episcopi, Herveus, thesaurarius Sancti-Hilarii et archidiaconus Breissensis; Guillelmus, decanus Sancti-Hilarii; Gobertus, decanus Sancti-Petri-Pictaviensis; Laurentius Pictaviensis; Arnaldus, qui non ridet; Emenor, prior Vastinensis, et quamplures aliæ sapientes personæ.

Ego Girardus, Engolismensis episcopus et sanctæ Romanæ Ecclesiæ legatus.

Factum est hoc judicium Engolismæ, anno ab Incarnatione Domini 1128, tertio die post dedicationem Engolismensis ecclesiæ.

XXXII

Ego Girardus, Engolismensis episcopus et sanctæ Romanæ Ecclesiæ legatus, præsentibus et futuris notum facio quod fratres nostri Petrus, abbas Silvæ Majoris, et monachi ejus apud nos querelam deposuerunt de Willelmo, Aquensi episcopo, quod eos de ecclesia Sancti-Vincentii de Aquis sine judicio et audientia expoliavit; unde idem episcopus a nobis vocatus, constituto termino, ante nos non venit, nec canonicam excusationem pro se misit; unde ei litteris nostris præcepimus ut de eadem ecclesia monasterium Silvæ Majoris investiret, et bona ablata ex integro restitueret. Quod quia non fecit, ei episcopale officium interdiximus, et civitatem Aquensem et suburbium sub interdicto posuimus, et ecclesiam Sancti-Vincentii divinis privavimus officiis. Postea vero prædictus episcopus, et abbas, et monachi Silvæ Majoris, in concilio quod Burdegalæ celebravimus, in præsentia nostra fuerunt, et episcopum eumdem ut abbati et monachis Silvæ Majoris de investitura ecclesiæ Sancti-Vincentii et de omnibus bonis ad ipsam pertinentibus, secundum judicium concilii, justitiam exequeretur submonuimus; quod episcopus facere noluit. Tandem ad sedem concilii ad nos accedens, ut abbatem et monachos Silvæ Majoris de prædicta ecclesia Sancti-Vincentii ex nostra et sua parte revestiremus concessit, et ipse ut eis investituram illam corporaliter faceret et teneret in præsentia nostra promisit; et nos quidem apostolicæ sedis auctoritate abbatem et monachos Silvæ Majoris de ipsa ecclesia Sancti-Vincentii, et de omnibus ad ipsam ecclesiam pertinentibus de quibus investiti erant, quando eos de eadem ecclesia expulsit, investivimus, salvo jure Aquensis ecclesiæ, si quid ibi habeat, et ipse in præsentia nostra eos similiter investivit. Et, ut investitura firmior et certior habeatur, in hac charta propria manu nostra subscripsimus, et sigillo nostro muniri fecimus.

Ego Girardus, Engolismensis episcopus et sanctæ Romanæ Ecclesiæ legatus.

XXXIII

Epistola Petri Portuensis de contentione eligendi apostolici.

Petrus, Portuensis episcopus, quatuor episcopis Willelmo Prænestino, Matthæo Albanensi, Conrado Sabinensi, Johanni Ostiensi.

Quanta sit pro vobis tribulatio cordis mei, ille solus novit qui omnia novit : vobis quoque meis litteris cognitum saltem jam ex parte fuisset, nisi Ecclesiæ sententia et communis auctoritas prohiberet. De commendatione seu vituperatione personarum de quibus nunc sermonum varietas agitatur non est hujus temporis judicare : est qui quærat et judicet. Si tamen quisquam præsto fuerit accusare, præsto erit et qui debeat respondere; præsertim cum in vestro et meo, immo in totius Ecclesiæ conspectu, uterque sapienter vixerit et honeste, et quæ officii sui erant plena hucusque exercuerit libertate. Abstinere vos potius convenit a sermonibus otiosis et verbis præcipitationis : si de rumoribus agitur, longe se aliter habent res quam vestræ apud me litteræ protestantur. Ad hæc, si verba quæ posuistis, si ordinis rationem attenditis (ut salva reverentia vestra loquar), factionem illam vestram qua confidentia, qua fronte, electionem vocare præsumitis? Cur illum vestrum dicitis ordinatum, cum prorsus in causa ejus ordo non fuerit? Siccine didicistis papam eligere? In angulo, in abscondito, in tenebrosis et umbra mortis? Si mortuo papæ vivum succedere volebatis, cur mortuum vivere prædicabatis? Multo melius erat mortuo humanitatem impendere, et sic de vivi solatio cogitare. Sed ecce, dum de mortuo solatium vivo requiritis, et vivum et mortuum pariter suffocastis. Postremo, nec vestrum, sicut nec meum, fuit eligere, sed potius electum a fratribus spernere vel approbare. Quod igitur, neglecto ordine, contempto canone, spreto etiam ipso a vobis condito anathemate, me inconsulto priore vestro, inconsultis etiam fratribus majoribus et prioribus, nec etiam vocatis aut expectatis, cum essetis novitii et in numero brevi paucissimi, facere præsumpsistis, pro infecto habendum esse, et nihil omnino existere, ex ipsa vestra æstimatione potestis advertere. Cito autem nobis Dominus affuit, et viam qua errori vestro contraire possemus ostendit; fratres siquidem vestri cardinales (quorum præcipua est in electione potestas) cum clero, universo expetente populo, cum honoratorum consensu, in luce, in manifesto, unanimi voto et desiderio, elegerunt dominum Petrum cardinalem in Romanum pontificem Anacletum. Hanc ego electionem canonice celebratam conspexi, et, auctore Deo, confirmavi. Hunc Ecclesia suscipit et veneratur; hunc, per Dei gratiam, episcopi, abbates, principes, capitanei, et barones, quidam per seipsos, quidam per nuncios suos, videntibus nobis, frequentant. Deprædationem illam et crudelitatem quam prætenditis non videmus. Quicumque ad eum pro responsis seu negotiis suis veniunt benigne suscipiuntur, benignius revertuntur. Redite, jam redite ad cor: nolite schisma in Ecclesia facere; ad animarum subversionem nolite ulterius laborare: teneat vos timor Dei, non pudor sæculi. Numquid qui dormit non adjiciet ut resurgat? Desistite jam mendaciis, in quibus impii spem suam ponere consuerunt. Dominus Tiburtius in scriptis suis cum juramento testificatus est, dicens quod ego diaconum Sancti Angeli solum idoneum judicavi ad pontificatus ordinem. Videat ipse quid dixerit : ego in occulto locutus sum nihil ; non est aliquis qui hoc verbum ab ore meo unquam audierit. Hæc fuit sententia mea semper, ut non nisi sepulto papa de successoris persona mentio haberetur. Unitatem Ecclesiæ tenui et tenebo: veritati et justitiæ adhærere curabo, confidenter sperans quia justitia et veritas liberabit me.

XXXIV

Girardus, Burdegalensis archiepiscopus et sanctæ Romanæ Ecclesiæ legatus, venerabili fratri Androni, abbati Sanctæ Crucis, et monachis ei a Deo commissis eorumque successoribus, in perpetuum.

Quamdiu episcopalem sollicitudinem gerimus, ecclesiarum ordinationi, atque venerabilium et religiosorum locorum amplificationi, quantum possumus, studere debemus. Ea propter, carissimi in Domino fratres, ecclesiam Sancti Petri de Benciaco, personis ad ejus servitium olim deputatis destitutam, cum assensu archidiaconorum nostrorum, Gombaldi et Willelmi, atque canonicorum capituli nostri, cujus est eadem ecclesia censualis, vobis dedimus et concessimus, ut eam cum ecclesiis Sancti Martini et Sancti Bibiani et omnibus possessionibus et pertinentiis suis, tam vos quam successores vestri, in perpetuum quiete habeatis et possideatis, salvo canonico jure archiepiscopi et archidiaconi. Nos vero et canonici in ecclesia de Benciaco, vobis concedentibus, retinuimus ut vos et successores vestri, in festivitate Sancti Andreæ, per singulos annos, decem solidos burdegalensis monetæ capitulo beati Andreæ ad mensam canonicorum censualiter reddatis. Retinuimus etiam ut, quotiescumque Sancti Andreæ canonicus senex aut debilis, aut infirmus, aut paupertate pressus, in ecclesia illa manere voluerit, ibi maneat et procurationem ab eadem ecclesia habeat. Retinuimus etiam ut, quotiescumque canonici Sancti Andreæ illuc ierint, ab ejusdem ecclesiæ habitatoribus honeste suscipiantur et procurentur. Et, ut hoc donum firmius et certius permaneat, in hac charta propria manu subscripsimus et sigillo Engolismensis ecclesiæ, quia nondum in Burdegalensi ecclesia sigillum feceramus, muniri præcepimus. Interfuerunt huic dono venerabilis Ægidius, Tusculanus episcopus; Gregorius et Romanus, apostolicæ sedis cardinales et legati.

Ego Girardus, Burdegalensis archiepiscopus et sanctæ Romanæ Ecclesiæ legatus.

XXXV

Girardus, Burdegalensis archiepiscopus et sanctæ Romanæ Ecclesiæ legatus, venerabili fratri Androni, abbati monasterii Sanctæ Crucis Burdegalensis, et monachis ei a Domino commissis, salutem et benedictionem.

Pro querela quam apud nos deposuistis, et apud decessorem nostrum deposueratis, Wilelmum, priorem Sancti Nicolai de Grava, et monachos in eodem loco morantes, longo termino posito, litteris nostris invitavimus ut cum abbate suo vel cum litteris et responsalibus ejus ante nos se præsentarent, ut vobis de ecclesia Sancti Nicolai de Grava, quæ, ut asseritis, vestri juris est, et in parochia ecclesiæ vestræ Sanctæ Mariæ de Solaco sita est, justitiam exequerentur. Termino vero statuto, vos ad causam istam agendam ante nos præsto fuistis ; sed nec illi nec abbas eorum ante nos affuerunt, nec aliquam allegationem pro se miserunt. Vos itaque et monasterium Sanctæ Crucis de prædicta ecclesia Sancti Nicolai de Grava, cum consilio archidiaconorum Burdegalensis ecclesiæ et aliorum clericorum nostrorum, investivimus, ut ecclesiam illam et omnia ad eam pertinentia habeatis et possideatis, salvo tamen fundi, si quod jus ibi in fundo Cluniacense monasterium habet, et salvo Burdegalensis archiepiscopi jure. Et, ut hæc investitura firmior et certior habeatur, chartam istam sigillo nostro muniri fecimus.

XXXVI

G. (Girardus), Engolismensis episcopus et sanctæ Romanæ Ecclesiæ legatus, venerabilibus fratribus A. (Amelio) Castrensi, B. (Bernardo) Galliacensi abbatibus, archipresbyteris, presbyteris, principibus, clero et populo in civitate Albiensi, et in suburbio, atque in diœcesi ejusdem civitatis consistentibus, obedientibus, salutem et benedictionem.

Nostis, ut credimus, quod canonici matris ecclesiæ Albiensis Sanctæ Cæciliæ non solum episcopo suo, verum etiam nobis, imo sanctæ Romanæ Ecclesiæ inobedientes sunt, et populum venenosis et fallacibus persuasionibus suis ab obedientia episcopi, quantum possunt, retrahunt ; quæ inobedientia adeo processit quod domus episcopalis eversa et destructa est, et mater Ecclesia, quæ domus Dei erat, satellitibus munita, spelunca latronum facta est; et adeo eorum in obedientia processit quod excommunicati et schismatici facti, per annum et eo amplius, excommunicationem et saisinam sustinuerunt. Vobis itaque, apostolicæ sedis auctoritate, mandamus et mandando præcipimus ut eorum participationem, ne eadem excommunicatione implicemini, caveatis, nec malignis eorum suggestionibus credatis, nec aliquod auxilium eis impendatis, sed venerabili fratri nostro Hu. (Hugoni), episcopo vestro, plenam obedientiam exhibeatis, eumque, cum vobis injunxerit, ad conterendam prædictorum canonicorum contumaciam auxiliis et consiliis vestris obligenter juvetis, ut cæteri audientes metum habeant ; vobis quoque, qui archipresbyteratus et honores, sive possessiones ad matrem Ecclesiam, sive ad episcopum tenetis, præcipimus ut de his reditus et servitium prædicto episcopo vestro reddatis et subjectionem exhibeatis, et nihil inde canonicis prædictis inobedientibus. Qui vero his mandatis nostris obedierint, qui gratiam et benedictionem omnipotentis Dei et beati Petri et nostram habeant; quod si qui, quod absit, horum mandatorum contemptores extiterint, auctoritate sanctorum apostolorum Petri et Pauli, eos excommunicationi subjacere decernimus.

TABLE CHRONOLOGIQUE

DES CHARTES CITÉES (1).

1104. — Girard assiste, à Périgueux, à la donation faite aux moines d'Uzerche de l'église de Saint-Médard de l'Abbaye, par l'évêque Guillaume d'Auberoche. (Baluz., *Hist. Tutel.*, Append., col. 877-878. Parisiis, M.DCCXVII.)

1105. — Girard assiste, à Bourges, à la donation faite aux moines d'Issoudun de l'église de la Champenoise, par l'archevêque Léger. (*Gallia Christiana*, t. II, col. 158. Paris, M.DCCXX.)

---

(1) Nous conservons aux chartes leurs dates, persuadé que nous sommes que le légat ne commençait point l'année à Pâques, selon l'usage de plusieurs contrées. Trois faits nous semblent, en effet, venir à l'appui de notre sentiment :

1° La charte relative à Tusson, faite avant la mort de Pierre II, évêque de Poitiers, est datée de 1115. Pâques fut cette année-là le 18 avril. L'évêque Pierre mourut le 5 avril. La charte de Tusson est donc d'avant Pâques; elle devrait donc porter la date de 1114 ; or, le contraire a lieu.

2° La charte relative à Sivrac, faite avant l'élection de Pierre de

— 376 —

1107, mai. — Girard est appelé par le pape Pascal II à juger, au concile de Troyes, le différend des abbayes de Cluny et de Saint-Père de Chartres au sujet de la celle de Saint-Denis de Nogent. (Mansi, *Concil.*, t. XX, 1040. Florentiæ, M.DCCLIX.)

1107. — Jugement par lequel Girard, Richard d'Albano et Albert d'Avignon adjugent aux moines d'Aniane la celle de Notre-Dame de Gordien, que leur disputaient les moines de la Chaise-Dieu. (*Gall. Christ.*, t. II, col. 995.)

1107. — Girard, légat de la sainte Église romaine, maintient, au concile de Nantes, le jugement prononcé par le pape Pascal II contre Raoul de Fougères, qui s'était injustement emparé, au préjudice des moines de Marmoutiers, des églises de sa baronie. (D. Lobineau, *Hist. de Bret.*, t. II, Preuves, col. 200-201. Paris, M.DCCVII.)

1107. — Girard, dans le même concile de Nantes, ménage une réconciliation entre les moines de Marmoutiers et de Redon, qui se disputaient l'église

---

Confolens au siége de Saintes, est datée de 1117. Pâques fut cette année-là le 25 mars. Le 19 avril Pierre de Confolens était déjà nommé évêque de Saintes, et son sacre eut lieu le 16 juin suivant. La charte de Sivrac est donc d'avant Pâques; elle devrait donc porter la date de 1116; or, le contraire a lieu.

3° La charte de la translation des reliques de saint Aubin, faite lorsque Foulques était encore comte d'Anjou, est datée de 1128. Or, Foulques partit pour la Palestine avant Pâques de cette même année. La charte devrait donc porter la date de 1127; le contraire a lieu.

D. Fonteneau a donc eu raison de ne point modifier, jusqu'à la fin du XIIIe siècle (conformément à sa note du tome XVII, p. 55), les dates exprimées dans les chartes.

de Berhet. (D. Lobineau, *Hist. de Bret.*, t. II, Preuves, col. 194-195.)

1107. — Girard reçoit, dans le même concile de Nantes, l'opposition d'Alain de Maidon et d'Harscoët de Saint-Pierre à la donation de Puzarlès, qu'avait faite aux religieux de Saint-Martin de Marmoutiers Alain Fergent, duc de Bretagne et comte de Cornouaille. (D. Lobineau, *Hist. de Bret.*, t. II, Preuves, col. 264-265.)

1108. — Guillaume Taillefer III, IXe comte d'Angoulême, rend à Girard, son évêque, les droits qu'il avait usurpés sur l'église d'Aent. (Bibliothèque de Poitiers, D. Fonteneau, t. XXVII *bis*, p. 345. Abb. de Saint-Jean-d'Angely.)

1108, 14 avril. — Lettre de Pascal II qui notifie à l'Aquitaine le choix qu'il a fait de l'évêque d'Angoulême pour son légat. (Labbe et Cossart, *Concil.*, t. X, col. 660. Paris, M.DCLXXI.)

1108. — Girard donne, en sa qualité de légat du saint siége, au B. Robert d'Arbrissel, une lettre de recommandation pour l'ordre de Fontevrault. (Pavillon, *Vie du B. Robert d'Arbris.*, Preuves, p. 596, n° 119. Saumur, M.DCLXVII.)

1108. — Girard sacre archevêque de Dol Baudri, abbé de Bourgueil. (D. Martène, *Thesaurus nov. Anecdot.*, t. III, 882. Lutetiæ Parisiorum, M.DCCXVII.)

1108. — Girard confirme la donation que Hugues de Sainte-Maure venait de faire au monastère de Notre-Dame de Noyers de l'église dudit lieu de Sainte-Maure. (Bibliothèque de Poitiers, Cartulaire mss. de l'abbaye de Noyers, charte 512e.)

1109. — Girard dicte, au château de la Rochefoucauld,

la charte qui met fin à un procès existant entre le chapitre de Saint-Pierre d'Angoulême et Émeric de la Rochefoucauld, au sujet de l'écluse des moulins de Châtelars. (Cartul. mss. du chapitre de Saint-Pierre d'Angoulême.)

1109. — Troubles dans l'abbaye de Baignes, à l'occasion de l'élection d'un abbé. (Cartul. mss. de Baignes, charte III, f° 3.)

1109, 19 octobre. — Jugement par lequel Girard termine, au concile de Loudun, la querelle des moines de Tournus et de l'évêque de Nantes, au sujet de l'église de Saint-Viaud. (Labbe et Cossart, *Concil.*, t. X, col. 762.)

1109. — Jugement par lequel Girard adjuge, dans le même concile de Loudun, aux moines de Marmoutiers, la chapelle de Saint-Étienne de Chemillé, dont les chanoines de cette ville leur disputaient la possession. (Labbe et Cossart, *Concil.*, t. X, col. 762.)

1109. — Girard approuve, au même concile de Loudun, la donation que Benoît, évêque de Nantes, avait faite aux moines de Marmoutiers de l'église de Saint-Médard de Doulon. (D. Lobineau, *Hist. de Bret.*, t. II, Preuves, col. 268.)

1109 (vers). — Girard reçoit, au nom du chapitre de Saint-Pierre d'Angoulême, le mas de la *Grause*. (Cartul. mss. du chapitre de Saint-Pierre d'Angoulême.)

1109 (vers). — Girard reçoit, au nom du chapitre de Saint-Pierre d'Angoulême, la donation d'un bois situé entre le pont de la Touvre et les prairies des comtes d'Angoulême. (Cartul. mss. du chapitre de Saint-Pierre d'Angoulême.)

1109 (vers). — Hugues de Sales et son frère Itier renoncent, entre les mains de Girard, à la dîme de l'église de Saint-Groux. (Cartul. mss. du chapitre de Saint-Pierre d'Angoulême.)

1109 (vers). — Girard termine le différend qui s'était élevé entre le chapitre de Saint-Pierre d'Angoulême et le monastère de Saint-Martin de Limoges. (Cartul. mss. du chapitre de Saint Pierre d'Angoulême.)

1110, 19 janvier. — Robert de Marthon et ses frères renoncent, entre les mains de Girard, aux droits qu'ils avaient usurpés dans l'église d'Ains, au préjudice du chapitre de Saint-Pierre d'Angoulême. (Cartul. mss. du chapitre de Saint-Pierre d'Angoulême.)

1110, —Pierre de Soubise, évêque de Saintes, confirme à l'abbaye de Cluny la donation de l'abbaye de Saint-Étienne de Baignes. (*Gall. Christ.*, t. II, *Eccles. Santon.*, col. 1118.)

1110, 24 avril. — Sur la demande de Girard, le pape Pascal II assure à l'église d'Angoulême la paisible possession de ses biens. (Cartul. mss. du chapitre de Saint-Pierre d'Angoulême.)

1110. — Girard ordonne à l'évêque de Clermont de respecter le jugement de Richard d'Albano dans l'affaire du doyen de Mauriac, et de rendre pleine justice à l'abbé de Saint-Pierre-le-Vif de Sens. (Labbe et Cossart, *Concil.*, t. X, col. 763.)

1110. — Girard détermine Benoît, évêque d'Alet, à ratifier

la donation faite par le vicomte de Josselin de l'église de Notre-Dame aux moines de Marmoutiers. (D. Lobineau, *Hist. de Bret.*, t. II, Preuves, col. 155.)

1110, octobre. — Girard donne aux moines d'Uzerche la moitié des droits curiaux de l'église de Nieuil. (Baluz , *Hist. Tutel.*, Append., col. 865-866.)

1110. Voyage de Girard à Rome. (Cartul. mss. de Baignes, charte III, f° 3.)

1110 (vers). — Geoffroy de Vendôme demande justice à Girard des violences de Pierre de Montoire. (Despont, *Biblioth. maxima Patrum*, t. XXI, p. 12; *Goffrid. Vindoc.*, lib. I, epist. XIX. Lugduni, M.DCLXXVII.)

1111. — Jugement par lequel Girard fait justice des prétentions de l'abbé de Saint-Maixent, qui disputait aux religieux de la Chaise-Dieu les églises que leur avait données dans la ville de Jazeneuil Pierre II, évêque de Poitiers. (*Gallia Christ.*, t. II, col. 332-333.)

1111. — Girard maintient en possession de sa charge Archambaud, abbé de Saint-Aubin d'Angers, contrairement aux prétentions de Payen d'Aleric. (Pavillon, *Vie du B. Robert d'Arbris.*, ch. LI, p. 167 et suiv.)

1111. — Lettre de Geoffroy de Vendôme à Girard par laquelle cet abbé proteste contre les paroles injurieuses pour le pape Pascal II qu'on lui avait prêtées. (Despont, *Biblioth. max.*, t XXI, p. 12; *Goffrid. Vindoc.*, lib. I, epist. XX.)

1111. — Lettre de Pascal II à Girard pour l'encourager à persévérer dans la justice. (Labbe et Cossart, *Concil.*, t. X, col. 784-786.)

1111, 19 novembre. — Pascal II ordonne à Girard de terminer l'affaire de Baignes. (Cartul. mss. de Baignes, charte III, f° 4.)

1111, 20 novembre. — Privilége de Pascal assurant à l'abbaye de Baignes la protection du siége apostolique. (Cartul. mss. de Baignes, charte I, f° 1.)

1112. — Pierre, fils de Baudrand, cède à l'évêque Girard et à tous ses successeurs les droits qu'il possédait sur l'église d'Aent. (Cartul. mss. du chapitre de Saint-Pierre d'Angoulême.)

1112, du 20 au 25 mars. — Pascal reçoit la plainte de Foulques, soi-disant abbé de Baignes, et donne à Girard, *qui se trouvait alors à Rome*, de nouveaux ordres pour terminer cette affaire. (Cartul. mss. de Baignes, charte III, f° 4.)

1112, 31 octobre. — Pascal annonce à Girard, à l'archevêque de Bordeaux et à l'évêque de Saintes la fin de l'affaire de Baignes. (Cartul. mss. de Baignes, charte III, f° 5.) (1)

1112 (vers). — Girard reçoit la plainte des moines d'Uzerche contre Pierre II, leur abbé. (Baluz., *Hist. Tutel.*, Append., col. 842.)

1113. — Girard lève l'excommunication qu'il avait lancée contre Boson, frère du vicomte de Châtellerault, qui s'était emparé, au préjudice de l'église d'Angoulême, de la moitié de la dîme d'Aent. (D. Fon-

---

(1) M. l'abbé Cholet, qui vient de publier ce cartulaire, en a déposé le manuscrit entre les mains de Mgr Cousseau, évêque d'Angoulême.

teneau, t. XXVII bis, p. 351 et 352. Abb. de Saint-Jean-d'Angély.)

1113, 27 septembre. — Girard assiste, à Tulle, à la confirmation par Guillaume, évêque de Cahors, des donations de plusieurs églises faites aux moines de Tulle par Gérald et Frataire, ses prédécesseurs. (Baluz., *Hist. Tut.*, lib. II. cap. XIV, et Append., col. 377.)

1113 (vers). — Girard excommunie Foulques V, comte d'Anjou. (Despont, *Biblioth. max.*, t. XXI, p. 13 ; *Goffrid. Vindoc.*, lib. I, epist. XXI.)

1114. — Girard donne au monastère de Saint-Florent de Saumur l'église de Saint-Surin, près de Châteauneuf-sur-Charente. (Biblioth. impér., Cartulaire de l'abbaye des Blancs-Manteaux, f° 201, 50 c.)

1114. — Girard consacre les droits du monastère de Saint-Florent de Saumur sur Saint-Florent de la Rochefoucauld. (Cartul. de l'abb. des Blancs-Manteaux, f° 202, 50 c.)

1114, 20 septembre. — Girard assiste, à Sully, à la fin d'un différend qui s'était élevé entre les religieux de ce monastère et l'abbaye de Fontevrault, à l'occasion du bois de Bort. (*Clypeus nasc. ordinis Fontebrald.*, t. I, *Dissert*. II, p. 156-157. Salmurii. Parisiis, M.DCLXXXIV.)

1115. — Girard confirme l'accord qu'avait fait conclure Pierre II, évêque de Poitiers, entre les religieux de Nanteuil-en-Vallée et l'abbaye de Fontevrault, à l'occasion de Tusson. (Pavillon, *Vie du B. Robert d'Arbris.*, Preuves, p. 555, n° 35.)

1115. — Girard confirme la donation du Mas d'Onge faite aux religieuses de Fontevrault par Giraud de

Corps. (*Clypeus nasc. ordin. Fonteb.*, t. II, *Dissert.* III, page 113. Salmurii. Parisiis, M.DCLXXXVIII.)

1116, 18 mars. — Girard oblige, au concile de Châteauroux, l'abbé de Saint-Cyprien de Poitiers à réparer l'injure qu'il avait faite à Pétronille de Chemillé, abbesse de Fontevrault, en s'emparant de Conoul. (D. Martène, *Thes. nov. Anecdot.*, t. IV, col. 133.)

1116. — Philippe, prieur de Ventadour, surprend la bonne foi du légat qui consacre, à Angoulême, les prétentions de ce religieux sur la forêt de Manzenas, au préjudice du monastère d'Uzerche. (Baluz., *Miscellan.*, lib. VI, p. 490. Parisiis, M.DCLXXVIII.)

1116. — Girard reconnaît son erreur, et adjuge, à Excideuil, la forêt de Manzenas à ses légitimes possesseurs. (Baluz., *Miscell.*, t. III, p. 66. Lucæ, M.DCCLXI.)

1116. — Girard écrit à Conan III, duc de Bretagne, qui empêchait les religieux de Sainte-Croix de Quimperlé de recourir à son autorité dans la querelle qui s'éleva entre eux et les moines de Redon, à l'occasion de Belle-Ile. (D. Lobineau, *Hist. de Bret.*, t. II, Preuves, col. 275.)

1116. — Le légat ordonne à l'évêque de Quimper, sous peine d'anathème, d'excommunier le duc de Bretagne et de lancer l'interdit sur toutes ses terres, si ce prince a la témérité de s'emparer des biens de l'abbaye de Quimperlé. (D. Lobineau, *Hist. de Bret.*, t. II, Preuves, col. 275.)

1117 (Vers). — Geoffroy de Vendôme instruit Girard des bruits infamants qui courent sur son compte. (Despont, *Biblioth. max.*, t. XXI, p. 12 et 13; *Goffrid. Vindoc.*, lib. I, epist. XXI.)

1117. — Accord fait par Girard, évêque d'Angoulême, entre les religieux de Charroux et un nommé Bernard, clerc, à l'occasion de l'église du monastère de Sivrac, en Angoumois. (D. Fonteneau, t. IV, p. 137. Abb. de Charroux.)

1117. — Girard met fin à la discussion qui s'était élevée entre le chapitre de Saint-Pierre d'Angoulême et l'abbaye de Bassac, à l'occasion du bois et de la terre de Moulède. (Cartul. mss. du chapitre de Saint-Pierre d'Angoulême.)

1117, 19 avril. — Transaction par laquelle l'abbé de l'Écluse renonce, en faveur des moines de Tulle, à ses prétentions sur l'église de Saint-Nicolas d'Aurioles. (Baluz., *Hist. Tut.*, Append., col. 441-442.)

1117, 19 avril. — Jugement par lequel Girard adjuge l'église de Migné à Guibert, abbé de Bourgueil, contrairement aux prétentions de l'abbaye de Saint-Jean de Montierneuf de Poitiers. (Biblioth. impér., *Collect. Gaignères*, 192. Abb. de Bourgueil.)

1117, 19 avril. — Jugement par lequel Girard consacre les droits de l'abbaye de Saint-Martial de Limoges sur l'église de Saint-Sulpice-de-Royan, que lui disputait Pierre, abbé de Saint-Etienne de Vaux-sur-Mer. (Biblioth. impér., fonds latin, n° 10,124. Cartul. mss. de Saint-Etienne de Vaux, charte X. *Gall. Christ.*, t. II, col. 560, 1033, 1114, 1366, 1423.)

1117, 19 avril. — Jugement rendu par Girard, évêque

d'Angoulême et légat de la sainte Église romaine, sur le différend existant entre l'abbaye de Quimperlé et celle de Redon, au sujet de Belle-Ile. (D. Lobineau, *Hist. de Bret.*, t. II, Preuves, col. 272.)

1117, fin avril. — Lettre par laquelle Girard notifie à l'évêque de Vannes le jugement prononcé contre l'abbé de Redon, au sujet de Belle-Ile. (D. Lobineau, *Hist. de Bret.*, t. II, Preuves, col. 273.)

1117. — Lettre de Girard aux évêques de Bretagne pour leur ordonner de mettre en interdit toutes les obédiences et celles dépendantes de l'abbaye de Redon, et de signifier au duc de Bretagne qu'il ait à réparer l'injure faite aux moines de Quimperlé par sa coopération à l'invasion de Belle-Ile. (D. Lobineau, *Hist. de Bret.*, t. II, Preuves, col. 273.)

1117, 30 novembre. — Lettre de Pascal II à Girard pour consoler les ennuis que lui cause l'entêtement de l'abbé de Redon, et lui demander d'ordonner des prières publiques dans toutes les paroisses de sa légation. (D. Lobineau, *Hist. de Bret.*, t. II, Preuves, col. 274.)

1117, 30 novembre.—Lettre de Pascal à Conan III, duc de Bretagne, pour lui ordonner de contraindre les moines de Redon à observer le jugement rendu par Girard sur l'affaire de Belle-Ile. (D. Lobineau, *Hist. de Bret.*, t. II, Preuves, col. 275.)

1117. — Lettre de félicitation et d'encouragement adressée à Girard, à l'occasion de l'affaire de Belle-Ile, par les archevêques de Lyon et de Besançon. (D. Lobineau, *Hist. de Bret.*, t. II, Preuves, col. 274.)

1117, décembre, ou janvier 1118. — Lettre de Girard à

Hervé, abbé de Redon, pour l'inviter à se rendre au prochain concile d'Angoulême. (D. Lobineau, *Hist. de Bret.*, t. II, Preuves, col. 276.)

1117, décembre, ou janvier 1118. — Lettre de Girard à Morvan, évêque de Vannes, pour l'inviter à assister au prochain concile d'Angoulême, et à contraindre Hervé de s'y rendre. (D. Lobineau, *Hist. de Bret.*, t. II, Preuves, col. 276.)

1118. — Réponse de la comtesse Ermengarde, mère du duc de Bretagne, à Girard, qui lui avait demandé de travailler à aplanir toutes les difficultés de l'affaire de Belle-Ile. (D. Lobineau, *Hist. de Bret.*, t. II, Preuves, col. 276.)

1118. — Lettre du duc de Bretagne à Gilbert, archevêque de Tours, pour implorer sa médiation dans l'affaire de Belle-Ile. (D. Lobineau, *Hist. de Bret.*, t. II, Preuves, col. 275.)

1118. — Répondant à Conan, Gilbert le conjure de se soumettre au jugement prononcé par l'évêque d'Angoulême, et déjà confirmé par le pape. (D. Lobineau, *Hist. de Bret.*, t. II, Preuves, col. 275.)

1118. — Relation du procès de Belle-Ile faite jusqu'au concile d'Angoulême par Gurheden, moine de Quimperlé. (D. Lobineau, *Hist. de Bret.*, t. II, Preuves, col. 271-272.)

1118, 14 mars. — Jugement de Girard et du concile d'Angoulême adjugeant Tusson aux religieuses de Fontevrault, contrairement aux prétentions des religieux de l'abbaye de Nanteuil-en-Vallée. (*Clypeus nasc. ord. Fonteb.*, t. I, Dissert. I, p. 74.)

1118. — Charte de Conan et de sa famille rendant, sur le jugement du concile d'Angoulême, à l'abbaye de Sainte-Croix de Quimperlé, la propriété de Belle-Ile. (D. Lobineau, *Hist. de Bret.*, t. II, Preuves, col. 276.)

1118, septembre. — Girard est témoin d'une transaction passée entre Guy, évêque de Lescar, et Ponce, abbé de Cluny, à l'occasion de certaines églises de l'évêché de Nimes. (Pierre de Marca, *Hist. de Béarn*, p. 458. Paris, M.DCXL.)

1118. Girard est témoin de la donation faite au chapitre de Saint-Pierre d'Angoulême, par Seguin de Coursac et sa famille, des dîmes de la paroisse de Charment. (Cartul. mss. du chapitre de Saint-Pierre d'Angoulême.)

1118. — Girard est témoin de la donation faite au chapitre de Saint-Pierre d'Angoulême, par Pierre III, évêque de Saintes, de l'Église de Saint-Médard d'Auge. (Cartul. mss. du chapitre de Saint-Pierre d'Angoulême.)

1118 (vers). — Hugues de Raoul, Pierre et Zacharie ses frères, restituent au chapitre de Saint-Pierre d'Angoulême, représenté par Girard, les biens dont ils s'étaient injustement emparés près le bourg de Puyréaux. (Cartul. ms. du chapitre de Saint-Pierre d'Angoulême.)

1119, du 1er au 6 février. — Girard souscrit, à Cluny, à l'élection du pape Calixte II. (Migne, *Patrol.*, t. CLXIII, col. 1438, IX, epist. Cononis ad H. Nivernensem episcopum. Lutetiæ Parisiorum, 1854.)

1119. — Geoffroy de Vendôme sollicite auprès de Girard la réintégration de Lambert, abbé de Saint-Nicolas d'Angers. (Despont, *Biblioth. max.*, t. XXI, p. 13 ; *Goffrid. Vindoc.*, lib. I, epist. XXIII.)

1119, 3 août. — Lettre du pape Calixte ordonnant à Hervé, abbé de Redon, de rendre, conformément au jugement de Girard d'Angoulême, aux moines de Quimperlé, l'argent qu'il s'était approprié en s'emparant de Belle-Ile. (D. Bouquet, *Recueil des hist. des Gaules et de la France*, t. XV, p 231. Paris, M.DCCXXXVIII.)

1119, 9 novembre. — Lettre du pape Calixte II ordonnant aux évêques de Vannes et de Nantes de lancer l'interdit sur l'abbaye de Redon et les celles qui en dépendent, si Hervé ne restitue pas, conformément au jugement de Girard d'Angoulême, l'argent dont il s'est emparé au préjudice de l'abbaye de Quimperlé. (D. Bouquet, *Recueil des hist. des Gaules et de la France*, t. XV, p. 231.)

1119. — Girard voit la fin du procès qu'avaient intenté au chapitre de Saint-Pierre d'Angoulême les fils d'Emeric Cornoil, au sujet de la terre de Moulède. (Cartul. mss. du chapitre de Saint-Pierre d'Angoulême.)

1119. — Odon de Bouteville fait don à Saint-Pierre d'Angoulême, en présence de Girard, de la moitié de la dîme de Verrières et de la dîme entière de Vaux. (Cartul. mss. du chapitre de Saint-Pierre d'Angoulême.)

1119 (vers.) — Lettre de Geoffroy de Vendôme à Girard pour lui demander une entrevue. (Despont, *Biblioth. max.*, t. XXI, p. 13; *Goffrid. Vindoc.*, lib. I, epist. XXII.)

1120. — Accord par lequel Girard met fin à la discussion qui s'était élevée entre la famille Audoin et le chapitre de Saint-Pierre d'Angoulême, à l'occasion de l'Isle-d'Espagnac. (Cartul. mss. du chapitre de Saint-Pierre d'Angoulême.)

1120, 16 octobre.—Lettre de Calixte II continuant à Girard, évêque d'Angoulême, les fonctions de légat d'Aquitaine. (Labbe et Cossart, *Concil.*, t. X, col. 851.)

1120 (vers).—Girard confirme le jugement rendu au concile de Reims contre les moines de Bourgueil, au sujet de l'église de Migné. (Archives du département de la Vienne.)

1120 (vers). — La famille Audoin dépose entre les mains de Girard l'acte de la donation, faite par elle au chapitre de Saint-Pierre-d'Angoulême, de la moitié du manse de Lunesse. (Cartul. mss. du chapitre de Saint-Pierre-d'Angoulême.)

1120 (vers). — Donations faites, de l'agrément du chapitre de Saint-Pierre-d'Angoulême, par Girard à l'archidiacre Richard, son neveu. (Cartul. mss. du chapitre de Saint-Pierre-d'Angoulême.)

1120 (vers). — Redevance d'un quart d'encens consentie par Guillaume, premier abbé de Bournet, au profit de Girard et de ses successeurs sur le siége d'Angoulême. (*Gall. Christ.*, t. II, col. 1051.)

1120 (vers). — Lettre de Geoffroy de Vendôme à Girard pour lui demander une entrevue et un sauf-conduit. (Despont, *Biblioth. max.*, t. XXI, p. 13; *Goffrid. Vindoc.*, lib. I, epist. XXIV.)

1120 (vers). — Réponse de Geoffroy de Vendôme à Girard, qui lui avait notifié la plainte des religieux de Bassac contre le monastère de Vendôme, au sujet des églises de Notre-Dame et de Saint-Nicolas d'Oléron. (Despont, *Biblioth. max.*, t. XXI, p. 14; *Goffrid. Vindoc.*, lib. I, epist. XXV.)

1121. — Jugement de Girard et du concile d'Angoulême en faveur de l'abbé de Sainte-Croix, à qui les religieux de Saint-Macaire refusaient l'obéissance que leur prescrivait la règle de Saint-Benoît. (*Gall. Christ.*, t. II, col. 278-279. *Instrum. Eccles. Burdig.*)

1121. — Girard confirme la donation faite aux religieux de Cluny par Guillaume d'Auberoche, évêque de Périgueux, de l'église de Saint-Théodore de la Rochebeaucourt. (*Gall. Christ.*, t. II, col. 486-487. *Instrum. Eccles. Petragor.*)

1121. — Girard concède à l'abbé de Font-Vive (Grosbot) un oratoire et un cimetière à Lugeth. (E. Castaigne, *Bulletin de la Société archéol. et histor. de la Charente*, année 1846, 2e semestre, p. 121 et 198, n° 80. Angoulême, 1846 (1).)

1121 (vers). — Geoffroy de Vendôme se plaint à Girard des violences de Pierre de Moncontour. (Despont, *Bibliothec. max.*, t. XXI, p. 14 ; *Goffrid. Vindoc.*, lib. I, epist. XXVI.)

1121 (vers). — Girard et le chapitre de Saint-Pierre d'Angoulême afferment le manse de Girac à Arnaud de Brumont (Cartul. mss. du chapitre de Saint-Pierre d'Angoulême.)

1121 (vers). — Girard reçoit au nom du chapitre de Saint-Pierre d'Angoulême la donation faite à la cathédrale, par Itier d'Archambaud, des maisons et des métairies que ce dernier avait reçues en héritage d'Itier d'Archambaud, son oncle paternel. (Cartul. mss. du chapitre de Saint-Pierre d'Angoulême.)

(1) M. Gellibert des Seguins, député de la Charente, possède aujourd'hui l'original de cette charte.

1122. — Pierre III de Confolens, évêque de Saintes, rend à Girard et au trésorier de Saint-Pierre d'Angoulême la propriété de l'église de Ladiville. (Cartul. mss. du chapitre de Saint-Pierre d'Angoulême.)

1122. — Sur le conseil de Boson, cardinal-prêtre, et de Girard, Guillaume d'Auberoche, évêque de Périgueux, donne au monastère de la Sauve-Majeure l'église de Saint-Orse de Gorzon. (*Gall. Christ.*, t. II, col. 1463.)

1122 (vers). — Girard règle un procès existant depuis longtemps, au sujet de l'église de Cheffois, entre les religieux de Saint-Ruf et ceux de Mauléon (Châtillon-sur-Sèvre). (*Gall. Christ.*, t. II, col. 1392.)

1124. — Girard donne à l'abbaye de Savigny l'église de Saint-Amand-de-Graves. (*Collect. des docum. inéd. sur l'histoire de France*, Cartul. de Savigny, 933. Paris, Imprim. impér., 1853.)

1125. — Plainte de Geoffroy de Vendôme à Girard contre Ulger, évêque d'Angers, qui cherchait à faire revivre le rachat des autels, condamné au concile de Clermont. (Despont, *Biblioth. max.*, t. XXI, p. 14; *Goffrid. Vindoc.*, lib. I, epist. XXVII.)

1125. — Lettre du pape Honorius II continuant à Girard, évêque d'Angoulême, les fonctions de légat d'Aquitaine. (D. Martène, *Thes. nov. anecd.*, t. III, col. 885.)

1127. — Girard informe, à Tours, contre Raoul, doyen de cette église, sur la violence dont le chanoine Nicolas venait d'être victime. (D. Beaugendre, *Hildebert.*, lib. II, epist XXXVII. Paris, M.DCCVIII).

1127. — Girard consacre, avec Guillaume Guadrad,

évêque de Saintes, l'église abbatiale de Font-Douce. (*Gall. Christ.*, t. II, col. 1120.)

1127 ou 1128. — Lettre du B. Hildebert, archevêque de Tours, à Girard, pour lui demander de travailler à rétablir la bonne harmonie entre Louis le Gros et lui. (D. Beaugendre, *Hildebert.*, lib. II, epist. XXXIV.)

1128. — Girard assiste à la donation faite à l'abbaye de Marmoutiers, par le vicomte Hervé, de la ville de Morlaix. (D. Lobineau, *Hist. de Bret.*, t. II, Preuves, col. 128.)

1128. — Girard préside à la translation des reliques de saint Aubin, évêque d'Angers (D. Lobineau, *Hist. de Bret.*, t. II, Preuves, col. 281.)

1128. — Jugement par lequel Girard termine le différend qui s'était élevé entre les abbés de Charroux et de Nouaillé, au sujet de l'église de Saint-Clémentin de Civray. (D. Fonteneau, t. IV, p. 161. Abb. de Charroux.)

1128. — Jugement de Girard obligeant Élie de Vivonne à rendre aux chanoines de Saint-Hilaire de Poitiers la terre de Champagne, dont il s'était injustement emparé. (D. Fonteneau, t. X, p. 459 et 460. Abb. de Saint-Hilaire.)

1130 (vers) — Jugement de Girard et du concile de Bordeaux obligeant l'évêque de Dax à rendre aux moines de la Sauve-Majeure l'église de Saint-Vincent de Dax. (*Gall. Christ.*, t. II, col. 320, *Instrum. Eccles. Burdig.*)

1130. — Se rendant aux conseils de Girard, Pierre le Rond, chapelain de Saint-Bibien de Vrach, restitue à l'abbaye de Saint-Maixent les biens qu'il avait sur elle usurpés. (D. Fonteneau, t. XV, p. 651-652. Abb. de Saint-Maixent.)

1130, 1er mai. — Lettre d'Anaclet aux évêques d'Aquitaine pour leur notifier le choix qu'il vient de faire de Girard, évêque d'Angoulême, pour son légat. (*Baron. Ann. ad an.* 1130, n° XLI.)

1130, 1er mai. — Lettre d'Anaclet notifiant à Girard le choix qu'il vient de faire de lui pour son légat. (*Baron. Ann. ad an.* 1130, n° XLII.)

1131. — Donation faite, de l'agrément du chapitre de Saint-André de Bordeaux, aux religieux de Sainte-Croix, par Girard, archevêque de Bordeaux, de l'église de Saint-Pierre de Benciac. (*Gall. Christ.*, t. II, col. 279-280. *Instrum Eccles. Burdig.*, n° XVIII.)

1131. — Jugement de défaut rendu par Girard, archevêque de Bordeaux, contre les religieux de Saint-Nicolas de Grave, à qui l'abbaye de Sainte-Croix disputait la possession de ladite église de Saint-Nicolas. (*Gall. Christ.*, t. II, col. 280. *Instrum. Eccles. Burdig.*)

1131. — Lettre de saint Bernard contre Girard, évêque d'Angoulême. (S. Bern., epist. CXXVI.)

1131. — Lettre de saint Bernard au B. Hildebert, archevêque de Tours, pour le déterminer à reconnaître le pape Innocent II. (S. Bern., epist. CXXIV.)

1131. — Lettre de saint Bernard à Geoffroy de Loroux pour l'engager à travailler à la conversion de Girard d'Angoulême (S. Bernard., epist. CXXV)

1132. — Lettre de Guillaume de Nanclars, évêque de Périgueux, demandant à Vulgrin, archevêque de Bourges et primat d'Aquitaine, une règle de conduite à l'occasion de l'intrusion de Girard, archevêque de Bordeaux. (Labbe, *Biblioth. nov. manusc.*, t. II, p. 83, cap. LXII. Parisiis, M.DCLVII.)

1132. — Lettre de Guillaume Adhelelme, évêque de Poitiers, demandant au même Vulgrin d'excommunier une seconde fois l'évêque d'Angoulême. (Labbe, *Biblioth. nov. manusc.*, t. II, cap. LXII, p. 83.)

1132. — Lettre de Guillaume Guadrad, évêque de Saintes, annonçant à Vulgrin, primat d'Aquitaine, l'heureuse nouvelle de la captivité de Girard, et lui demandant de venir au secours d'Aimar d'Archiac, qui l'a fait prisonnier. (Labbe, *Biblioth. nov. manusc.*, t. II, cap. LXII, p. 83.)

1132. — Réponse de Vulgrin aux évêques d'Agen, de Périgueux, de Poitiers, de Saintes, au clergé et au peuple de la province de Bordeaux. (Labbe, *Biblioth. nov. manusc.*, t. II, cap. LXII, p. 84.)

1132. — Lettre du même Vulgrin aux évêques suffragants de Bordeaux pour les encourager à porter avec patience le poids de la tribulation. (Labbe, *Biblioth. nov. manusc.*, t. II, cap. LXII, p. 85.)

1132 ou 1133 (vers). — Lettre de Girard au clergé et aux fidèles du diocèse d'Alby en faveur de Hugues, leur évêque, dont les chanoines de Sainte Cécile avaient détruit de fond en comble le palais. (E. d'Auriac, *Bulletin de la Société archéologique et historique de la Charente*, t. IV, année 1850.)

TABLE GÉNÉRALE.

                                      Pages

INTRODUCTION.................... 1 à 3

CHAPITRE PREMIER. — DE LA NAISSANCE DE GIRARD A SA NOMINATION A LA LÉGATION (VERS 1060-1107)...................... 5 à 20

Naissance de Girard. — Ses études profanes et ecclésiastiques. — Son école et sa réputation comme professeur. — Son élection à l'évêché d'Angoulême. — Le nouvel évêque assiste, à Périgueux, à la donation de l'église de Saint-Médard-de-l'Abbaye, faite aux moines d'Uzerche par Guillaume d'Auberoche. — Voyage de Girard à Bourges. — Conciles de Poitiers, de Guastalla et de Troyes.

CHAPITRE II.— GIRARD, LÉGAT DU PAPE PASCAL II (5 MAI 1107 — 18 JANVIER 1118)......... 21 à 163

Concile de Nantes, présidé par le nouveau légat. — Guillaume Taillefer III rend à Saint-Pierre d'Angoulème ses droits sur l'église d'Ains.— Pascal II notifie aux provinces de Bourges, de Bordeaux, d'Auch, de Tours et de Bretagne, la nomination de Girard à la légation. — Notice biographique des hommes célèbres de cette légation.— Voyage du B. Robert d'Arbrissel à Angoulême. — Lettre de Girard en faveur des religieuses de Fontevrault. — Voyage du légat à Dol. — Girard visite le monastère de Notre-Dame de Noyers. — Il est témoin de plusieurs donations faites au chapitre de Saint-Pierre d'Angoulême, et met fin à la discussion qui s'était élevée entre ledit chapitre et les moines de Saint-Martin de Limoges. — Girard dicte, au château de la Rochefoucauld, l'accord qui termine les discussions relatives à l'écluse des moulins du Châtelars. — Concile de Loudun, présidé par le légat. — Lettre de Girard à l'évêque de Clermont. —Restitution par les seigneurs de Marthon des droits de l'église d'Angoulême sur l'église d'Ains. — Bulle par laquelle Pascal II garantit à l'église d'Angoulême la propriété de ses biens. —Voyage de Girard à Marmoutiers. — Plainte de Geoffroy de Vendôme contre les seigneurs de Montoire. — Donation de l'église de Nieuil aux moines d'Uzerche. — Voyage de Girard à Rome. — Voyage du légat à Poitiers et à Angers. — Plainte des moines d'Uzerche contre leur abbé. — Lettres de Pascal II à Girard à l'occasion de l'affaire de Baignes. — Concile de Latran. — Voyage de Girard en Allemagne. — Fin du procès de Baignes. — Les évêques d'Angoulême acquièrent de nouveaux droits sur l'église d'Ains. — Voyage du légat à Châtellerault et à Tulle.—Excommunication de Foulques V d'Anjou. — Construction de l'évêché d'Angoulême et de la maison épiscopale de Vars. — Exploits militaires de Vulgrin, fils de Guillaume Taillefer III. — Voyage de Girard à Saumur. — Séjour du légat à l'abbaye de Sully.—Il visite l'abbaye de Fontevrault. — Second voyage du B. Robert d'Arbrissel à Angoulême.—Bienveillance de Girard pour Fontevrault. — Voyages du légat en Anjou et à Fontevrault. — Concile de Châteauroux. — Voyage de Girard à Excideuil en Périgord. — Rainaud Chesnel, évêque de Saintes, donne à Saint-Pierre d'Angoulême l'église de Touzac. — Discussion au sujet du monastère de Civrac en Angoumois. — Accord relatif au bois et à la terre de Moulède. — Concile d'Angoulême — Procès entre les abbayes de Redon et de Quimperlé au sujet de Belle-Ile-en-Mer. — Sacre de Pierre de Confolens, évêque de Saintes, et donation par ce prélat de l'église de Saint-Médard d'Auge au chapitre d'Angoulême.

CHAPITRE III.— GIRARD, LÉGAT DU PAPE GÉLASE II (25 JANVIER 1118 — 29 JANVIER 1119). . . . . . 164 à 179

IIe concile d'Angoulême. — Gélase II, victime des violences des Frangipanes et de l'empereur Henri V. — Lettre de ce pape aux évêques de France. — Voyage de Girard à Saint-Gilles, en Provence. — Girard est témoin de plusieurs donations faites au chapitre de Saint-Pierre d'Angoulême.

CHAPITRE IV.— GIRARD, LÉGAT DU PAPE CALIXTE II (1er FÉVRIER 1119 — 12 DÉCEMBRE 1124). . . . 180 à 229

Voyage de Girard à Cluny. — Lettres de Geoffroy de Vendôme au légat. — Concile de Reims. — Girard est témoin de l'accord passé à l'occasion de l'église de Saint-Sauveur de Montébo. — Il assiste à plusieurs donations faites à son église. — Il réconcilie Vulgrin Taillefer et Adhémar de la Rochefoucauld. — Calixte II continue à l'évêque d'Angoulême la charge de légat.— Fin de l'affaire de Migné. — Procès relatif à l'Ile-d'Espagnac. — Mort de l'archidiacre Achard, à qui succède Richard, neveu de Girard. — Donation faite à Saint-Pierre d'Angoulême du mas de Lunesse. — Dédicace de l'abbaye de Bournet. — Lettres de Geoffroy de Vendôme au légat. — Querelle entre les moines de Sainte-Croix de Bordeaux et ceux de Saint-Macaire. — IIIe concile d'Angoulême. — Girard assiste, avec ses neveux, à la donation de l'église de la

Rochebeaucourt, faite aux moines de Cluny par Guillaume d'Auberoche, évêque de Périgueux. — Fondation de Lugeth. — Le chapitre de Saint-Pierre d'Angoulême afferme Girac à la famille Brumont. — Itier d'Archambaud donne audit chapitre les maisons que son oncle paternel lui avait laissées en héritage. — Pierre de Confolens, évêque de Saintes, restitue Ladiville au chapitre de Saint-Pierre, et confirme la donation de l'église de Touzac, faite par son prédécesseur. — A la sollicitation de Girard, Guillaume d'Auberoche, évêque de Périgueux, donne l'église de Saint-Orse de Gorzon aux religieux de la Sauve-Majeure. — Le légat donne lui-même l'église d'Ambérac à l'abbaye de Saint-Amant-de Boixe. — Le B. Lambert prend possession du nouveau monastère de la Couronne.— Girard met fin, par ordre du pape Calixte II, au procès pendant entre les religieux de Saint-Ruf et ceux de Mauléon. — Voyage de Girard à Lyon. — Mort du pape Calixte II.

CHAPITRE V. — GIRARD, LÉGAT DU PAPE HONORIUS II (21 DÉCEMBRE 1124 — 15 FÉVRIER 1130) . 230 à 264

Lettre par laquelle le pape Honorius II continue à Girard la charge de légat.— Plainte de Geoffroy de Vendôme contre Ulger, évêque d'Angers. — Mort d'Itier d'Archambaud. — Hommage du château de Montignac fait à Girard, par Vulgrin Taillefer, X^e comte d'Angoulême. — Le légat consacre avec Guillaume Guadrad, évêque de Saintes, l'église abbatiale de Fontdouce. — Voyage de Girard à Tours. — Il travaille à la réconciliation du B. Hildebert, archevêque de Tours, et du roi de France, Louis le Gros. — Il préside à la translation des reliques de saint Aubin, évêque d'Angers. — Dédicace de la cathédrale d'Angoulême. — Jugement par lequel le légat met fin au procès pendant entre les abbés de Charroux et de Nouaillé, au sujet de l'église de Saint-Clémentin de Civray. — Dons faits à sa cathédrale par l'évêque d'Angoulême.

— Girard intervient dans la querelle d'Élie de Vivonne et de l'abbaye de Saint-Hilaire de Poitiers.— Conciles de Dol et de Bordeaux. — Pierre le Rond, chapelain de Saint-Bibien de Vrach, à l'instigation de Girard, restitue à l'abbaye de Saint-Maixent les biens qu'il avait usurpés sur elle.

CHAPITRE VI. — GIRARD, SCHISMATIQUE (1130 —1136) . . . . 265 à 325

Mort du pape Honorius II et double élection d'Innocent II et d'Anaclet. — Réponse du cardinal Pierre de Pise aux cardinaux partisans d'Innocent II. — Lettres d'Anaclet au roi de France et à son fils Philippe. — Lettre par laquelle Anaclet continue à l'évêque d'Angoulême la charge de légat. — Lettre par laquelle Anaclet notifie aux évêques d'Aquitaine le choix qu'il vient de faire de Girard pour son légat. — Concile d'Étampes. — Lettre prétendue de Girard au chancelier d'Innocent II, et refus de ce pape de continuer à l'évêque d'Angoulême la charge de légat. — Discussion des griefs présentés par Arnoul de Lisieux contre Girard.— Lettre de Geoffroy de Vendôme qui semble justifier les reproches qu'Arnoul fait à Girard. — Lettres subséquentes du même Geoffroy à Girard, *évêque de vie vénérable.* — Girard gagne à la cause d'Anaclet et le roi d'Angleterre et le duc d'Aquitaine. — Saint Bernard convertit le roi d'Angleterre, Henri Ier. — Les évêques de Poitiers et de Limoges sont remplacés par des intrus, à la consécration desquels les évêques de Saintes, de Périgueux et d'Agen refusent de coopérer. — Persécution en Aquitaine des évêques et du clergé fidèles à Innocent II. — Excommunication de Girard. — Son intrusion dans l'archevêché de Bordeaux. — Chartes de Girard en faveur de l'abbaye de Sainte-Croix de Bordeaux. — Lettres des évêques de Poitiers, de Périgueux et de Saintes à Vulgrin, archevêque de Bourges. — Réponse du primat des Aquitaines aux évêques de

Poitiers, de Périgueux, de Saintes et d'Agen. — Lettres de saint Bernard au B. Hildebert, archevêque de Tours, et à Geoffroy de Lorroux. — Excommunication de Girard au concile de Reims. — Voyage de saint Bernard à Poitiers. — Lettre de Vulgrin, primat des Aquitaines, aux suffragants de l'église de Bordeaux. — Lettre de Girard au clergé d'Alby. — IIe voyage de saint Bernard en Aquitaine et conversion du duc Guillaume. — Rappel à son siége de l'évêque de Poitiers, Guillaume Adelelme. — Tardif repentir, testament et mort de Girard.— Le B. Lambert, abbé de la Couronne, est élu évêque d'Angoulême. — Concile de Latran et fin du schisme. — Exhumation de Girard. — Découverte récente de son tombeau.

PIÈCES JUSTIFICATIVES. . . . . 327 à 373

TABLE CHRONOLOGIQUE DES CHARTES CITÉES. . . . . 375 à 394

FIN.

ERRATA.

Page 11, ligne 1, au lieu de : *formant*, lisez : *formaient*.
— 55, — 4, au lieu de : *leur avait faite*, lisez : *avait faite auxdits moines de Saint-Martin*.
— 57, — 24, au lieu de : *de Rodulfe*, lisez : *Rodulfe*.
— 71, — 6, au lieu de : *presqu'au*, lisez : *presque au*.
— 90, — 22, au lieu de : 18 *mars* 1118, lisez : 18 *mars* 1112.
— 97, — 3, au lieu de : *Saül*, lisez : *Saul*.
— 136, — 20, supprimez l'alinéa commençant par ces mots : *Parmi ces affaires*, ... Cette affaire est évidemment la même que celle racontée p. 141, et dont nous avons donné la charte au n° XV *bis* des pièces justificatives, p. 348. Saint-Martial de Limoges appartenait, en effet, à la congrégation de Cluny.
— 147, — 19, au lieu de : *en son vivant*, lisez : *de son vivant*.
— 207, — 20, au lieu de : *ces coupoles*, lisez : *ses coupoles*.
— 236, — 1, au lieu de : *enlevé*, lisez : *envié*.
— 315, — 29, au lieu de : *Saül*, lisez : *Saul*.
— 330, — 13, au lieu de : *consensu*, lisez : *consessu*.
— 354, — 8, au lieu de : *possesionem*, lisez : *possessionem*.
— 365, — 14, au lieu de : *ejudem*, lisez : *ejusdem*.
— 367, — 22, au lieu de : *expulsit*, lisez : *expulit*.

ACHEVÉ D'IMPRIMER

Le quinze juillet mil huit cent soixante-six

PAR D. JOUAUST

A PARIS

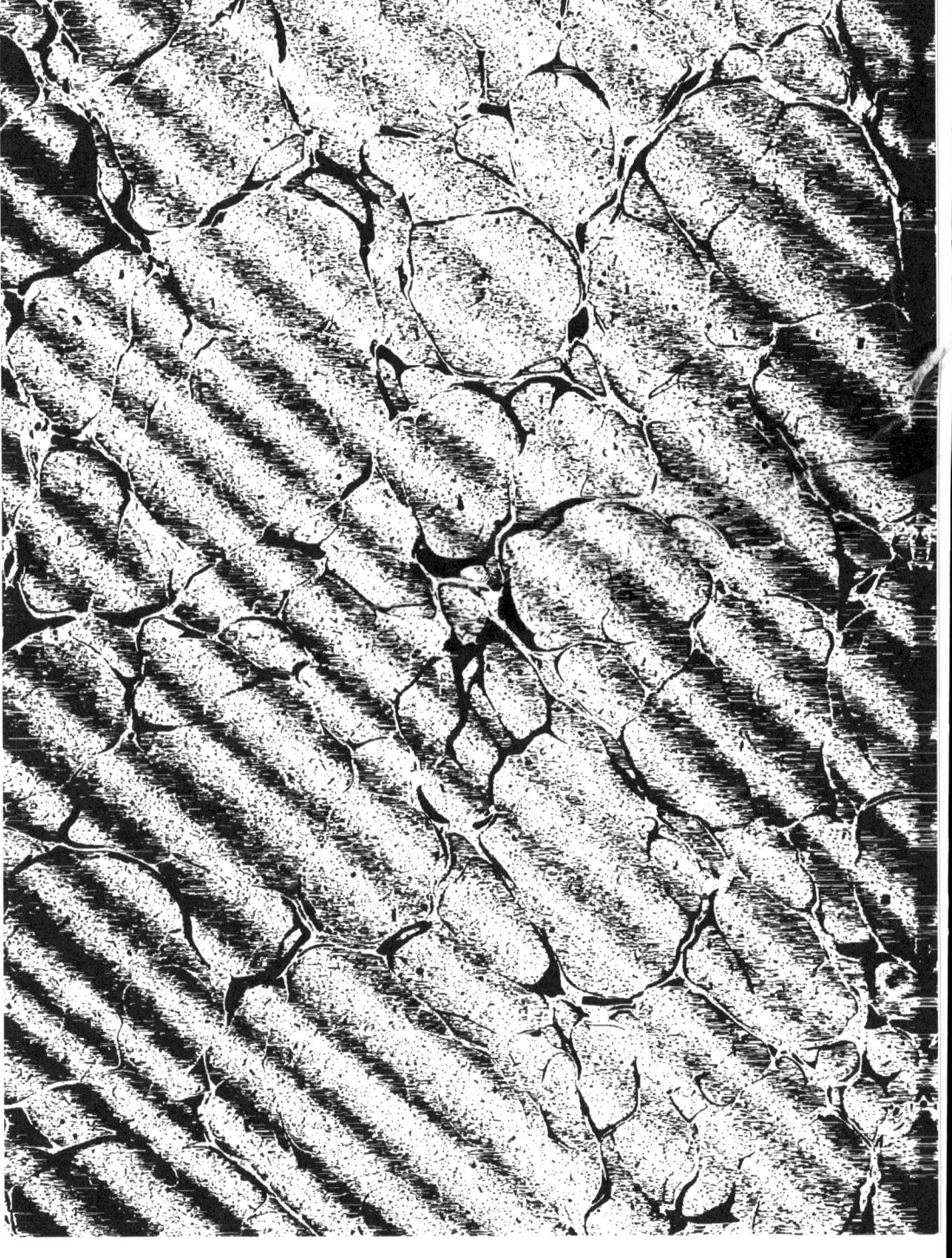

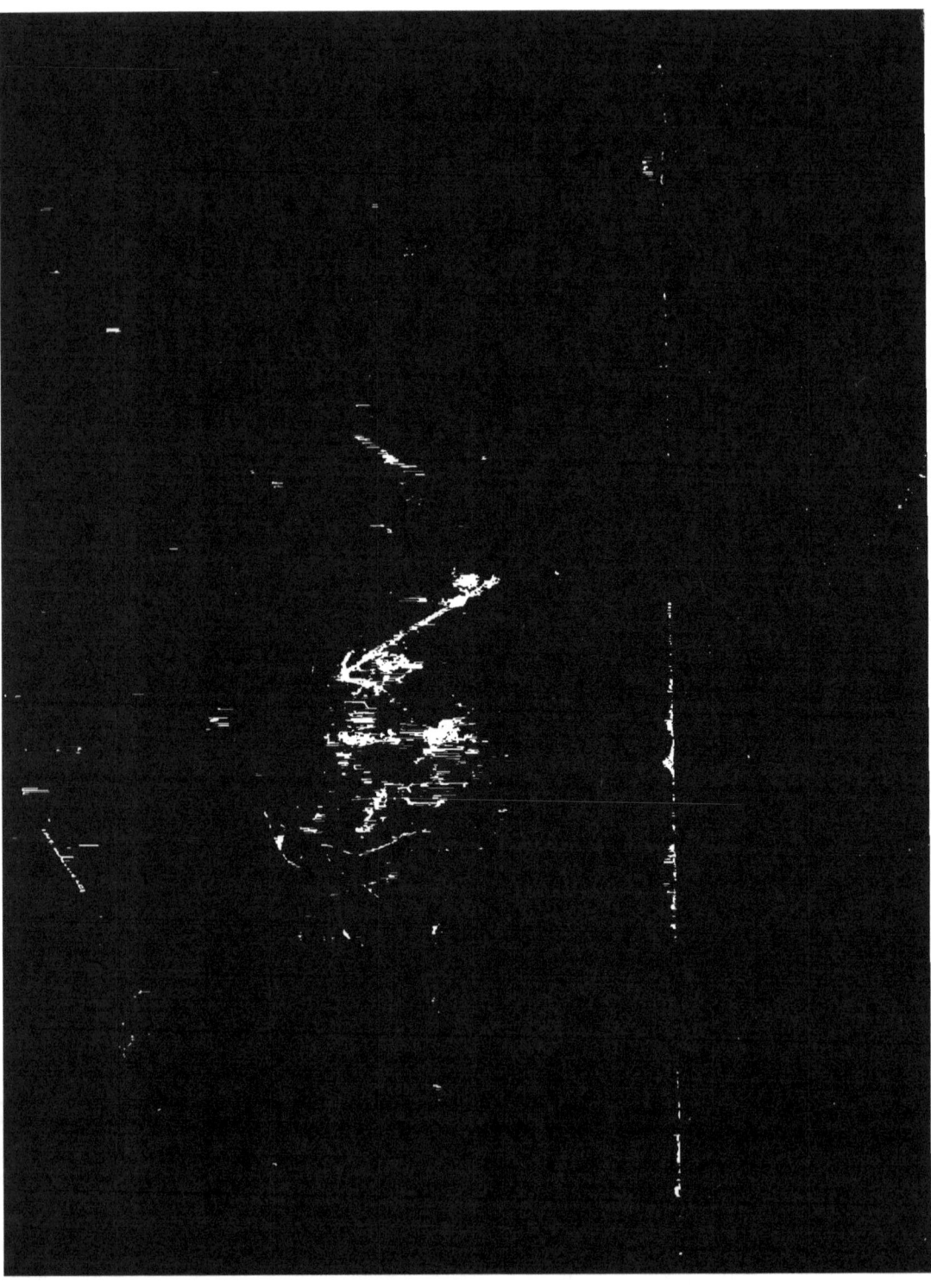

www.ingramcontent.com/pod-product-compliance
Lightning Source LLC
Chambersburg PA
CBHW051835230426
43671CB00008B/965